DOS FIGURAS CUBANAS
Y
UNA SOLA ACTITUD

COLECCION CUBA Y SUS JUECES

EDICIONES UNIVERSAL, Miami, Florida, 1991

Rosario Rexach

DOS FIGURAS CUBANAS Y UNA SOLA ACTITUD

Félix Varela y Morales
(Habana, 1788 - San Agustín 1853)

Jorge Mañach y Robato
(Sagua la Grande, 1898 - Puerto Rico, 1961)

EDICIONES UNIVERSAL
P.O. BOX 450353 (Shenandoah Station)
MIAMI, FL. 33245-0353 USA

2nd Edition 2024

© Copyright 1991 by Rosario Rexach
Library of Congress Catalog Card No. 90-86072
I.S.B.N.: 9780897295925

A la memoria de Reinaldo Arenas, buen amigo,
gran cubano y excelente escritor.

DOS PALABRAS

Sorprenderá a muchos el título de este libro. A poco que se explique se comprenderá. Las dos figuras cubanas de quienes se trata fundamentalmente en estas páginas tienen entre sí —a pesar del siglo que las separa— una serie de rasgos en común. Pues ambos no sólo nacieron en Cuba, sino que mostraron a través de toda su vida un amor sin límites por la tierra que los vio nacer. Se agrüirá —un poco superficialmente— que todos amamos a la tierra natal. En general, es cierto, como casi todos los seres humanos aman a la que le dio el ser. Pero en este amor hay grados. En el caso de Varela y en el de Mañach el amor por la patria tuvo tan alta gradación que por ella en muchas ocasiones sacrificaron ambiciones legítimas. Pero hay más. Ambos fueron profesores —y curiosamente— de la misma materia: Filosofía. Y en ambos casos desempeñaron su labor con dedicación, inteligencia y sostenido esfuerzo. Todavía otro rasgo en común tuvieron ambos patricios. Y es sentir la vida personal y sus talentos como misión de servicio. Y básicamente de servicio a su pueblo. Por ello ambos usaron los medios a su alcance —la cátedra, el periódico— como instrumentos para contribuír a ampliar la educación del pueblo del que siempre se sintieron orientadores —dentro de sus posibilidades— para llevarlo a un pleno disfrute de sí mismo en consonancia con los más altos valores del espíritu. En el caso de Varela esta labor se extendía a su sagrada misión sacerdotal. En el de Mañach al uso de las nuevas técnicas de comunicación —radio y televisión— para llevar a los que contituían la masa popular la cultura que, en muchos casos, era sólo asequible a ciertas minorías y no siempre por razones de clase, sino por otras razones como la ubicación, como ocurría entre las zonas urbanas y las rurales.

Y aun otro rasgo más acerca a estos dos hombres preclaros. Su inmersión en la política del país. Y no por particular afición de sus respectivas personalidades, sino por creer su función intelectual como misión, como ya se dijo. Y consideraron ambos que dentro de la política podrían hacer imperar los ideales y principios que habían predicado toda su vida en la cátedra, en el periódico. Ya se sabe que sus ilusiones no se materializaron. Y cuánto sufrieron por ello es posible que nunca se aquilate bien. Pues para terminar debe decirse que si ambos hombres mueren en el exilio —Varela en San Agustín de la Florida en 1853 y Mañach en Puerto Rico en 1961— es porque ambos mostraron una absoluta lealtad a los principios que predicaron y enseñaron a su pueblo. Y prefirieron el exilio, con todas sus penalidades, a la bienandanza posible y generalmente implícita en el sometimiento al poder de turno. Porque debe decirse —para que se sepa— que a ambos se les ofreció —ya en los umbrales del "último viaje"— un regreso cargado de honores. Y ambos, fieles a su más íntima conciencia, lo rechazaron, posiblemente con gran pena interna por no ir a morir en el regazo materno.

Espero que ahora se vea por qué he titulado este libro *Dos figuras cubanas y una sola actitud.* La de la lealtad a sus principios.

Sólo me resta añadir que en la segunda parte de esta obra se incluyen otros estudios que en la opinión de quien la escribe contribuyen a una mejor intelección de la época en que floreció la personalidad de Jorge Mañach.

Nada más.

Rosario Rexach
Nueva York, 4 de abril de 1989

PRIMERA PARTE

FELIX VARELA Y MORALES
(Habana, 1788 -San Agustín, 1853)

FOTO:
DE FELIX VARELA

A Monseñor Raúl del Valle, gran propulsor
de la obra del Padre Varela.
(Cuba, 1926, Nueva York, 1988)

I

EN EL BICENTENARIO DE
FELIX VARELA Y MORALES

(Artículo publicado en la revista IBEAMERICA,
Año 2, No. 2, agosto de 1988, Washington, D.C.)

EN EL BICENTENARIO DEL PADRE VARELA

Es posible que aun —especialmente entre los no cubanos— se pregunten muchos quién fué Félix Varela y por qué hubo que recordarlo en 1988 cuando su bicentenario. A contestar en alguna medida esa cuestión se dedican estas apretadas páginas.

Félix Varela y Morales fue un cubano —habanero por más señas— que nació en la capital de Cuba el 20 de noviembre de 1788, casi al finalizar el siglo XVIII. Era hijo de Francisco Varela y Pérez, natural de Tordesillas, en España, y de María Josefa Morales y Morales, de Santiago de Cuba y, por tanto, criolla, y mujer de gran fe cristiana. Sus padres eran don Bartolomé Morales y Rita Morales. Se destacan ambos abuelos maternos porque ellos van a tener gran importancia en la vida del niño que se bautizó en la iglesia del Santo Angel de la Habana, apenas transcurrida una semana de su nacimiento, y siendo sus padrinos precisamente dichos abuelos.

Fue sabia la vida —como tantas veces ocurre— en asignarle tales padrinos porque el niño quedó huérfano de madre muy pronto. Aun no había cumplido cuatro años. Siendo el único varón de una familia de muchas mujeres se convirtió en el centro de atención de ellas. El padre pronto se volvió a casar y tuvo un hijo al que llamó Manuel, el que siempre mantuvo relaciones fraternales con su medio hermano. Y esto pese a que el padre murió muy pronto también. Apenas seis años tenía el niño. Y tuvieron sus abuelos que hacerse cargo definitivo del muchacho. Gran importancia tuvo el hecho, pues don Bartolomé Morales pertenecía con un alto rango a la carrera militar y para esa fecha había sido ascendido a la posición de Comandante del Tercer Batallón de las fuerzas asignadas a Cuba, y destacadas en la Florida, entonces posesión española todavía. La ciudad a que se dirigió la familia con el niño fue a San Agustín que había sido fundada por los colonizadores y que, de paso, es la ciudad más vieja de los Estados Unidos. Existía allí un fuerte llamado de San Marcos que todavía se conserva. En dicha fortaleza pasaría Varela gran parte de su niñez y los primeros años de su adolescencia.

Había en San Agustín entonces una escuela que enseñaba las tres Rs o reglas —como se decía en aquella época— o sea, Lectura. Escritura y Aritmética, además de Religión. Estaba regida por hermanos franciscanos. Y fue gran suerte para aquel niño que le tocase como maestro un sacerdote de gran saber, el Padre Michael O'Reilly. El maestro pronto se aficionó al niño. Era de esperarse. Pues si físicamente no era un niño deslumbrante —era menudo, trigueño, de ojos negros y muy miope— tenía, sin embargo, un modo dulce y apacible y una gran firmeza de carácter unida a una gran inteligencia y viva curiosidad. Sabía observar cuidadosamente cuanto sucedía a su alrededor y se cuenta que podía presenciar desde las torres del fuerte en que vivía —junto a la gran plaza habitual en las antiguas ciudades españolas— como se celebraban en ella las ventas de esclavos. Y es más que probable que en un alma sensible como la suya dejara esto una honda huella de la que daría muestra muchos años después. Ya se verá cómo.

El padre O'Reilly puso gran empeño en la educación de aquel niño. Le enseñó Latín con tanto acierto de parte del maestro y del discípulo que se cuenta que, cuando ya Varela era adulto, sorprendía la soltura con que podía expresarse en dicha lengua. Pero no sólo Latín le enseñó, sino también música y religión además de prepararlo para la observación de la naturaleza como buen franciscano que era. El niño, con su aplicación y buenas cualidades, era el orgullo de sus abuelos que soñaban se dedicase con éxito a la carrera militar donde hubiera tenido grandes oportunidades pues era la carrera tradicional de la familia ya que su padre también había sido militar. Así, cuando ya Varela tenía catorce años, el abuelo le sugirió —y casi ordenó— la incorporación a la Escuela de Cadetes. Para su sorpresa el jovencito se negó. Y se dice que con gran respeto respondió al abuelo: "Yo he nacido para salvar almas, no para matar hombres". Enfrentado a la firmeza del nieto el abuelo cedió y envió al joven a sus tías para que lo enviaran a estudiar la carrera sacerdotal al antiguo Seminario de San Ambrosio, ya denominado de San Carlos en aquellos años, y que estaba al fondo de la Catedral de la Habana donde todavía existe. Y donde disertó en conmemoración del Bicentenario el sacerdote Monseñor Raúl del Valle —un exiliado cubano como Varela— que ostentó el honroso cargo de Canciller de la Archidiócesis de Nueva York hasta su muy lamentada desaparición el 20 de septiembre de 1988. La disertación de Monseñor del Valle se tituló: "Félix Varela: Sacerdote Santo". Es de esperar que algún día se publique debidamente pues en ella se destacan las virtudes intelectuales, personales y cristianas del que hoy se conoce en todos los ámbitos católicos como el Padre Varela. Y saben los habaneros que una calle de su ciudad se llama así. La antigua calle de Belascoaín.

El Seminario de San Carlos era entonces una institución de estudios superiores a la que no sólo asistían los jóvenes que pretendían seguir la carrera eclesiástica sino también los que aspiraban a una educación superior ajena a las funciones de la Iglesia. Pues si bien tenía la Habana entonces una Universidad —la ya más que bicentenaria Universidad de La Habana, había sido fundada en 1728— ésta permanecía aún atada a viejos moldes y a viejas tendencias, ya superadas en los campos de la filosofía, la ciencia, y aun de la cultura. En tanto que el Seminario que había sido fundado por los jesuítas —después de la expulsión de estos por Carlos III y de la instauración de una política cultural más liberal a tono con las ideas del Iluminismo y del Despotismo Ilustrado— había sufrido los vientos renovadores comprobables en los nuevos estatutos y bajo la protección del Obispo Espada y la actuación de muchos de sus profesores como el padre José Agustín Caballero y el padre Juan Bernardo O'Gaván se pudieron introducir muchas nuevas prácticas en la enseñanza. Fue a esta institución, a nivel de los tiempos, que fue enviado a estudiar su carrera el joven Félix Varela y Morales.

Los resultados superaron lo esperado. El novel estudiante pronto se destacó como un alumno brillante con gran capacidad de discernimiento, de estudio concentrado y de virtudes innegables que lo hacían apto para realizar la vocación religiosa que había elegido. Sus ocios los empleaba —cuando los estudios y obligaciones se lo permitían— en practicar la música que había aprendido de niño. Tocaba el violín con particular afición y se le cuenta como uno de los fundadores de la primera Sociedad Filarmónica que hubo en la Habana.

Muy pronto el novel aspirante a sacerdote tuvo la oportunidad de enseñar por una dispensa que le concedió el Obispo Espada por su juventud. Su maestro, el padre O'Gaván, había sido designado para trasladarse a Madrid para estudiar el sistema de enseñanza de Pestalozzi. La brillantez de Varela y su dominio del Latín lo hacían apto para sustituir a su profesor en la enseñanza de ese idioma y en la de Filosofía. Así comenzó Varela a ejercer su magisterio. Y tuvo como alumnos a una pléyade de jóvenes que luego se destacarían en la cultura del país. Y nombro: José Antonio Saco, José de la Luz y Caballero, Don Felipe Poey, y tantos más que sería tedioso citar.

El ya llamado "Padre Varela" ponía en sus labores de maestro la misma devoción que en sus labores sacerdotales, pues desde 1808 había sido ordenado como tal por una dispensa de edad que le otorgó complacido el Obispo Espada que no ocultaba su estimación por el joven sacerdote y profesor.

Y debe decirse que, pese a su modernidad, aun se enseñaba en Latín en el Seminario y que todavía el sistema de discusión se regía por normas escolásticas, con exceso de disputas lógicas en Latín. Y se prestaba poca atención a la evolución de la filosofía y de las ciencias. La labor del profesor Varela superó estas prácticas. Además, su tarea no terminaba en el aula de clases. Su modesto cuarto en el Seminario era un centro real de discusión y estudio al que iban contínuamente los estudiantes a sopesar opiniones con el maestro, a pedirle consejos y a reafirmar los conocimientos. Y tanto el uno como los otros se beneficiaban del intercambio. El propio Varela dejó dicho como un día uno de sus alumnos, Escobedo, le preguntó en unas cuestiones de lógica escolástica: "Maestro, ¿y para qué sirve esto?" Y confiesa que aquel joven le enseñó más con dicha pregunta que muchos libros que había leído. A partir de aquí él daría otra orientación a la enseñanza en aquel centro de estudios. Siempre apoyado por el Obispo desechó el Latín como lengua de enseñanza e instauró las clases en español salvo en las que tenía que estudiarse la antigua lengua del Lacio. Pero no limitó a esto su reforma. Introdujo el estudio de la naturaleza y también el de la Física y el de la Química, estableciendo clases experimentales para su enseñanza. Y ayudado por uno de sus discípulos con gran habilidad para el dibujo, sus clases iban ilustradas. Yo conservo sus *Lecciones de Filosofía*, publicadas en segunda edición en Filadelfia en 1824 con estos maravillosos dibujos ilustrativos debidos a Juan Manuel Valerino.

No hay posibilidad de detenerse ampliamente en la reforma de la enseñanza que acometió desde las aulas del Seminario aquel joven sacerdote. Baste decir que mucho de su trabajo se condensó en libros que sirvieron luego de texto en muchos países hispanoamericanos, además de en Cuba. Por ellos y por sus clases se incorporó la juventud cubana a las nuevas corrientes filosóficas, científicas y también sociales. Nombres —entonces muy nuevos de este lado del Atlántico— fueron oídos y discutidos. Bacon, Locke, Condillac, Destutt de Tracy y aun Kant fueron nombrados y en muchos casos discutidos y aun estudiados. Pero más que esta información teórica lo que hizo el Padre Varela fue enseñar a sus estudiantes a pensar por cuenta propia, partiendo de la observación y del análisis y proscribiendo la pura memoria sin fundamento de comprensión, como método de enseñanza. Por eso tuvo tanta razón Luz y Caballero cuando dijo que "era el primero que nos (a los cubanos) enseñó a pensar". Y cuando se volvió a proclamar la Monarquía Constitucional en España, el Obispo Espada lo convenció —después de larga discusión— para que se preparase con el fin de explicar los estudiantes los contenidos de la Constitución y sus fundamentos. Con gran humildad, tesón, sabiduría y esfuerzo se aplicó a la tarea que desempeñó con inusitada brillantez. Y fue tan destacada su labor que al convocarse las elecciones para Diputados a Cortes en 1820 el Padre Varela fue electo por abrumadora mayoría junto a Leonardo Santos Suárez y don Tomás Gener. Poco podía suponer él, a la sazón, que cuando embarcase hacia España a cumplir su misión sería la última vez que vería su tierra natal. Pues la vida —otra vez— le había prescrito otra ruta.

En las Cortes se esmeró —como siempre— en cumplir a cabalidad y con apasionado celo sus deberes. Así presentó tres proyectos de ley a cual más importante. Fueron el Proyecto para el Gobierno de las Provincias de Ultramar, la Memoria sobre la Independencia de las Repúblicas Americanas y, el más destacado, el Proyecto para la abolición de la Esclavitud en Cuba, y en el que seguramente influyó la vieja experiencia infantil de haber presenciado la venta de esclavos. Es un proyecto lleno de sabiduría. Pues concilia —como todo buen estadista haría— el repudio de la esclavitud como cuestión de principio con el sentido práctico que todo documento político de trascendencia debe tener. Vale la pena leerlo.

Por supuesto, como se sabe, su voz no fue oída. Y no sólo eso, sino que las Cortes se disolvieron. Y los delegados que no se sumaron al nuevo absolutismo fueron condenados a muerte. Varela, con sus compañeros de Delegación, Gener y Santos Suárez, tuvo que huir y refugiarse en tierra de libertad. Así arribaron a los Estados Unidos, a Nueva York, un frío día de diciembre de 1823, siendo así los pioneros del exilio cubano que aun se prolonga, después de muchas etapas de retorno y esperanza y de nuevas desilusiones.

Cuando Varela llegó, aun traía la ilusión de trabajar por el reino de la libertad en su patria. Y se dió a la tarea con singular empeño. Para ello fundó un periódico en Filadelfia en 1824, lugar donde primero se estableció. Lo tituló "El Habanero" en honor de su ciudad natal. Prácticamente lo hacía todo él. Publicó siete números. Los últimos en Nueva York adonde se había trasladado en 1825. En sus páginas proclamó lo que en un principio no había pensado. Que la solución de Cuba, la única, era la Independencia siguiendo el ejemplo instaurado por Bolívar para Sudamérica. Y se atrevió a creer que éste pudiera ayudar en la empresa. Como se sabe no fue así. Por otra parte los emigrados cubanos que habían huído de los excesos represivos del gobierno absolutista no se unían para el logro a que Varela aspiraba. Desilusionado, renunció al menester político y se dedicó íntegra y totalmente al ejercicio de su labor sacerdotal con increíble vocación de servicio. Se adentró en las zonas más pobres entonces de esa ciudad que es Nueva York. En ese tiempo los inmigrantes más necesitados de ayuda, de protección y de estímulo eran los irlandeses. A ellos dedicó fundamentalmente sus esfuerzos, sin olvidar por ello su amada Cuba natal. Su humilde casa fue por eso abrigo seguro y plaza en que aliviar la nostalgia para los jóvenes cubanos que llegaban a la ciudad. En su función sacerdotal fundó tres iglesias, el Cristo, St. James y la Transfiguración. En dos de ellas estableció escuelas parroquiales para los niños pobres y fundó una guardería o creche para hijos de trabajadores. También promovió la fundación de una entidad para la confección de ropa infantil que diese trabajo a las jóvenes inmigrantes alejándolas del vicio y de la prostitución. Y era el ángel guardián de todo enfermo y visita contínua del Hospital Municipal donde gozaba de privilegios especiales para su obra, por sus virtudes bien acreditadas.

Pero su salud tenía que pagar el precio de esa actividad incansable. Los inviernos neoyorkinos y el exceso de desvelo, y también el sufrimiento callado de la lejanía de la Patria, lo enfermaron gravemente. Tuvo que refugiarse en la Florida, en el San Agustín de su infancia, donde murió en olor de santidad el 18 de febrero de 1853.

Dejaba una obra imperecedera en libros y en hombres. Y un valiosísimo modelo de lo que un sacerdote debe ser. Y tal vez su muerte no dejó huérfana a Cuba, porque sólo tres semanas antes había nacido José Martí que consumaría su obra. Aclarada pues, la importancia del Bicentenario.

II

VARELA, MAESTRO

Conferencia leída en el ciclo conmemorando
el bicentenario de Varela y ofrecida en el
Kubek Center de Miami bajo la organización
"Jacques Maritain", el día 20 de octubre de 1988.

VARELA, MAESTRO

Es toda vida profundamente enigmática. Ya lo dijo Ortega y Gasset: "Porque, no se dude, toda vida es secreto y jeroglífico". [1] Y el propio Varela lo reconoció al escribir: "El hombre es un misterio para sí mismo, y si quiere ser ingenuo debe confesar que no se conoce, ni sabe como existe, ni como opera". [2]

Así es. Sólo la soberbia humana que quizás nunca ha sido tan fuerte como en este siglo, puede pretender conocer sus derroteros y prever toda contingencia. Y por ello, pienso, hay en estos tiempos tanta infelicidad. Pero por hoy no es eso lo que se discute. Sí, que la vida de Varela en lo que al magisterio se refiere no fue un designio planeado. Bien al contrario. Fue, casi, una imposición de las circunstancias. El joven Varela, que había tomado las primeras órdenes sacerdotales en 1806, estaba my lejos de pensar que su consagración más importante —después de la religiosa— sería la que obtendría como maestro.

Pero antes de entrar a detallar cuales fueron las circunstancias que determinaron esta segunda vocación es bueno recordar un libro muy olvidado: *Formas de Vida*, por Eduardo Spranger. En dicha obra se clasifican los tipos humanos en seis categorías. Inútil enumerarlas ahora. Sí decir que en un buen maestro han de concurrir, al menos, tres de ellas en diversa proporción. Así fue con Varela.

¿Qué estructura ha de tener una personalidad, de acuerdo con esta tesis, para devenir un buen maestro? En mi opinión, tres de las modalidades humanas estudiadas por Spranger. Son las que corresponden a lo que el psicólogo y filósofo alemán llamó el "homo theoricus", el "homo socialis" y el "homo religiosus". Estos tres tipos humanos estructuran su personalidad alrededor de un valor fundamental que orienta la conducta y le sirve de motivación.

En el tipo teórico el valor dominante es el amor al conocimiento y a la verdad. Pero no del modo genérico con que aparece en todos los hombres, sino con un sentido más pleno y profundo. O para decirlo con las frases de Spranger:

> Cognition is thus one, but not the only function of mental life. It has his unique act-structure which is most clearly seen when the will to cognize appears, that is when the value of purely objective behavior in conscious mental activity... becomes dominant. [3]

Y que Varela detallaría más ampliamente al escribir:

> ...el verdadero filósofo es aquel que sólo busca la verdad, y la abraza luego que la encuentra, sin considerar de quienes la recibe, ya sea conforme a sus intereses o contraria dicha verdad encontrada; el que no tiene secta ni maestro, ni defiende su juicio sino porque lo cree verdadero, estando pronto a reformarlo luego que se manifieste su error, y entre tanto no lleva a mal que otros piensen de un modo diverso. [4]

Los que conocen la vida de Varela saben que esta actitud apareció tempranamente en su vida. Por ello pudo ser tan buen alumno de ese maestro, excepcional para él, que fue el sacerdote Michael O'Reilly en San Agustín de la Florida. Y por lo mismo realizó sus estudios con ejemplar aplicación en el Seminario. Esta reverencia hacia el conocimiento y hacia la verdad va a facilitar mucho su labor magisterial como habrá de verse.

El "homo socialis" estructura su personalidad en torno a un valor básico, el amor al semejante y, por extensión, a todos los hombres. Amor que se sobrepone a toda otra actitud y que implica que la personalidad regida por esta norma tenga una estimación no usual por los otros seres humanos sin pretender otra cosa que servir. Es el amor implícito en la caridad, en la "charitas". El amor en su dación. Y en un genuino maestro este amor siempre resplandece. Sin él puede darse un mentor brillante, un acucioso informador, un profundo intelectual. Nunca un gran maestro. Le falta la llama que contagia. Le falta el afán ineludible de servicio. Bien lo vio Luz y Caballero cuando dijo que "Instruir puede cualquiera, educar sólo quien sea un evangelio vivo". Se argüirá que en el caso de Varela tenía que ser por su sacerdocio. No siempre es así necesariamente. Pero sí en el hombre a quien este ciclo está honrando.

Y aun otra característica ha de tener un buen maestro. Y es la de responder en alguna medida a lo que Spranger llama el "homo religiosus". El hombre que siente el valor religioso como norma fundamental de su hacer. Y no precisamente en sentido dogmático, sino en el de creer a plenitud que la vida tiene siempre una misión. Porque en Varela esto era una fuerza impulsora y radical trascendía de toda su personalidad una especial vocación de servicio. Y por ella supo aceptar todos los sacrificios, todas las injusticias, todos los inconvenientes, todas las penalidades, sin desanimarse. Siempre estaría dispuesto a volver a empezar.

Con las tres características mencionadas era más que apto para convertirse en lo que fue: un gran maestro, un gran líder de sus estudiantes y aun de su pueblo. Y formar conciencia, que va siempre más allá de todo saber. Pero él, en los inicios, aun no lo percibía. Fue la vida en su imprevisibilidad la que le descubrió la ruta. Instrumentos de ese descubrimiento fueron, de un lado, las circunstancias. De otro, la intuición sagaz y generosa del entonces obispo de la Habana don José María de Espada y Landa.

Las circunstancias fueron éstas. El seminarista se había destacado como estudiante de Filosofía y Latín, que al decir de los que lo escucharon podía hablar con notable fluidez y aun elegancia. Por ello cuando el profesor de dichas materias, el Lcdo. don Juan Bernardo O'Gavan, tuvo que marchar a España a ampliar sus estudios en el Instituto Pestalozzi de Madrid, en 1808, el Obispo Espada pensó inmediatamente en el joven sacerdote que tanto se había distinguido, para sustituirlo. Y así devino Varela profesor en el Seminario de dichas asignaturas. A la sazón se impartían todavía las clases de Filosofía en Latín, pese a las recomendaciones del que también había sido su maestro, el Padre José Agustín Caballero. Eso explica que los dos primeros tomos del libro inicial que escribió para sus alumnos fuesen escritos en latín. Se titula la obra *Instituciones de Filosofía Ecléctica* y es de 1812. No tenía el profesor entonces más que veinticuatro años, pero ya sentía intensamente la necesidad de que sus alumnos le entendiesen a cabalidad, como lo demuestran las palabras casi iniciales que aparecen en los Prolegómenos a dicha obra. Allí dice, al referirse a una de sus fuentes:

> Tampoco debo pasar en silencio las instituciones filosóficas, publicadas por el prestigioso arzobispo de Lyon, cuya fama ha repercutido de tal modo que se las conoce y estima extraordinariamente en todas partes por las cualidades con que resplan-

decen, sobre todo por aquella admirable claridad de estilo, tan a propósito para la capacidad de los jóvenes, y por mí tan admirada que no tengo palabras bastantes para alabarla. [5]

Al año siguiente se republicó dicha obra, ya en castellano, y ampliada con nociones de Matemática y de Física. De dicha obra hace un gran elogio en su biografía José Ignacio Rodríguez reputándola como el primer libro de Filosofía redactado en español en nuestra América.

Y debe destacarse que esta preocupación por llegar a los jóvenes venía abonada por la circunstancia de que en aquel tiempo el Seminario no era sólo una institución para los que iban a ser sacerdotes sino que era el colegio adonde las familias enviaban a los jóvenes a adquirir una educación superior pues, desde su reforma en 1769, se había convertido en un plantel mucho más al tanto de las doctrinas modernas que la propia Universidad de la Habana fundada en 1728, pero aun atada a viejos moldes académicos. Por eso pudo decir Don José María Chacón y Calvo: "Centro del patriciado cubano era San Carlos por aquellos años" [6]

Trasciende de la total lectura de los prolegómenos citados así como de toda la obra de Varela la responsabilidad con que ejercía sus funciones tratando de informarse debidamente sobre todo lo que concernía a las materias que explicaba. Es increíble el celo que ponía en documentarse como conviene a alguien con el tipo teórico. Cuando leo sus obras siempre me sorprende como en él se encarnó a plenitud, aquel dicho de ese otro maestro que fue Alfredo M. Aguayo de nuestra vieja Escuela de Pedagogía, cuando recomendaba a sus alumnos que un real maestro tenía que saber como diez para enseñar como uno. Pues bien, esa norma la cumplió con exceso Varela. Algún día se emprenderá la tarea —aun no hecha— de dar una detallada relación de todos los autores por él citados. Sorprenderá, se los aseguro. Y como en aquella época todavía entraban en el campo de la Filosofía los conocimientos científicos, el presbítero habanero se documentó ampliamente sobre ellos... Y no conforme con el saber teórico fomentó la observación y la experimentación estableciendo en el propio Seminario un gabinete para dichas actividades como lo puede comprobar quien revise sus *Lecciones de Filosofía,* cuya segunda edición corregida y aumentada, fue publicada en Filadelfia en 1824, estando ya en el exilio. Está editada en tres tomos. El primero concierne a las materias filosóficas. Los otros dos se dedican a estudiar el hombre y el universo y contienen información sobre lo que después sería la Psicología, sobre Física, Química, Astronomía, Ciencias Naturales. Y viene ilustrada dicha obra con excelentes diagramas y dibujos que le hizo, siendo su alumno en el Seminario, Juan Manuel Valerino.

Por esa afición teórica a la que correspondía la peculiar estructura de su personalidad y por ese afán de hacer llegar su saber a sus alumnos para —además de informarlos— formarlos, emprendió Varela la tarea de escribir sus textos en un lenguaje claro e inteligible. Estos textos se sucedieron con asiduidad increíble. A las *Instituciones Filosóficas* siguieron otros. De 1818 es la primera edición de las *Lecciones de Filosofía* ya mencionadas. De 1819 la primera de su *Miscelánea Filosófica*, tal vez el libro que él más quiso. Y en 1821 publicó el primer libro de Derecho Constitucional con que cuenta la Historia de Cuba, las *Observaciones sobre la Constitución de la Monarquía Española*. Y ya en el exilio en los Estados Unidos, y siempre fiel a esa misión de ilustrar a su pueblo que tanto había valorizado en su alma, redactó los siete números del periódico político y revolucionario "El Habanero" y, años más tarde, las *Cartas a Elpidio*, la última obra de su apostalado educativo dirigida a los jóvenes cubanos. [7]

Pero no sólo escribía para sus alumnos del Seminario. Desde 1817, y siendo Director Don Alejandro Ramírez, ingresó en la Sociedad Económica de Amigos del País o Sociedad Patriótica de la Habana, como socio de número, siendo asignado a la sección de educación. En la ponencia que reglamentariamente debía leer en la ceremonia de admisión dijo:

> Todos deben aspirar a la ilustración de su entendimiento. Este es un dictamen de la naturaleza. Los que se encargan de la enseñanza pública deben no excusar medios algunos de hacerse capaces de tan arduas funciones. [8]

Si todos estos aspectos de su magisterio concernían a los valores teóricos no puede olvidarse que también primaban en el sacerdote cubano los valores que se han llamado sociales y religiosos. Por ello consideró siempre que su labor no debía sólo informar sino también formar. Así, su cuarto en su residencia en el Seminario fue siempre plaza abierta, ágora, para todo intercambio con sus alumnos que podían interrumpirlo para aclarar dudas, recibir consejos y aun trabajar con él. Y muchos lo hicieron, como en el caso de Valerino. Y ese hombre humilde —como todo gran sabio— no temía confesar que muchas veces podía aprender de sus alumnos. Así lo dijo explícitamente alguna vez.

> Escribiendo a un discípulo mío, creo poder concluír esta carta refiriendo algunas anécdotas de mi carrera filosófica que dieron origen a la adversión (sic) que tengo a las disputas e investigaciones especulativas. Mi discípulo don Nicolás Manuel de Escobedo, que tenía entonces 15 o 16 años, me leía diariamente, y notando algunas cuestiones especulativas (que generalmente son el fundamento de los partidos) me preguntó con su natural candor y viveza: "Padre Varela ¿para qué sirve esto?" Confieso que me enseñó más con aquella pregunta que lo que yo le había enseñado en muchas lecciones... [9]

Pero no sólo a sus estudiantes iban dirigidas sus preocupaciones. También se preocupaba por los niños de las escuelas. Por ello, y a petición de la Real Sociedad, escribió unas Máximas para la distribución del tiempo, para el trabajo y para las prácticas religiosas. Son sencillas como para llegar a todos y revelan la profunda intuición psicológica que había en este hombree en quien la caridad espiritual actuaba como foco iluminador. Según parece aparecieron por primera vez en las Memorias de la Sociedad en 1818. Un fragmento de ellas se publicó para uso de los estudiantes en Nueva York, gracias al celo y devoción de su primo Don Agustín José Morales, uno de los fundadores de la New York University. El libro en que aparecen se titula: *Progressive Spanish Reader, with an analytical study of the Spanish language* y se editó en Nueva York en 1876.

Con estas orientaciones y preocupaciones fue elaborando Varela sus ideas acerca de la educación. Difícil sistematizarlas, pero es necesario para poder cumplir con la misión que se me ha encomendado. Anticipo por ello esta convicción. En el proceso educativo hay tres factores básicos a considerar —ninguno prescindible— el alumno, la materia que se enseña y el modo como se enseña. Los tres concurren al mejor éxito de la tarea. Y exigen por lo mismo, del maestro, una cuidadosa atención a cada uno de ellos. Varela nunca lo olvidó.

Por eso jamás fue indiferente a la capacidad y etapa evolutiva del estudiante a quien se dirigía. Precisamente por esa atención esmerada a los intereses y capacidades de sus alumnos se preocupó siempre por estimularlos, entenderlos y dirigirlos haciéndose comprender. O para decirlo con sus propias palabras:

> El gran secreto de manejar la juventud, sacando partido de sus talentos y buenas disposiciones, consiste en estudiar el carácter individual de cada joven y arreglar por él nuestra conducta...

Y en otro lugar de la misma obra dirá:

> He procurado siempre indicarles mi respeto y consideración a sus personas, mi buena amistad y mi condescendencia hasta donde he podido llevarlas, sin comprometer mis principios... [10]

Y porque llegar al estudiante para que aprendiera debidamente era una de sus ideas básicas fue que desterró el latín de la enseñanza sustituyéndolo por el castellano, salvo en la primera edición de las *Instituciones de Filosofía* ya citadas. Igualmente se opuso —como ya se ha dicho— a las discusiones siguiendo el patrón escolástico, más propio a la repetición que a un real aprendizaje. Y por lo mismo fue muy firme en él el repudio de la memoria sin previa intelección. En muchas de sus obras podemos comprobarlo. Así en la *Miscelánea Filosófica* dirá: "Impresiona la cantidad de males que ha traído consigo la despreciable costumbre de estudiar al pie de la letra". Y en otra parte de la misma obra puede leerse:

> No confiemos tan exageradamente el estudio a la memoria, que lleguemos a eliminar el propio raciocinio y el imprescindible trabajo personal, ya que de ese modo sólo conseguiremos recargar la mente en vez de ilustrarla. [11]

Y en otro de sus libros escribirá: "El hombre que aprende a repetir de memoria las palabras de un autor no se distingue de un loro que ha aprendido a relatar un romance". Y continúa:

> Lo que decimos es que cuando se trata de aprender es un absurdo empeñarse en conservar las palabras a la letra, y sin duda si uno se figurara que era sabio porque era capaz de repetir a la letra muchas autoridades, merecería que le tuviéramos lástima. [12]

Otro problema en relación con el estudiante que Varela señaló fue aclarar cómo una errónea emulación entre los condiscípulos podría engendrar más males que bien por lo cual se produjo contra ella. Cada estudiante debía ser guiado al mejor logro por sí mismo y no por el afán de competencia. Y al respecto escribió: "Diez años en la enseñanza me convencieron del erróneo sistema de inspirar a los jóvenes una emulación mal entendida" [13]

Pero no es posible detenerse más en el factor estudiante. Hay que pasar a la materia que se enseña. Y lo primero es distinguir qué es realmente saber, pues muchos confunden la simple erudición con el real saber. Varela será en esto muy explícito y escribirá:

> Sabe el que es capaz, por decirlo así, de formar su conocimiento nuevamente, indicando las operaciones que ha (*había* en el texto, seguramente por error) practicado para adquirirlo, y percibiendo toda la relación de ellas. [14]

Con este criterio firmemente establecido debe el que enseña preocuparse por conocer a profundidad lo que va a enseñar para poder expresarlo claramente. O como él escribió: "Las palabras deben encerrar sencillez, brevedad, claridad y precisión; pues un lenguaje con estas circunstancias siempre será perceptible". Y dirá después: "Debemos, por tanto, no usar más palabras que las necesarias para presentar el objeto" [15]. De ahí que en los textos varelianos impere una estructura lógica que él sentía como fundamental y, además, que concediese a la Lógica o ciencia para la dirección del entendimiento una importancia sustantiva. No puede, sin embargo, olvidarse que todo conocimiento se basa en conceptos, o sea en ideas que deben ser claras para poder ser comprendidas. En la época de Varela esta ciencia de las ideas —llamémosla así— se denominaba Ideología, o sea estudio de las ideas. No es, ni debe ser mi función hoy delimitar o aclarar este concepto. Ya debe haberse hecho en este ciclo. Tampoco detenerme en el dato de que la atmósfera intelectual en que se movió el sacerdote habanero era la del Iluminismo que, de varios modos, influyó en su obra. Baste ahora decir que es requisito indispensable que las ideas se formen y ordenen con propiedad para que puedan ser claras y comprensibles. Por eso es importante indagar cual era la posición de Varela frente al origen de las ideas. Muy brevemente puede resumirse su filosofía al respecto diciendo que para el profesor del Seminario las ideas son: 1) individuales, 2) concretas en su inicio; 3) no innatas; 4) surgen de la experiencia y 5) requieren un signo. Veamos todo eso más despacio.

1. Las ideas son individuales. El explica así este criterio:

> Estas palabras que expresan (sic) las clases formadas por nuestra mente no tienen un objeto en la naturaleza, pues como hemos dicho, no hay un objeto que sea todos los hombres, todos los árboles, de modo que cuando pronunciamos la palabra hombre, nos figuramos un individuo determinado, y de otra suerte no formaríamos idea alguna, pues hablando con todo rigor no hay absolutamente *ideas generales* supuesto que no hay objetos, ni propiedades que lo sean. Las palabras nos recuerdan que hemos formado una clase, pero esta misma clase no la percibimos, sino representándonos un individuo... Podemos decir que los términos son generales, por que (sic) se aplican a muchos individuos, mas las ideas no lo son... [16]

He preferido citar este largo párrafo porque explica muy claramente la convicción de Varela de que toda idea se aprehende a través del individuo.

2. Porque toda idea parte del individuo que es el que realmente conoce toda idea empieza por lo concreto y sólo a través de un proceso posterior por generalización y extensión se llega a las ideas generales que siempre representan una clase. Por ello escribirá: "...no podemos empezar a aprender por unas ideas, o proposiciones generales, sino que al contrario, éstas deben ser el término de nuestras investigaciones" [17]

3. Consecuencia de lo antedicho es que no hay ideas innatas porque todo conocimiento comienza por el individuo y ese conocimiento parte de la experiencia. Por cierto, esto implica que la experiencia sensorial es importantísima en el aprendizaje. Pero dicha experiencia que se obtiene a través de los sentidos, hace a Varela reflexionar en uno de ellos al que da un valor fundamental, el sentido del tacto. Y es sorprendente el hecho por cuanto no es hasta bien entrado el siglo XX que empieza a concederse a este sentido un valor primordial en la educación, con lo que Varela resultó un precursor de mucho del sistema de María Montessori y de las doctrinas de John Dewey.

4. Como toda idea surge de la experiencia individual hay que conceder a la observación directa y a la experimentación un valor crucial en el proceso educativo y él trató en gran medida de aplicarlo al enseñar Física y Química en el Seminario.

5. Por último, toda idea requiere palabras plenas de sentido que la expresen. Esto es el *signo* que Varela va a definir diciendo que "Los signos son un mero compendio de las ideas, ellos no expresan (sic) todo lo que hemos observado, sino lo principal, o mejor dicho, nos indican solo la existencia del objeto, para que nuestra mente recuerde sus propiedades. [18] Pero cuidado, no debe fiarse excesivamente el conocimiento a las meras palabras pues como él mismo dice:

> Debe... tenerse presente que no se entiende todo aquello que se sabe nombrar, y que nuestra ciencia muchas veces viene a ser sólo de palabras, cuando creemos que es de objetos reales... [19]

Como obligada consecuencia de lo anteriormente dicho, Varela procederá a enseñar de un modo nuevo y muy particular. Así abogará siempre por la libre discusión de la cual hacía partícipes a sus alumnos, irá contra todo dogmatismo, reservando a la fe el saber de las cosas divinas pero asignando a la razón bien guiada el papel fundamental en el aprendizaje de las cosas humanas, estimará la experiencia directa como fuente de conocimiento y se pronunciará abiertamente contra toda forma cerrada de saber que no admita rectificación. En fin, no será un "academicista", sino un hombre dispuesto a rectificar y reconsiderar la verdad aprendida cuando nuevos hechos o descubrimientos puedan superarla. Por eso dijo —como ya se citó— que "el verdadero filósofo... no tiene secta ni maestro, ni defiende su juicio sino porque lo cree verdadero, estando pronto a reformarlo luego que se manifieste su error, y entre tanto no lleva a mal que otros piensen de modo diverso". [20]

Y por eso, y de acuerdo con dicha convicción, podrá escribir algo tan poco usual como esto:

> Sirva el dictamen de los sabios para dirigirnos en las investigaciones, y para estimularnos a examinar el objeto más detenidamente; pero un niño por un acaso feliz, puede encontrar verdades que se ocultaron al sublime Newton. [21]

No extrañe por eso que Luz y Caballero dijera de él que "fue el primero que nos enseñó a pensar", ni que Medardo Vitier en el prólogo a la *Miscelánea Filosófica* re-editada por la Universidad de La Habana bajo el celo cubano de Roberto Agramonte escribiese;

> Si exceptuamos los catorce años (1848-1862) en que Don José

de la Luz dirigió el Colegio "El Salvador" y el período apostólico de José Martí que precedió a la guerra de 1895, no creo que hayà en nuestra historia otro espacio de tiempo de tanta fecundidad para la orientación cubana como el decenio en que el Presbítero Félix Varela enseñó en el Seminario de San Carlos. [22]

Así es. Pero esos diez años dejaron en el Padre Varela una nostalgia indecible de su labor profesoral. Por eso, apenas llegado al exilio en 1823, intentó renovarla del único modo que podía. Por la letra escrita que haría llegar a sus queridos jóvenes de Cuba. Y eso fue "El Habanero" ese periódico que vale más que por su contenido político —con ser mucho— por ese afán de formar a la juventud cubana. Y mucho más de diez años después de haberse radicado en los Estados Unidos, aun la vocación magisterial hacia los jóvenes cubanos lo acuciaba. No otro origen tienen sus justamente celebradas *Cartas a Elpidio* en cuyas palabras prologales dirá que su "objeto no es exasperar, sino advertir..." Y ya al final de ellas escribirá:

> Vivo...muy tranquilo; pues, como escribía yo a un amigo, el tiempo y el infortunio han luchado en mi pecho, hasta que convencidos de la inutilidad de sus esfuerzos, me han dejado en pacífica posesión de mis antiguos y nunca alterados sentimientos. [23]

Eran los sentimientos de un real maestro que no se resignaba a no seguir influyendo en la juventud de su amada Isla para mejor conducirla, como se revela en el estilo de la obra, cartas, dirigidas siempre a un joven cubano hipotético, no real, en quien él depositaba sus esperanzas como se manifiesta en el nombre que le da, que en griego significa "la esperanza".

Esta persistencia en su afán docente y ministerial no fue baldía. Por siempre sus alumnos lo recordaron como lo que fue: un gran maestro. Y tal vez de ello no haya prueba más palpable que en estos números. Cuando él asumió sus tareas profesorales constaba su clase de 39 estudiantes. Al marchar a España a cumplir sus deberes como delegado a Cortes había 200. Pero si las cifras hablan, el espíritu da una cosecha más abundante y luminosa. Fueron pléyade los cubanos que se formaron a su vera. Todos conocemos de Luz, de Saco, del "Lugareño", de Cayetano Sanfeliú, de Juan Manual Valerino, de Escobedo... Pero hay muchos más. Y si se relee el *Centón Epistolario* de Domingo Delmonte o la correspondencia recogida en uno de los tomos del libro *De la vida íntima* de don José de la Luz y Caballero se podrá comprobar con creces lo que digo.

Por eso fue tan justa la vida cuando —ya en su lecho de muerte— fue visitado con devota unción por uno que había sido su alumno, Don Lorenzo de Allo, a quien debemos agradecer todos los cubanos que diera esta última alegría al sabio y santo que había consagrado su vida a la misión de servir y también porque de su gestión se derivó que pudieran descansar en la Habana sus restos.

Así termino, con reverencia para el hombre que nos enseñó a pensar y cuyo magisterio debemos todos imitar.

Nueva York, 6 de octubre/88

NOTAS
VARELA, MAESTRO

1. José Ortega y Gasset. *Obras Completas*. Tomo VI 5a. edición. Madrid, 1961. "Prólogo a una edición de sus obras". p. 343

2. Félix Varela y Morales. *Cartas a Elpidio* (Sobre la impiedad, la superstición y el fanatismo en sus relaciones con la sociedad). Tomo I. Impiedad. Prólogo de Humberto Piñera Llera. Ediciones de la Universidad de la Habana. 1944. Carta 3, p. 32

3. Eduard Spranger. *Types of Men* (Traducción al inglés de la Quinta edición alemana). Edition Johnson Reprint Corporation, New York, 1928. p. 109

4. Félix Varela. *Lecciones de Filosofía*. Segunda edición, corregida y aumentada por el autor. 3 tomos. Filadelfia, 1824 T. 1, p. 56

5. Félix Varela y Morales. *Instituciones de Filosofía Ecléctica* (Redactada en Latín) Texto latino. Traducción castellana de Antonio Regalado González. Biblioteca de Autores Cubanos. No. 19. Editorial de la Universidad de la Habana. 1952. "Prolegómenos". p. 9

6. José M. Chacón y Calvo. *El Padre Varela y su apostolado*. Folleto. Año del Centenario de Martí. Comisión Nacional Cubana de la UNESCO. 1953. p. 9

7. F. V. y M. Obra citada ya.

8. José Ignacio Rodríguez. *Vida del Presbítero don Félix Varela*. Imprenta de "O Novo Mundo" Nueva York. 1878. p. 57. (El texto está tomado de las Memorias de la Real Sociedad Económica de la Habana, número 7, distribuído en 31 de julio de 1817).

9. Félix Varela . Carta dirigida a "Querido A": y fechada en Nueva York el 22 de octubre de 1840. Fue escrita con motivo de la polémica filosófica en que respecto al "eclecticismo" de Coussin, andaban empeñados José de la Luz y Caballero, Francisco Ruíz y Manuel González del Valle. Publicada por primera vez por José M. Mestre en De la *Filosofía en la Habana* y reproducida por J.I. Rod. en la obra citada, pp. 337 a la 346. La cita es de la p. 345.

10. F.V. y M. *Cart. a Elp.* Citas de las pp. 111 y 97, precisamente en ese orden.

11. Félix Varela y Morales. *Miscelánea Filosófica*. Prólogo de Medardo Vitier. Editorial de la Universidad de la Habana, 1944. p. 36

12. F.V. *Lec. de Fil.* p. 34 T. 1

13. F.V. y M. *Misc. Fil.* p. 145

14. Id. p. 59

15. F.V. *Lec. Fil.* p. 44. T. 1

16. Id. pp 19 y 20

17. Id. T. 1, p. 60

18. Id. T. 1, p. 45

19. Id. T. 1, p. 58

20. Id. T. 1, p. 56

21. Id. T. 1, p. 67

22. Medardo Vitier. Prólogo a *Miscelánea Filosófica*, p xIII

23. F.V. *Cart. a Elp.* T. I. p no numerada que antecede al texto y firmada F.V.

III

VARELA Y "EL HABANERO"

Artículo publicado en el número homenaje al
Padre Varela, del periódico NOTICIAS DE ARTE,
dirigido por Florencio García Cisneros y aparecido en Nueva
York en el No. Año XIII, Nos. 11 y 12 de noviembre-
diciembre de 1988. (p. 5)

VARELA Y "EL HABANERO"

Cuando un frío día de diciembre de 1823 llegaron al puerto de Nueva York don Félix Varela, Tomás Gener y Leonardo Santos Suárez, huyendo de la tiranía absolutista que se había vuelto a adueñar de España, después de haber sido electos como Diputados a Cortes por el pueblo de Cuba para defender los derechos de todos los súbditos españoles y, por supuesto, de los cubanos, poco pudo pensar el gobierno español de entonces que con este arribo a las costas de Norteamérica se iniciaría el largo proceso que culminaría en la independencia de la Isla. Instrumento fundamental de ese proceso fue el sacerdote Félix Varela y Morales (1788 - 1853).

El Padre Varela, luego de enseñar por diez años en el Seminario de San Carlos —y de modo brillante— las materias de Filosofía y Latín, también enseñó Derecho Constitucional; pues al restaurarse la Monarquía Constitucional en España fue encargado por el progresista Obispo de la Habana, Don José María de Espada y Landa, de explicar dicha constitución, con todo lo que ella implicaba, a la juventud habanera. Fruto del celo con que el joven sacerdote realizó su empeño es el libro que escribió titulado *Observaciones a la Constitución Política de la Monarquía Española*... Dicha clase de constitución fue un verdadero acontecimiento en la vida intelectual y cívica de la colonia, pues como escribió Enrique Gay Calbó:

> Con la enseñanza de la filosofía conquistó Varela el primer lugar en la evolución del pensamiento cubano. El magisterio constitucional del joven sacerdote fue también profundamente revolucionario... Varela encontró la oportunidad de esparcir las buenas simientes del amor a la justicia y el derecho. [1]

El éxito de su labor profesoral fue lo que determinó su elección por abrumadora mayoría como diputado a Cortes. Pero algo presentía él que malograría sus ilusiones en el derecho y la justicia dentro de España, porque al partir publicó una carta despidiéndose del público que lo había elegido donde constan estas palabras. "Ya sea que el árbitro de los destinos, separándome de los mortales, me prepare una mansión funesta en las inmensas olas, ya los tiranos para oprimir la España ejerzan todo su poder contra el augusto Congreso... nada importa: un hijo de la libertad, un alma americana desconoce el miedo". [2] La carta está fechada el 18 de abril de 1821.

Por supuesto, sus premoniciones se cumplieron. Y cuando más de un año después se reunieron las Cortes, el buen cubano no perdió tiempo en presentar tres interesantísimos y bien pensados proyectos que beneficiarían a las colonias. El más importante, el de la abolición de la esclavitud, que está hecho con gran sentido humano, práctico y político. Y el del Gobierno de las provincias de Ultramar así como el que enfocaba el problema de la independencia de las colonias americanas. Inútil aclarar que sus proyectos no fueron considerados debidamente. Tampoco aprobados. Y después, aquel congreso se vio obligado a disolverse y muchos de sus miembros a escapar o someterse a la nueva ola de absolutismo. Ya sabemos que los diputados cubanos cumplieron su deber hasta el final y para escapar a la condena a muerte tuvieron que huír y refugiarse en tierra de libertad.

Hay que suponer la indignación justísima de dichos delegados. Pero no era Varela hombre para arredrarse ante las circunstancias. Y aun tenía fe en su magisterio. Por ello, apenas radicado en Filadelfia —adonde se dirigió al principio— ideó la redacción de un periódico que mantuviese viva, en los jóvenes de Cuba, la fe en el derecho y en la libertad. Y fiel a su ciudad lo llamó "El Habanero". Le costaba dinero, tiempo y trabajo. Pero él no cejaría. Y así comenzó su publicación en Filadelfia en 1824. El periódico se publicaba en una edición pequeña de 11 por 14 centímetros que podía incluirse en un sobre de correos y así llegar a sus alumnos y a otras personas en la Habana y en el resto de Cuba.

Pronto el periódico adquirió en nuestra Isla importancia fundamental y consecuentemente comenzaron los ataques a su autor e impulsor. El Gobierno se alarmó y llegó, incluso, a prohibir su entrada en la Habana. Y se dice —y parece ser que hay pruebas que lo confirman— que se ordenó a alguien venir a los Estados Unidos para asesinar a Varela. Tampoco esto arredró al cubano ejemplar que declaró en uno de los números: "Nada me aterra; no ha puesto en mi mano la pluma, la invectiva o el elogio, condúcela al bien de mi patria, y nada me afectan las voces de sus enemigos" [3] Y en otra parte escribirá: "…yo no sé callar cuando mi patria peligra… su bien es el norte de mis operaciones, yo le consagraré hasta el último momento de mi vida" [4]

Así lo hizo. Y cuando se trasladó a Nueva York para cumplir mejor sus labores sacerdotales, privado como estaba de la posibilidad de volver a enseñar, continuó con la publicación de su periódico, que desde 1825 se editaba en dicha ciudad. Se publicaron, según los datos que se tienen, siete números. Por muchos años se dudó de que el séptimo hubiera realmente aparecido pues fueron inútiles las gestiones de muchos eruditos e investigadores cubanos para encontrarlo. Y por ello cuando la Universidad de la Habana —por la persistencia y amor de Roberto Agramonte— lo republicó, sólo aparecieron en la edición seis de sus números que facilitó Emilio Roig de Leuchsenring, quien según parece los había obtenido de los descendientes de Don Felipe Poey, que había sido alumno del Padre Varela y lo recibía. Sin embargo, por un golpe de suerte, logró encontrarse un ejemplar de dicho séptimo número en los archivos de la Universidad de Yale, con lo que la duda ha sido aclarada. El ejemplar encontrado está en malas condiciones y es casi ilegible, pero al fin ha podido reeditarse, convenientemente esclarecido, por la editora IDEAL que también ha reproducido los otros textos de "El Habanero". El ejemplar encontrado está hecho en Nueva York en 1826.

Cuál es el ideario que animó la publicación del valioso periódico es algo que se preguntarán los que lean estas líneas. En forma muy sucinta diré que un ideario de derecho, justicia y libertad, además de ilustrar todos los matices que puede adoptar la política cuando abandona el reino de la verdad para guiarse por los intereses y malas pasiones. Es, pues, "El Habanero", no solo un manual de buena política sino también un modelo de ética en el patriotismo. Detenerse en las ideas al respecto que expresa Varela no es propio de un artículo periodístico —como debe ser éste— pero sí hay que decir que debe leerse para aplicar sus tesis a la situación del hombre de hoy, especialmente a la de los cubanos.

Ese ideario tenía como norte el bien de la patria. Y esto —según Varela— requería un ambiente de libertad en que todos se pudiesen expresar sin miedo, un marco jurídico en el cual los derechos fueran para todos, sin excepción alguna; una total independencia de toda potencia extraña y no se refería sólo a los Estados Unidos o a los países europeos interesados —Francia o Rusia, por ejemplo— sino apoyada siempre en las fuerzas y recursos del país, por lo cual excluía a los demás países hispanoamericanos de la posibilidad de ejercer alguna autoridad sobre Cuba. Y todo esto, finalmente, debía sustentarse sobre una base amplia de educación o ilustración —como se decía entonces— pues no debe olvidarse que en uno de los números de dicho periódico había dicho:… "la ilustración que siempre empieza por una pequeña llama, y concluye por un incendio… arrastra el soberbio edificio de la tiranía…" [5]

Con este ideario se hizo Varela, al regresar de su poco afortunada experiencia en las Cortes, un fervoroso independentista. Pues cuando salió de Cuba aún llevaba la ilusión de que un gobierno autonómico inteligente y justo sería posible. Luego, ya fue otra cosa. Y se convenció a plenitud de que sólo con la independencia se resolverían los problemas de la Isla. Además se convenció también de que el alma americana tiene una vocación indeclinable a la libertad que sólo se puede garantizar con la independencia. Y expresará dicha idea en múltiples ocasiones como cuando dice: "Los americanos nacen con el amor a la independencia. He aquí una verdad evidente". O cuando escribe: "…el amor a la independencia es inextinguible en los americanos" [6]

Pero si su periódico debía responder a sus ideales tenía también que informarse bien para ilustrar y para prevenir. Por ello "El Habanero" está lleno de artículos científicos sobre electricidad, temperatura del agua del mar, etc. así como de informaciones documentadas de la posición de las diferentes naciones europeas referentes a Cuba, donde él copia documentos diplomáticos que ha logrado conseguir para orientar a la conciencia cubana. Véase, entre otros, a este fin, ese séptimo número de "El Habanero" del cual ya he hablado. Por eso pudo escribir Gay Calbó:

> Nuestro primer periodista político, el precursor, el fundador, fue el más noble y viril de los combatientes. Salió a la contienda solo. Se mostró al enemigo sin hipocresía y sin miedo. Firmó lealmente sus panfletos en que predominaban la lógica y la razón… Así, "El Habanero" es la primera manifestación revolucionaria de carácter periodístico entre nosotros. Su autor es uno de los personajes centrales de la historia cubana y tuvo la fortuna de ser precursor… [7]

Así fue. Y yo siempre he pensado que su obra, tan bien iniciada, fue completada a través de otro periódico "Patria" y de otra prédica inspirada en los mismos principios, la de José Martí. Al cabo, cuando muere Varela el 18 de febrero de 1853, acaba de nacer en la Habana el Apóstol de nuestra independencia, como para recoger la antorcha de la Libertad que dejase el presbítero habanero para llevarla a la victoria final que hoy vemos en sombra, pero que confiamos en que volverá a relucir.

Nueva York, 7 de octubre de 1988.

NOTAS

1. Enrique Gay Calbó. Prólogo a *El Habanero*, redactado por el Dr. Félix Varela y Morales. Editorial de la Universidad de la Habana 1945. (p. XII).

2. Idem: p. XVI

3. Padre Félix Varela y Morales. *El Habanero*. Publicado por la Revista Ideal. Miami - 1974. (p. 60).

4. Id. p. 77

6. Id. p. 82

7. *El Habanero* - Univ. de la Habana. pp. XXV - XXVI del prólogo citado de Enrique Gay Calbó.

IV

NOSTALGIA, VOCACION
Y
OBRA EN EL PADRE VARELA

Discurso de apertura en el banquete inaugural del
XXVI Congreso anual del *Círculo de Cultura Panamericano*
celebrado el 11 de noviembre de 1988 en el "Bergen
Community College", en Paramus, New Jersey, el 11
de noviembre de 1988.

NOSTALGIA, VOCACION Y OBRA EN EL PADRE VARELA

Dije hace varios años en un Seminario en el Teacher's College de la Universidad de Columbia que alguna vez se consideraría la nostalgia como una categoría lógica para entender y apreciar a cabalidad la literatura cubana. Tal vez, toda la hispanoamericana. Pero en el caso de Cuba el aserto es sobremanera patente. Baste recordar los nombres de Heredia, la Avellaneda, Saco, la Condesa de Merlin, Zenea, Cirilo Villaverde —cuya obra de más fama se terminó en el destierro— Palma y muchos más, hasta culminar en esa figura impar que fue José Martí. Eso en el siglo pasado. En este, es pronto aún para emitir un juicio válido por cuanto falta la perspectiva histórica. Pero no es aventurado creer que otra vez será la nostalgia uno de los factores básicos a considerar para juzgar lo producido en el ámbito de la literatura cubana, sea cual fuere el sitio en que viviesen sus autores. En el caso del Padre Varela lo dicho se cumple ampliamente. Ya lo apuntó Jorge Mañach al hacer la apología de Varela cuando el traslado de sus restos —después de haber sido convenientemente identificados— al Aula Magna de la Universidad de la Habana. Dijo entonces:

> ...los pueblos necesitan, además de esa energía profunda, la inteligencia libre que les señale modos y cauces para emplearla. Durante casi todo nuestro siglo XIX, esa orientación tuvo que venirnos desde fuera. Con levadura de nostalgias se fue amasando desde el destierro, la voluntad nacional cubana...
> (1)

Y tal vez se siga amasando, digo yo. Pero no es tema de hoy. Lo es sí aclarar el íntimo sentido de esa nostalgia.

Por lo pronto repárese en que toda nostalgia lo es de algo preciado y precioso que no es exactamente lo mismo, pese al diccionario. Y toda nostalgia brota de un estado anímico alimentado por la memoria acendrada de un bien perdido que, en mucho, semeja un paraíso. En dicho sentimiento revive el viejo mito del paraíso perdido. Y por ello dicha nostalgia no evoca jamás una realidad patente. Se sabe. Evoca un pasado embellecido, magnificado, poetizado. Por lo mismo la imagen de ese pasado tiene una fuerza que ninguna realidad —por grata que sea— puede opacar. Y es esa fuerza uno de los motores más sólidos que tiene para la acción todo destierro. Hay que revivir ese pasado, hay que reconquistarlo por la memoria y por la acción. De no hacerse la vida pierde sustancia, se vacía de contenido y, lo que es peor, de metas y esperanzas. El desaliento y la frivolidad se adueñan del ser incapaz de esa nostalgia. Es ella quien afirma sobre la raíz. La que da sostén. Y no importa que la imagen del bien perdido no corresponda con los hechos. Lo que importa es que se sienta en toda su profundidad. Pues sólo entonces invita a la acción para la reconquista. Esa acción puede tener muchos matices y encarnarse en distintas vertientes. Puede ser la acción guerrera que aspire al rescate de la tierra perdida. Puede ser la exaltación de valores fundamentales en la conservación de hábitos y estilos de vida. Puede ser la creación artística en cualquiera de sus modalidades. Puede ser la organización de instituciones que rememoren o revivan lo añorado. Puede ser una actividad que implique algún tipo de reconquista y afirmación. Pero quede claro. Sólo si hay acción, planeamiento y obra, hay autentica nostalgia. Porque la nostalgia es una fuerza poética, y como tal creadora, que necesariamente promueve el esfuerzo tras una meta y la disciplina consiguiente. Lo demás es sólo sentimentalismo vacuo. En el caso de Varela ya se verá como funcionó en él la nostalgia.

Pero si lo que he dicho en apretada síntesis tiene alguna validez es primordial que nos representemos con toda claridad cual fue el paraíso perdido al que Varela entregó obra y vida. A los cubanos no hay apenas que recordárselo. Sí —y no por voluntaria ignorancia— a los otros miembros de nuestro mundo hispánico. Lo que Varela añoró toda su vida fue la pérdida no sólo de la tierra física en que había nacido sino la pérdida de la posibilidad de ser a plenitud aquello a que su vocación lo llamó muy tempranamente. Esa vocación -desde sus inicios- tuvo dos aristas: la de maestro y la de sacerdote. Quizás si porque en personalidades como la suya, la caridad, el amor en su dación, fue el norte que guió su vida. Pero ya se irá a ello más despacio. Quede por el momento explícito que Varela no sólo había perdido el terruño sino también gran parte de la razón de ser de su vida. Su posibilidad de ejercer plenamente su vocación de servicio, en el magisterio, en el sacerdocio. El mismo lo declaró al escribir en la "Lección Preliminar de 1818": "...el que arrostra la costumbre encuentra pocos aprobadores; mas yo renuncio al honor de ser aplaudido por la satisfacción de ser útil". [2] Repárese en esa frase "la satisfacción de ser útil". Esa fue su divisa y su razón por sobre toda otra: Servir.

Lo dicho obliga, aunque sea someramente, a repasar un poco lo que aquella vida fue durante esa etapa en su tierra para poder aquilatar como la nostalgia lo aguijonearía después obligándolo a la acción necesaria por propia decisión.

Nació Félix Varela y Morales —como todos saben— el 20 de noviembre de 1788. Fueron sus padres don Francisco Varela y Pérez, militar español oriundo de Tordesillas, y María Josefa Morales y Morales, criolla de Santiago de Cuba. Se bautizó, apenas una semana después de nacido, en la Iglesia del Santo Angel en la Habana. Fueron sus padrinos los abuelos maternos, don Bartolomé Morales, también militar español de alta graduación y Rita Morales. El niño era el único varón del matrimonio.

Fue sabia la vida —como tantas veces— en depararle tales padrinos; pues pronto el sacramento y las obligaciones que entraña tuvieron que hacerse patentes, pues la madre murió cuando el hijo apenas tenía tres años. Y el padre —vuelto a casar— también murió muy pronto. Sólo seis años tenía el niño. Por cierto que es de interés señalar que de este segundo matrimonio hubo un hijo llamado Manuel que siempre mantuvo excelentes relaciones con su medio hermano.

Debido a lo dicho tuvo Varela —siendo aún un niño— que trasladarse a San Agustín, en la Florida –posesión española por entonces— adonde su abuelo había sido destacado para ocupar una alta posición. Allí vivió en el Castillo de San Marcos y paseó y correteó por sus calles y plazas. Y allí tuvo dos experiencias inolvidables. Una negativa que siempre recordaría como se demostró después. Haber presenciado el aspecto más sórdido de la esclavitud, la venta de esclavos.

La otra experiencia —positiva— se grabó hondamente en su personalidad. Había allí una escuela bajo la dirección de los franciscanos adonde fue enviado el muchacho. Tuvo suerte, pues le tocó como maestro uno muy notable. El Padre Michael O'Reilly. Pronto se aficionó al niño. Pues si no deslumbrante en lo físico —era más bien menudo, trigueño, de pelo negro y ojos más negros todavía y muy miope— era, en cambio, dulce y apacible, muy inteligente y con ávida curiosidad, además de mostrar gran fortaleza de carácter. Le gustaba estudiar y, quizás, hasta meditar. El padre O'Reilly puso gran empeño en su educación. Pues no sólo le enseñó lo que en Pedagogía se llaman las tres reglas: Lectura, Escritura y Aritmética, con Religión, sino que puso gran esmero en enseñarle Latín, con tanto acierto por parte del maestro y del alumno que se cuenta que —cuando ya Varela era adulto— sorprendía la soltura con que podía expresarse en dicha lengua. También le enseñó Música y el niño aprendió a tocar el violín. Igualmente lo inclinó a observar cuidadosamente la naturaleza. Como se ve fue todo un maestro para el inteligente niño.

Los abuelos vivían orgullosos de su aprovechamiento y al llegar la adolescencia le sugirieron —sobre todo Don Bartolomé— que ingresase en la escuela de cadetes, donde le esperaba un lindo porvenir. El joven, respetuosamente, se negó. Se dice que arguyó que él había nacido para salvar almas, no para matar hombres. Ante su firmeza el abuelo cedió y Varela fue enviado a la Habana con el propósito de estudiar en el antiguo Seminario de San Ambrosio, ya llamado de San Carlos. La decisión no pudo ser más acertada, pues el Seminario era una institución educativa a tono con los tiempos. Había sido reformado tras la expulsión de los jesuítas en 1767 y se le habían concedido nuevos estatutos en 1769, redactados con gran sabiduría por el Obispo cubano Don Santiago Hechevarría y Elguezua. Estos estatutos son dignos de elogio. En ellos se concedía al profesor gran libertad como puede comprobarse en su artículo 6o. donde al recomendar los textos que deben seguirse se aclara: "sin jurar ni hacer particular secta de su doctrina, sino enseñando las que le parezcan más conformes a la verdad según los nuevos experimentos que cada día se hacen y nuevas luces que se adquieren en el estudio de la naturaleza". [3]

Pero aun otra suerte tuvo el estudiante en la institución, pues enseñaban entonces en ella profesores muy notables. Don Juan Bernardo O'Gaván, bien enterado de los últimos adelantos pedagógicos, y sobre todo el Padre José Agustín Caballero, quien interpretando fielmente los nuevos estatutos fue el primero en lanzarse en franca oposición al escolasticismo viciado que reinaba en la enseñanza como también en hablar de Descartes y Newton a quien llamó "el más bello genio que ha tenido Inglaterra" y de quien dijo que "ha enseñado a la filosofía a ser circunspecta, moderada, sabia, y a contenerse en sus justos límites" [4]

Por eso tuvo tanta razón Don José María Chacón y Calvo cuando escribió:

Centro del patriciado cubano era San Carlos en aquellos años. Allí encuentra el Padre Varela el ambiente adecuado para desenvolver su obra. Una obra que de la especulación filosófica trasciende a la esfera política. [5]

Pero aun otra circunstancia se conjura en beneficio de Varela entonces. El obispo que regía la archidiócesis en aquel momento era Don José María de Espada y Landa, hombre muy liberal, de origen vasco y muy penetrado por las ideas del Iluminismo, además de ser muy caritativo. Pues no debe olvidarse que fue él uno de los patrocinadores más entusiastas de la Real Casa de Beneficencia de la Habana y, además, del primer cementerio que tuvo la ciudad, el que luego se designaría por su nombre. Pero el obispo, a su vez, contó siempre con la cooperación de aquel excelente Gobernador de la Isla que fue don Luis de las Casas, hombre abierto a todas las nuevas ideas y de gran capacidad organizativa, que auspició la fundación de la Sociedad Económica de Amigos del País y la publicación del "Papel periódico de la Habana". En ese ambiente de profunda inquietud intelectual y social se formó el sacerdote y profesor que fue Félix Varela, quien pronto participa en las actividades de los organismos mencionados así como ayuda a fundar la primera Sociedad Filarmónica que hubo en la Habana. La ejecutoria, devoción y celo revelados por el joven sacerdote —lo es desde 1806— llamaron pronto la atención del obispo quien —ya graduado Varela— no vacila en nombrarlo para sustituir al Padre O'Gaván que debe marchar a España a estudiar los nuevos métodos de enseñanza promovidos por un Instituto pestalozziano. Allí enseñará Varela lo mismo que su maestro. Latín y Filosofía.

Pero no era el profesor hombre capaz de ser un mero repetidor. Se preocuparía, por tanto, de ampliar la enseñanza recibida internándose en los libros y poniendo todo, al preparar sus clases, en un plan tan minucioso como fuese posible para, en verdad, despertar en sus alumnos el afán de aprender. Esta labor seria y callada, realizada con infinita paciencia e infinito amor por lo que hacía, determinó el descubrimiento de una vocación que Varela no conocía. La magisterial. A ella se dedicó con increíble energía y tesón. Fruto de ello fueron los libros que poco a poco fueron saliendo de sus manos. Y nombro rápidamente: las *Instituciones de Filosofía Ecléctica*, publicadas para uso de la juventud estudiosa. El tomo I trataba de Lógica y fue escrito en Latín. Fue anterior a 1818. La *Miscelánea Filosófica*, 1819, las *Lecciones de Filosofía* en tres tomos, de 1818 y donde introduce el estudio de la Física de modo muy moderno para la época. Y hasta unas "Máximas para guiarse en la conducta y el trato social". Junto con esta labor inaudita se preocupaba de asistir a las reuniones de la Sociedad Económica, de publicar en el "Papel Periódico" y de no faltar a los conciertos de la recién fundada Sociedad Filarmónica. No sorprenda, por tanto, que el cuarto del Seminario donde vivía estuviese siempre abierto para recibir a sus discípulos que allí acudían contínuamente para plantear problemas, aclarar dudas, tal vez —casi seguramente— para pedir consejos. El joven profesor se multiplicaba en el ejercicio de su apostolado, pues así lo llamó el Lugareño, Don Gaspar Betancourt Cisneros. La huella que dejó este hombre ejemplar en el alma de sus discípulos es todavía constatable. Tanto en el *Centón Epistolario* de Domingo del Monte como en el tomo I de los *Diarios y Epistolario* de Don José de la Luz y Caballero puede comprobarse. Aquí me limitaré a citar sólo una carta. La escribe Luz a su maestro, que vivía ya en Nueva York, en 1824. en ella le dice:

> Quiero hablarle a usted de la clase, pues estoy persuadido que en esto tendrá un gusto particular; ésta se compone de 150 estudiantes, entre los cuales hay muchos muy buenos que han hecho excelentes discursos, pues conformándome al método de usted les he propuesto programas que han desempeñado perfectamente…

Y añade más adelante: "…yo me glorio de ser su discípulo" [6]

Y es famosa, por lo citada, la que le escribe el propio Luz a Saco en 1840 comentando una clase que le ha oído en Bolonia al Cardenal Mezzofanti en que le dice: "¡Cuántos puntos de semejanza tiene con nuestro queridísimo Varela!" [7]

No hay sorpresa en dichos testimonios. Varela siente que en la enseñanza ha descubierto, en gran parte, el sentido de su vida. Por eso no es extraño que al crearse la cátedra de Constitución, después de reinstaurarse la Monarquía Constitucional en España, el Obispo Espada le pida a Varela que aspire a la misma. El joven profesor se cree inepto. Pero Espada insiste y le da tiempo para prepararse. Y así deviene Varela profesor, y muy notable, de Derecho Constitucional. Y a consecuencia de ello autor de otro libro para sus alumnos titulado *Observaciones sobre la constitución política de la monarquía española* publicado en 1821. Es fama que a la primera clase de esta materia asistió en masa la juventud habanera y muchas familias para oir al ya reputado profesor.

47

Este triunfo —como ocurre tantas veces—fue la puerta por donde entró en su vida la pérdida del paraíso en que vivía. Pues a causa de ello, a causa del prestigio innegable logrado en la tarea cabalmente cumplida, fue electo por abrumadora mayoría para representar a Cuba en las Cortes Constitucionales en 1820 en unión de Don Leonardo Santos Suárez y de Don Tomás Gener. Para esa fecha ya llevaba casi diez años en la enseñanza con intensa satisfacción por parte de sus alumnos y de la sociedad cubana y con no menos placer de su parte.

Sin embargo, parece que algo le cantaba al oído un extraño presagio pues al marcharse para ejercer sus funciones, se despidió del pueblo de la Habana —y esto es lo singular— con una carta pública fechada el 18 de abril de 1821, en la que se lee:

> No hay sacrificio: honor, placer, es todo cuanto se renuncia en obsequio de la Patria. Hijo de la ilustre Habana, educado en ella, degeneraría de los sentimientos del más constante y generoso de los pueblos si el temor a los peligros pudiera arredrarme. Ya sea que el árbitro de los destinos, separándome de los mortales, me prepare una mansión funesta en la inmensas olas, ya los tiranos para oprimir la España ejerzan todo su poder contra el augusto Congreso..., nada importa: un hijo de la libertad, un alma americana, desconoce el miedo. Mis conciudadanos, haciéndome el mejor de los honores me habeis impuesto la más grave de las obligaciones. Yo no seré feliz si no la desempeño. Entretanto, recibid mis votos. Félix Varela [8]

Como se ve, previó lo que iba a ocurrir. La tiranía del absolutismo disolvió las Cortes y condenó a muerte a los que no lo aceptaron. A los tres delegados de Cuba entre ellos. Y tras la felonía política Fernando VII se afirmó en Madrid como rey absoluto, tal como lo había solicitado el ayuntamiento de Santiago de Compostela en una moción del 20 de agosto de 1823 en que se dice, para desdoro de los firmantes:

> No más soberanía nacional, no más gobierno representativo, no más constitución, no más derechos imprescriptibles, no más libertad de imprenta, no más tribunos ni galerías y demás innovaciones filosóficas. Declare V.A.S. que los españoles despreciamos y execramos para siempre las decantadas luces del siglo. [9]

Bien reparó Gay Calbó en lo que ese destierro significaría para Varela cuando escribió:

> Honda perturbación se produciría en el maestro que por las circunstancias era diputado. La cátedra, los discípulos, los estudios y las investigaciones desaparecían para siempre de sus posibilidades y perspectivas. (10)

El paraíso se ha perdido. No hay otra vía que el destierro, como se decía entonces. Y el Padre Varela y sus dos compañeros vienen a refugiarse en esta tierra de libertad llegando a Nueva York un frío día de diciembre de 1823. O para decirlo con sus propias palabras:

> Mientras mi espíritu se ocupaba de esas apacibles ideas, fuí arrebatado por el torbellino político que aun agita la Europa y, más feliz que otros, lanzando a la tierra clásica de la libertad, donde reviso tranquilo estos ocios míos, para presentarlos menos imperfectos. (11)

II
El Destierro

El edén se ha perdido. Y hay que reconquistarlo desde la nostalgia que no da tregua. Hay que hacer algo. Como esa nostalgia es nostalgia de la tierra y de su vocación magisterial hay que mirar a ambas vertientes. Para la recuperación de la tierra se impone una tarea política. Si cuando Varela marchó a España aun tenía la vaga ilusión de una posible autonomía constitucional que diera a la Isla lo que debía ser, ya en el suelo americano vio claramente que la única alternativa era la Independencia, la misma que ya habían reclamado y obtenido por la lucha armada la mayoría de las otras colonias. A propulsarla pues, con algún tipo de acción, se dedicaría con toda intensidad. Y un hombre sin poder —como era— sólo tenía un medio para realizar su ideal de recuperación y acallar así su infinita nostalgia. Se fiaría de su capacidad para influir las conciencias. Y a la distancia sólo podría hacerlo escribiendo, razonando. Y haciendo llegar lo que escribía a su gente de Cuba, especialmente a los jóvenes. La tarea era costosa en tiempo, trabajo y dinero. El trabajo y el tiempo no eran problema. El se desvelaría, pero lo haría. La cuestión económica también la resolvería acudiendo —como años después haría Martí— a sus amigos y familiares. Con este propósito comenzó la publicación de "El Habanero" del que se ha escrito: "No se tiene noticia de la aparición de un periódico análogo en nuestra historia, (la de Cuba) anterior al de Varela" [12]. La publicación se inició en Filadelfia donde el maestro se había radicado, en 1824. Luego se trasladaría a Nueva York y en dicha ciudad -ya en 1825- la continuaría. Fueron siete números. Hasta muy recientemente no pudo conseguirse el último, motivo por el cual cuando la editorial de la Universidad de la Habana decidió su reimpresión en 1945, bajo el celo cubano y ejemplar de Roberto Agramonte, sólo pudo publicar los seis primeros números con dos estudios prolongales. Uno —el más valioso, y mucho además— de Enrique Gay Calbó. El otro debido a la pluma de Emilio Roig de Leuchsenring que conservaba los seis números que había obtenido de lo que fue biblioteca privada de Felipe Poey quien había sido alumno de Varela y recibía el periódico por correo enviado por su maestro.

Las prédicas de "El Habanero" cundían con su acento revolucionario e independentista en la Habana. Los gobernantes se inquietaron. Y se prohibió su circulación aparatosamente pues: "Los gobernantes integristas denunciaron el periódico y provocaron una Real Orden que prohibía su introducción en la Península e islas adyacentes" [13]

Y hasta parece verídico que Varela fue enviado a asesinar. Pero no cejó en su tarea. Era hombre sin tacha y sin miedo. Y sentía su labor como una misión.

Mas otra nostalgia —ya lo he dicho— acuciaba al maestro. La enseñanza, el estudio, la investigación, a fin de guiar a la juventud. Si llevado de esta pasión —aun en la Habana— se había dado a la publicación de sus textos, desde que sale de Cuba esa tarea es la única que mantiene con alguna vitalidad su vocación de maestro. Por ello apenas llegado a Madrid —y para entretener el tiempo mientras se reúnen las Cortes— se dedica a la tarea de hacer una segunda edición de la *Miscelánea Filosófica* que se culmina en dicha ciudad en 1821.

Al llegar a los Estados Unidos, en Filadelfia, reimprime igualmente sus *Lecciones de Filosofía* en tres tomos, primorosamente impresas y con hermosas ilustrackiones que eran una colaboración de su discípulo José Manuel Valerino, con grandes aptitudes para el dibujo que había hecho todo lo concerniente a la ilustración de los aspectos de la Física que comprendía la obra. Esta edición es de 1824. En 1827 volvió a publicar su *Miscelánea Filosófica*, posiblemente el libro que más estimaba y quería. En el prólogo a esa tercera edición habla de la nostalgia de su ambiente intelectual en la Habana así:

> Hallábame entonces en el lugar de mi nacimiento, y en el santuario de las letras, que había frecuentado desde mis primeros años, y en el que tenía el honor de ocupar un puesto, para indicar a una estudiosa y amable juventud, las sendas de la razón y de la moralidad, los portentos y delicias de la naturaleza. [14]

Se preguntarán todos cuales eran los contenidos de estas obras de enseñanza. Muy brevemente, pues no debe ser tarea de hoy, los resumo diciendo que lo que hizo ese maestro es dar un vuelco total en la enseñanza no sólo de la Filosofía y la Lógica, sino además interesar a los estudiantes en las disciplinas de la Física, la Química y aún de la Psicología. Se procuraba todos los textos que podía para lo que estudió idiomas y los ponía al alcance de sus estudiantes. Y, además, proscribió totalmente el Latín de la enseñanza, y comenzó a enseñarlo todo en castellano; salvo cuando tenía, en verdad, que enseñar la lengua latina. Pero hizo algo más, y muy fundamentalmente: puso en descrédito la forma más viciada del escolasticismo enfrascado en discusiones lógicas inútiles y que la mayoría de los alumnos no entendía. Por lo cual desterró la memoria repetitiva en favor de la memoria de lo realmente entendido. Es por esto que al juzgar como un todo la obra de Varela pudo Medardo Vitier decir:

> Cualquiera de las obras citadas contiene capítulos en que la cautela lleva al autor a un cúmulo de reflexiones y advertencias de carácter lógico. Quiere guiar al razonamiento... Muestra el método y señala los frecuentes tropiezos del intelecto. Por cierto que esa parte de su obra conserva hasta hoy casi toda su vigencia, cuando otros contenidos se han superado [15]

Pero su afán cubano no merma en esa línea. Por eso edita las *Poesías* de Manuel de Zequeira y Arango, en Nueva York, en 1829. Y es curioso que no hace aparecer su nombre. Sólo indica: "Publicadas por un paisano suyo". Y en la Advertencia que precede al texto consigna, aunque sin firmar, esto: "Salen, pues, al público sus poesías sin recibir la última mano del autor, que es lo que perfecciona toda obra; pero al fin el editor cree hacer un gran servicio a la literatura en publicarlas" (16) Lo que no dice, por supuesto, es que a él personalmente le daban satisfacción esas poesías porque en mucho le recordaban su amada patria.

Pero hay otra vocación, y muy profunda en Varela, la de sacerdote. Incapaz por eso de dedicarse a la enseñanza volcará —en el destierro— su anhelo de servicio en el sacerdocio. Y para mejor cumplirlo dejó Filadelfia y vino a Nueva York donde los feligreses más infelices necesitaban sus auxilios. No es mi tarea esbozar siquiera lo que hizo entonces en favor de los inmigrantes pobres que llegaban a la ciudad y que, en aquel tiempo, eran principalmente irlandeses. Pronto el sacerdote cubano comenzó a ejercer sus funciones en Saint Peter's y luego en St. James y en la Transfiguración. Además creó una creche y guardería infantil y se preocupó de ofrecer trabajo a las jóvenes inmigrantes para alejarlas del vicio y la prostitución. Y ejercía la caridad a manos llenas. Pues no pudiendo servir como maestro hizo del servicio sacerdotal en toda su amplitud y con admirable celo, una tarea fundamental de su vida. De ahí que participara en numerosas polémicas para defender las tesis del catolicismo y que publicara con asiduidad no desmentida periódicos y artículos en Inglés, que ya dominaba, y con el cual se comunicaba con sus feligreses. Esa labor seria y continuada y el respeto que engendró llamaron la atención de los jerarcas de la Iglesia en la ciudad y lo nombraron Vicario General rindiéndole mucha reverencia y consultándole en muchas cosas. Pues gozaba en los círculos católicos, y aún en los que no lo eran, de gran predicamento por su laboriosidad, inteligencia y ejemplaridad.

Pero la nostalgia de sus alumnos cubanos no cedía. Su afán de influir en la juventud de su tierra no cejaba. Para responder a ella escribió muchos años después de su arribo a estas tierras, sus famosas *Cartas a Elpidio*. En 1826 había dejado de publicar "El Habanero", tal vez si desilusionado porque su prédica no había hallado suficiente eco. Diez años después, en 1835, sale el primer tomo de este nuevo esfuerzo.

Las *Cartas a Elpidio* son el último intento de permanecer —al menos en la letra escrita— como un maestro de los jóvenes de Cuba. A ellos va dirigida. Pero el Varela que las escribe, si bien ha madurado su estilo al punto de lograrlo a plenitud, es ya un Varela desilusionado de muchas de las ideas que lo habían impulsado en su juventud. El sub-título de la obra reza así: (Sobre la impiedad, la superstición y el fanatismo en sus relaciones con la sociedad). El tomo I trata de la Impiedad y es de 1835. El tomo II abarca el tema de la Superstición y es de 1838. El tercero no llegó a publicarse. Los dos se imprimieron en Nueva York.

Esta obra está escrita —según era costumbre en la época— en forma de cartas. Recuérdense, entre otras, las *Cartas Persas* de Montesquieu. Y se dirigen a un ente ideal llamado Elpidio. Se ha discutido mucho quien hubiera podido ser. En mi opinión nadie en concreto. Elpidio es un símbolo, concentrado en un nombre. Y aún el título nos lo dice. Pues saben los entendidos que Elpidio es la versión castellana de una palabra griega que significa esperanza, dulce expectación.

Como ya dije, es mi criterio que en esta obra logra Varela un estilo maduro, ágil, lo cual no es siempre el caso en sus otras obras. El tema de las epístolas es ético fundamentalmente. Y en ella hay aciertos no sólo de expresión sino de contenido que lamento no tener tiempo para analizar. Pero sí quiero destacar que en esta obra es donde más plenamente aparece la clase de ser humano que fue Varela. Y también el grado de madurez en el pensamiento a que había llegado nuestro sacerdote. Por ejemplo, su alma sensible y hasta sentimental, a la que siempre tuvo bajo control, o dirigida por la cautela, como señaló Vitier, en estas cartas halla una expresión más honda y más cálida. Si no, véase la que inaugura el primer tomo. En ella se lee:

> Bien se echa de ver que estas tristísimas meditaciones deben haber llenado mi alma de amargura; y como la amistad es el bálsamo del desconsuelo, y la comunicación de ideas el alivio de las almas sensibles, permíteme que deposite en la tuya los sentimientos de la mía. [17]

Y esta otra en que transparece la reciedumbre moral del maestro. Aparece en el tomo II y dice:

> Te escribe un hombre que jamás ha desobedecido la autoridad, pero te escribe un hombre franco y firme, que no sacrifica la verdad en aras del Poder, y que sea cual fuere el resultado de sus esfuerzos los dirige todos a presentar las cosas como son en sí y no como hipócritamente se quiere que aparezcan. [18]

No pocos sinsabores derivó el sacerdote de este último intento de aliviar su nostalgia patria dirigiéndose a ella en la figura de sus jóvenes. Pero algo muy triste ya presentía él cuando hizo este esfuerzo porque en el brevísimo prólogo con que las precede escribe:

> Preveo que este *avechucho* puede acarrearme enemigos, pero ya es familia a cuyo trato me he habituado, pues hace tiempo que estoy como el yunque, siempre bajo el martillo. Vivo, sin embargo, muy tranquilo; pues, como escribía yo a un amigo, el tiempo y el infortunio han luchado en mi pecho, hasta que convencidos de la inutilidad de sus esfuerzos, me han dejado en pacífica posesión de mis antiguos y nunca alterados sentimientos. [19]

Como anticipaba, no pocos sinsabores tuvo Varela por la publicación de esta obra. Si se repasan las cartas que hay en el tomo I del libro de José de la Luz y Caballero titulado *De la vida íntima*, y algunas del *Centón Epistolario* de Domingo del Monte se podrá comprobar lo dicho. Muchas de estas desilusiones provenían de algunos que habían sido sus alumnos, por lo que lastimaban más. En una, triste, escribirá el maestro, refiriéndose a uno de ellos: "Al fin los haraganes sirven para purificar la atmósfera". [20]

Pero no era para desanimarse demasiado, porque de antiguo, con su rara perspicacia psicológica, conocía Varela a los seres humanos pues ya en las Máximas que escribió entre 1817-18, siendo muy joven, había escrito:

> Máxima para el trato humano. Pensar bien de todos los hombres mientras no nos conste que son malos; pero precaverse de ellos, como si efectivamente lo fueran. La gran prudencia social consiste en no manifestar estas precauciones que ofenderían, y evitar el escollo de la hipocresía o falta de carácter. No debemos pues, negar nuestras ideas, pero tampoco debemos manifestarlas sin necesidad... El medio de evitar el ofendernos por las malas acciones de los hombres es considerarlos como enfermos [21]

El desaliento de Varela por la fría acogida de este último esfuerzo le hizo abandonar todo intento de comunicación con su patria y lo impelió a dedicarse por entero a su menester sacerdotal. Pero la nostalgia no cedía. Y poco a poco el exceso de trabajo, la melancolía y el frío de Nueva York minaron su salud. Entonces recordó el San Agustín de su infancia. Y allí se fue en busca de la salud perdida. Aparentemente lo logró y regresó. Pero sólo por poco tiempo. A fin se rindió a la evidencia y se marchó definitivamente a ese pequeño paraíso de su infancia donde la caridad de un fraile amigo le dió el último albergue hasta que entregó su alma y su vida el día 18 de febrero de 1853.

Sin embargo, poco antes de morir tuvo una alegría inesperada que le renovó sus lazos con la tierra natal. Fue la visita de un ex-alumno Lorenzo de Allo quien al verlo en gran desamparo y con la salud muy en precario se alarmó y escribió inmediatamente a la Habana clamando ayuda para el maestro bienamado. La ayuda llegó enseguida, pero ya era tarde. Ya Varela había pasado a la inmortalidad.

Mas el esfuerzo no fue baldío. Pues fue esta la primera etapa de un largo proceso que culminó con el depósito de sus restos convenientemente identificados —como ya se dijo— en el Aula Magna de la Universidad de la Habana, donde esperamos se conserven dignamente. En tanto, quiero citar las palabras con que Medardo Vitier proclama la importancia de este hombre para nuestra historia y para nuestra cultura. Dicen así:

> Si exceptuamos los catorce años (1848-1862) en que Don José de la Luz dirigió el colegio "El Salvador" y el período apostólico de José Martí que precedió a la guerra de 1895, no creo que haya en nuestra historia otro espacio de tiempo de tanta fecundidad para la orientación cubana como el decenio en que el Presbítero Félix Varela enseñó en el Seminario de San Carlos. [22]

Así es. Por eso Chacón lo llamó héroe y por lo mismo en el libro que sobre él escribí hace mucho tiempo dije:

> Es y será... considerado siempre como uno de los padres de nuestra nación. Un maestro que es además patricio. Por tal, le debemos gratitud y homenaje; homenaje que estas palabras rinden fervorosamente a Félix Varela; el hombre que tan dignamente supo erigirse en persona; y de quien Cuba y los cubanos nos sentimos tan orgullosos. [23]

Nada más es hoy pertinente añadir.

Nueva York, 27 de julio de 1988
Año del Bicentenario

NOTAS

1. Jorge Mañach. "Presencia y exilio de Varela" (Evocación de ayer con sentido para hoy). Artículo. Revista BOHEMIA. La Habana. Diciembre 26 de 1954. (p. 108)

2. Roberto Agramonte. "El Padre Varela". Estudio conferencia. Revista "Universidad de la Habana". Tomo V. No. 13 La Habana. Junio - Julio 1937. (p. 69)

3. "El Padre José Agustín Caballero y la formación de la conciencia humana". Conferencia del curso "Los forjadores de la conciencia nacional". Cuadernos de la Universidad del Aire. No. 43. La Habana, junio de 1952. (p. 34). Consúltese también: Medardo Vitier, Las ideas en Cuba, La Habana, 2 vols. 1938. (V. I, Cap. 2). La conferencia en la Universidad del Aire es de Rosario Rexach.

4. Rosario Rexach. *El pensamiento de Varela y la formación de la conciencia cubana*. La Habana, 1950. (p. 64)

5. José María Chacón y Calbo. *El Padre Varela y su apostolado*. Publicaciones de la Comisión Nacional Cubana de la UNESCO. Año del Centenario de Martí. La Habana. 1953, (p.3)

6. José de la Luz y Caballero. *De la vida íntima* (Epistolario y Diarios) Publicaciones de la Universidad de la Habana. 1949. Dos tomos. T.I. (p. 5)

7. Id. (p. 40)

8. "Diario del Gobierno Constitucional de la Habana" 18 de abril de 1821. Consúltese: El Habanero y otros escritos políticos por Félix Varela. Editorial de la Universidad de la Habana, 1945. Prólogos de Enrique Gay Calbó (p. XVI). Dicho prólogo es, posiblemente, el mejor estudio que se ha hecho de "El Habanero". Hay otro largo prólogo de Emilio Roig de Leuchsenring con un enfoque político que debe leerse.

9. *Diccionario de la Política*. Madrid, 1849. (p. 21)

10. Enrique Gay Calbó. Prólogo de El Habanero ya citado. (pp. XXIII y XXIV)

11. Félix Varela. *Miscelánea Filosófica*. Introducción a la Tercera Edición de 1827, republicada por la Editorial de la Universidad de la Habana y seguida del "Ensayo sobre el origen de nuestras ideas"; de "Carta de un italiano a un francés sobre las doctrinas de Lamennais" y del "Ensayo sobre las doctrinas de Kant" Los dos últimos escritos fueron traducidos por Roberto Agramonte y Luis A. Baralt, respectivamente. Esta edición lleva un excelente prólogo de Medardo Vitier. Fecha: 1944. (Cita de la p. 3) La traducción se origina en que los originales fueron escritos en inglés, que Varela llegó a dominar.

12. E.G. Calbó. Prólogo cit. (p. XXV)

13. Id. (p. XXXVI)

14. Félix Varela. Introducc. cit. a Misc. Filos. (p. 3)

15. Medardo Vitier. Prólogo a Misc. Filos. citado. (p. XVII)

16. Don Manuel de Zequeira y Arango. POESIAS. (Publicadas por un paisano suyo) Nueva York, 1829 con una Advertencia en la primera página, sin firmar, pero que es de Varela. La cita es de esta "Advertencia". No está paginada, pero ya se dijo que es la primera.

17. Félix Varela. *Cartas a Elpidio*. (Sobre la impiedad, la superstición y el fanatismo) Sólo se imprimieron dos tomos en Nueva York, el de la "Impiedad" (1835) y el de la "Superstición" (1838). El tercero nunca vio la luz La editorial de la Universidad de la Habana los reimprimió en dos tomos (I-II) en 1944. Esta edición lleva un prólogo, bien meditado, de Humberto Piñera Llera. (La cita es del T.I., p. 5)

18. Id. T. II, p. 43

19. Félix Varela. Introd. a Cart. a El. Edición citada de la U. de la H. (p. no numerada) Pero procede al texto vareliano y tiene una sola página al pie de la cual hay las iniciales así: (F.V.)

SEGUNDA PARTE

JORGE MAÑACH Y SU GENERACION

FOTO
JORGE MAÑACH

I

LA SEGUNDA GENERACION REPUBLICANA EN CUBA Y SUS FIGURAS PRINCIPALES

Este trabajo fue preparado a petición del Dr. Alfredo A. Roggiano, Director Ejecutivo y de Publicaciones del Instituto Internacional de Literatura Iberoamericana, con sede en la Universidad de Pittsburgh, Pa. para publicarse en el número especial dedicado a las "Letras Cubanas de los siglos XIX y XX" de la Revista Iberoamericana, Vol. 56, Nos. 152-53 de julio-diciembre de 1990.

LA SEGUNDA GENERACION REPUBLICANA EN CUBA Y SUS FIGURAS PRINCIPALES

Al proclamarse la República de Cuba el 20 de mayo de 1902 la generación vigente en el poder y en la vida nacional se encontró con un ambiente espiritual dominado por estos hechos. En primer término era, en mucho, una generación triunfante. Había seguido a Martí en su prédica y lucha libertaria y había luchado activamente en la "manigua". Y había triunfado, porque finalmente, tras casi más de treinta años de lucha, veía ondular en el Morro de la Habana la bandera nacional. Verdad es que esta independencia no era total. El apéndice añadido a la Constitución de 1901 y conocido como "Enmienda Platt" mermaba considerablemente el sentimiento de euforia nacional por cuanto concedía a los Estados Unidos el derecho a intervenir en la vida del país cuando las circunstancias de inseguridad lo hiciesen aconsejable. Eso, lógicamente, teñía de un tono depresivo las esperanzas de la nueva nacionalidad, como lo acredita este fragmento de la composición "Mi Bandera" de Bonifacio Byrne (1861 - 1936) escrita en 1899 al regresar de la emigración el poeta:

> Al volver de distante ribera
> con el alma enlutada y sombría
> afanoso busqué mi bandera
> ¡y otra he visto además de la mía!
> Aunque lánguida y triste tremola
> mi ambición es que el sol con su lumbre
> la ilumine a ella sola -¡a ella sola!-
> en el llano, en el mar y en la cumbre. [1]

Y debe además consignarse que muchos de los cubanos integrantes de la Convención Constituyente de 1901 se opusieron a dicha adición con palabras enardecidas y claros argumentos. Y destaco a Manuel Sanguily —uno de los mejores oradores de la época— y a Juan Gualberto Gómez, el fraternal colaborador y amigo de José Martí. Ese sentimiento de frustración fue, poco a poco, incrementándose y creando conciencia.

Pero aun otros factores actuaban en la vida espiritual del momento. Por un lado, la influencia del positivismo y cientificismo en boga había determinado que Enrique José Varona —al frente de los destinos culturales de la nación— determinase una modificación sustantiva del "curriculum" del Bachillerato suprimiendo el estudio de las lenguas clásicas en beneficio del estudio de las ciencias. Y, en lo estrictamente literario, quedaba viva la enorme vigencia que en los campos de la creación había tenido el Modernismo y, principalmente, su figura señera, Rubén Darío. Pero como ocurre con todos los epígonos, esta modalidad sólo se hizo patente en lo más externo del movimiento, en lo más superficial y sonoro, en lo menos sustantivo.

Como consecuencia de esta atmósfera cultural no es de extrañar que en esta primera generación republicana floreciesen a granel los poetas, los oradores muchas veces enfáticos, los argumentadores políticos que ventilaban sus cuestiones en el periodismo usando por primera vez de una libertad de expresión antes no conocida. Eso explica que surgieran en la época multitud de diarios o periódicos que daban fe de los destinos nacionales. [2] Y como el pensamiento sereno y sosegado que requiere el ensayo interpretativo no era casi posible en la hora, fue la novela el género que plasmó entonces las inquietudes y vaivenes de la vida cubana. Y algunas fueron muy buenas. Inútil citar nombres porque no es este mi tema. Pero sí quiero recordar una —y no por sus valores intrínsecos— sino porque muy gráficamente, en su título, simbolizó muy bien la entraña viva de aquella generación republicana. La novela es *Generales y Doctores.* (1920). Su autor, Carlos Loveira.

No hay que ser zahorí para no ver en dicho título la lucha sorda a veces, otras no tanto, entre las clases que vamos a llamar "intelectuales" —los doctores— y la generación que había peleado en la guerra y se sentía con derecho al poder. Pues no puede olvidarse que en los primeros años de la República dos generales de la Guerra ocuparon la presidencia. Y que la tendencia persistió porque —cuando ya esta primera generación perdió su vigencia— todavía otros dos líderes de la Guerra de Independencia asumieron el mando nacional.

Sin embargo —y siguiendo la tesis de Ortega— dicha primera generación republicana tuvo dos momentos. El inicial de euforia que culmina alrededor de 1910 y los epígonos que se inician entonces. De ahí que en este segundo período se registren intentos de superar los estilos y modos vigentes en la cultura nacional. Los poetas evolucionan y tratan de superar el "rubendarismo" trasnochado sustituyéndolo por un tono intimista y una poesía de mayor hondura. Figuras principales de esa tendencia fueron Regino Boti, José Manuel Poveda y Agustín Acosta. El tono oratorio y enfático de los primeros articulistas queda superado. Y aun aparecen algunos ensayistas como Jesús Castellanos.

Pero el sentimiento de frustración nacional se exacerba, la lucha por el poder se hace violenta —al menos en las palabras y aún en el campo armado— y los jóvenes que surgen pretenden —como siempre— re-encauzar la vida del país. A dichos factores internos se suman dos hechos ocurridos en el campo interamericano e internacional que ejercieron enorme impacto en la vida cultural de Cuba. Fueron la Revolución Mexicana de 1910 y la Revolución Rusa de 1917.

En este clima de inconformidad —y aún rebeldía— es que se forja la segunda generación republicana que es el tema que nos ocupa. Si la primera —de la cual he hecho una apretada síntesis— es una generación que en sus inicios se siente triunfante y segura, esta otra nace bajo un signo de profundo criticismo. Nada, para los jóvenes de entonces, era en Cuba como debía ser. Un profundo anhelo reformista, y más, revolucionario, la informaba. Y como se mantiene muy al tanto de lo que pasa en el mundo se ve influída por las corrientes culturales que emanan de Europa, principalmente de París y también por lo que pasa en Hispanoamérica como el movimiento estudiantil de Córdoba en la Argentina, entre otras influencias. Es decir, no es una generación enmarcada en los límites nacionales, sino una generación abierta a los cuatro vientos del espíritu. No implica esto un desasimiento de los destinos del país. Bien al contrario. Pero esta preocupación nacional va a tener como instrumentos ideológicos las nuevas ideas que en lo político y social han diseminado las dos revoluciones mencionadas, y en lo intelectual tomarán contacto vivo con los movimientos de que París es centro. Y aun debe añadirse algo más. La influencia que por entonces ejercieron en Cuba escritores, científicos y nuevas tendencias pedagógicas en los Estados Unidos con John Dewey a la cabeza.

Con este conjunto de factores vigentes no es de extrañar que la segunda generación republicana se haga originar en un acto de franca rebeldía ocurrido en 1923 y conocido como la "Protesta de los Trece". [3] En el fondo, actos de este tipo han ocurrido muchas veces sin que hayan dado base al comentario histórico o cultural. Lo que ocurrió en este caso es que la protesta de un grupo de jóvenes de excelente formación —al levantarse en ostentosa y rebelde actitud en un acto en que hablaba un Ministro del Gobierno constituído— revelaba un estado de espíritu no presente antes de modo tan manifiesto. Dichos jóvenes procedían de un grupo que usualmente se reunía para discutir libros, ideas, nuevas empresas culturales, al amparo de una revista del gran público. La revista "Social". Y que lo era porque en ella aparecía cuanto de valer ocurría en la sociedad cubana, con abundancia de ilustraciones gráficas y una excelente tipografía. Pero que sus directores —con muy buen tino— enriquecían con material literario de excelente calidad. [4]

El grupo mencionado es el que se conoce como Grupo Minorista. Lo integraban los jóvenes de entonces mezclados a algunas figuras de la generación anterior que se habían distinguido por su amplia curiosidad, por su formación cultural, por su apetencia de una vida nacional más digna y más plena, por un indudable afán de servicio y por su admiración por libros y obras de arte que depuraran el estilo de la cultura en Cuba enriqueciéndola. Dicho grupo se reunía en las oficinas de la revista mencionada, en el café Martí o en la de un abogado joven, Emilio Roig de Leuchsenring, cuyo despacho estaba céntricamente situado. Y cuando pasaban por la Habana intelectuales de renombre los agasajaban con un almuerzo en un restorán también muy al alcance de todos los participantes. El Lafayette. Los integrantes del Grupo Minorista fueron muchos como puede verse en la nota consiguiente. Pero es imperativo decir que de la nómina del grupo surgió la que puede llamarse "la intelectualidad" de la generación. En lo fundamental fueron ensayistas. Se explica. Todos habían leído ampliamente a Ortega y Gasset, a Unamuno, y también a Eugenio d'Ors. Además estaban suscritos a "El Espectador" y leían las excelentes traducciones con que la Revista de Occidente ponía a los principales pensadores y literatos de otras lenguas a la disposición del público de habla española. En general, los miembros de este grupo se destacaron en el campo de las letras y del pensamiento, de las ciencias y de la política. Se mantenían abiertos a toda nueva idea y a toda innovación estética. De dicha actitud surgió un nuevo enfoque no sólo en lo literario sino en las artes plásticas, en la música, en el teatro, y aún en la política. Pues se planteó dicha generación la tarea de la eliminación de la Enmienda Platt lo que finalmente consiguió.

El clima espiritual que generó este movimiento dio origen a instituciones de todo tipo que encarnaban la nueva actitud y que pretendían llevar a vías de hecho las nuevas ideas en todos los campos. Así surgieron instituciones y organizaciones que quedarán por siempre en los anales de la vida y la cultura en Cuba. Y nombro algunas: la Sociedad Pro-Arte Musical, creadora antes de la revolución última del Ballet Nacional de Cuba y auspiciadora de la brillante "ballerina" Alicia Alonso; el Lyceum, que inauguró la primera sala de exposiciones abierta a los artistas adheridos a las nuevas normas estéticas y que ofreció su tribuna a cuanto intelectual de valer pasaba por la Habana. Y también a los nacionales. El Patronato de Artes Plásticas, la Institución Hispano-Cubana de Cultura debida al celo de don Fernando Ortiz, el Patronato del Teatro, la Alianza Nacional Feminista que propulsó el voto para la mujer y que lo obtuvo; y en fin, muchas otras que tanto en la Habana como en el interior, poco a poco, fueron rebasando el provincianismo que hasta entonces regía la vida cultural y nacional.

Como toda nueva generación, ésta también quiso su órgano. Si la primera generación republicana lo había tenido en la revista "Cuba Contemporánea", ahora se imponía un nuevo tipo de publicación. Una revista que no se anclase en el pasado sino que mantuviese alerta la conciencia a todo nuevo enfoque y que, para hacerlo, tendría que inspirarse en un total sentido de renovación. Y tanto pudo dicho espíritu en sus editores que muy ingenuamente —dicho sea— pretendieron que dicha publicación careciese de nombre fijo y la nombraron inicialmente con el del año en que surgieron a la luz: 1927, con la íntima convicción de continuar la tradición novedosa nombrando las demás 1928, 1929, 1930. No pudieron llegar a más. Las causas son bien conocidas. Pero, por supuesto, es difícil la identificación de cualquier hecho sin darle un nombre fijo. De ahí que dicha publicación haya pasado a la historia con el sub-título que aparecía bajo la fecha del año y que rezaba en letra minúscula —un acto más de rebeldía— como "revista de avance". Fueron sus editores y propulsores —inicialmente— Jorge Mañach, Juan Marinello, Francisco Ichaso, Alejo Carpentier y Martí Casanovas. Posteriormente los dos últimos fueron sustituídos —por haberse marchado del país por motivos políticos— por José Zacarías Tallet y Félix Lizaso quienes mantuvieron hasta el final su participación.

La "Revista de Avance" cumplió con creces sus promesas de mantener al día en lo cultural la conciencia nacional. Por sus páginas desfilaron nombres hasta entonces desconocidos de la gran mayoría. Ortega y

Gasset, Unamuno, García Lorca, Dámaso Alonso, Valery, Picasso, Juan Gris y tantos más, así europeos como hispanoamericanos o norteamericanos, se dieron a conocer y muchos de ellos enviaron a la revista trabajos inéditos. También la revista fue vehículo abierto a los nuevos escritores y Regino Pedroso, Mariano Brull, o Lino Novás Calvo —entre otros— publicaron en sus páginas, descontando la importante contribución de sus editores. Venía, además, ilustrada la publicación con excelentes dibujos de algunos de los pintores mencionados además de los del patio, como Gattorno, para citar sólo uno, aunque no el de más valer. Pero no es el tema de hoy dicha revista. Hay ya muchos trabajos sobre ella y remito a los interesados a su lectura. [5] Ahora sólo me resta decir que este trabajo se centrará en cuatro de sus colaboradores con breves noticias de algunos otros escritores de la generación que merecen cita.

Pero antes de entrar a discutir dichas figuras es bueno hacer una apreciación de conjunto sobre lo que esta generación produjo. Si la primera generación se ocupó principalmente de la oratoria, de la poesía y la novela y, en gran parte, del artículo periodístico de contenido político o social —en alguna medida— esta nueva generación por su formación y sus inquietudes va a ser una generación de ensayistas. No quiere esto decir que no hubiese en ella poetas. Claro que los hubo y de gran resonancia por las innovaciones que introdujeron en la poesía tanto en la forma como en la emoción y los temas poéticos que la informaban. Baste a este fin citar estos nombres impares: Mariano Brull, Emilio Ballagas y Eugenio Florit a los que se pueden añadir los de Nicolás Guillén, José Zacarías Tallet, Regino Pedroso y lo mejor de Rubén Martínez Villena.

El hacer poético que los más importantes propulsaron y ejemplificaron rebasó ya los linderos del Modernismo para internarse por otros caminos poéticos cuya más distante inspiración sería Paul Valery.

En cambio, la novela tiene en esta generación relativamente poca importancia como muy bien lo ha señalado Max Henríquez Ureña al escribir:

> Así como ha cobrado auge en Cuba la producción de cuentos, que hasta fines del siglo XIX era escasa, ha disminuído la de la novela, una vez cerrada la etapa de la primera generación republicana. [6]

Pero hay un tema que absorbe en todos sentidos a esta segunda generación. Dicha falange histórica está convencida de que el gran líder de la independencia, José Martí, es todavía un desconocido. Había sido, es cierto, la figura máxima de la lucha independentista. Pero había vivido casi toda su vida adulta fuera de Cuba y —salvo raras muestras— su obra había aparecido en los Estados Unidos, en los periódicos de Hispanoamérica o alguna vez -muy al principio- en España. ¿Cómo pedir pues, al cubano, que conociese su obra? La generación anterior —tal vez no por falta de seriedad o interés sino de fuentes— lo citaba sólo de fragmentos de discursos o de la memoria de sus hechos. Algunos esfuerzos se habían realizado por darlo a conocer. Es cierto. Pero, repito, Martí, el real Martí, no era conocido en su obra ni en su vida. La segunda generación republicana se impuso la tarea de enmendar la falla. Es verdad que la obra del gran cubano estaba íntegra en las manos de su albacea literario y leal discípulo Gonzalo de Quesada que la atesoraba y que se había impuesto la tarea de su publicación que luego continuaría su hijo Gonzalo de Quesada y Miranda. pero ello requería recursos y tesón. Quesada trataría de procurarse los recursos. El tesón lo tenía. El Grupo Minorista, con los mejores de sus miembros al frente, coincidía en el propósito. Así nació la Editorial Trópico que se dio a la tarea de la publicación de los papeles del héroe. Setenta y cuatro tomos llegó a publicar. Y hasta la edición del cincuentenario de la muerte de Martí en 1945, debida al celo de esos dos españoles excepcionales que fueron don Mariano Sánchez Roca y Rafael Marquina, fueron dichos tomos la fuente única donde pudieron los cubanos conocer no sólo la obra del patriota sino del escritor. Esto determinó un amor por la figura sin precedentes en la historia de Cuba. Bien lo reconoció Juan Marinello al escribir: "A Martí no se le puede leer sin contagio, y el que lo lea sin sentirse parte de su temblor no lo ha leído, aunque haya pasado bajo los ojos todas sus páginas" [7]

Se hacía necesario, pues, poner en claro la biografía del grande hombre. A la tarea se aplicaron muchos, desde Alfonso Hernández Catá o Luis Rodríguez Embil hasta Jorge Mañach con su *Martí, el Apóstol* (1933) o Félix Lizaso con *Martí, místico del deber* (1940); sin olvidar las de Manuel Isidro Méndez o la de Carlos Márquez Sterling, entre otras.

La generación había cumplido su promesa. Si durante la primera, Martí había sido un "ilustre desconocido" como lo llamó Ventura García Calderón, ya después sería una figura prócer que había que leer y que había *donde leerlo* más allá de toda antología, que si rinden a veces una función, la mayoría impiden llegar a las fuentes y cultivan la superficialidad en la cultura.

Hechas estas aclaraciones y puntualizaciones vamos a señalar las figuras de quienes nos ocuparemos en este trabajo. Son ellas Jorge Mañach, Juan Marinello, Francisco Ichaso y Félix Lizaso. Todos, por rara coincidencia, coeditores de la Revista de Avance. Pero antes de entrar en ello, permítaseme decir que hay otros muchos miembros de esta generación que merecían figurar. Para mí, sobre todo, Medardo Vitier, José María Chacón y Calvo y Roberto Agramonte.

Al primero se le conoce poco fuera de los límites de Cuba, pese a haber editado algunas de sus obras en importantes editoriales de Hispanoamérica. Y es, en cierto modo, injusto ese desconocimiento. Y no creo que sea intencionado. Lo que ocurre es que Vitier no era de la Habana y su formación había ocurrido en provincia. Además, era hombre por demás modesto e introvertido, poco dado a la sociabilidad expansiva frecuente en los círculos intelectuales. Pero tenía una cultura sólida, una muy buena formación filosófica y dejó una obra que hay que valorar en el plano del pensamiento cubano. La figura que, tal vez, más admiró en nuestra historia fue la de Enrique José Varona al que dedicó páginas memorables. Además es autor de un excelente libro *Las ideas en Cuba* (1938) y de otro titulado *La filosofía en Cuba* (1948). Fue colaborador asíduo del "Diario de la Marina" en una columna titulada "Valoraciones". En los inicios de su labor como escritor publicó un pequeño libro, esta vez de literatura, titulado *Apuntes literarios* (1935) y sustituyó en el Ministerio de Educación al Dr. Jorge Mañach quien, por razones políticas, había marchado a Nueva York, y donde inmediatamente comenzó a enseñar en la Universidad de Columbia. Y debe decirse que en dicha posición mantuvo los lineamientos culturales que había programado Mañach.

En cuanto a José M. Chacón y Calvo —también de esa generación aunque se había destacado desde antes— no necesita ser dado a conocer. Su vasta labor de investigación y crítica literaria es bien conocida, sobre todo después de los estudios de Zenaida Gutiérrez Vega. Y alguna mención debe hacerse de don Fernando Ortiz, gran animador de la cultura, pero dedicado especialmente a los estudios antropológicos. Y junto a él no debe olvidarse una figura femenina de gran resonancia, Lydia Cabrera, conocida no sólo por sus estudios antropológicos sino por su obra literaria y por sus conexiones con figuras tan notables como Teresa de la

Parra y Gabriela Mistral y cuyos *Cuentos Negros de Cuba* celebraron en 1986 su cincuentenario con la publicación del recuento titulado: *En torno a Lydia Cabrera*, Miami, 1986. Y Roberto Agramonte (1904) ha sido un profesor ilustre que se ha destacado en los estudios psicológicos y sociológicos. Pero a quien es ineludible recordar por sus muy acabados estudios sobre Juan Montalvo y sobre José Martí. Trabajador infatigable, investigador de gran seriedad, la obra de Roberto Agramonte merece un estudio serio que algún día se hará para situarlo como una de las personalidades más destacadas de la segunda generación republicana.

Dicho lo anterior pasemos a las figuras mencionadas. Sea la primera Jorge Mañach (Cuba 1898 - Puerto Rico 1961)

Fue Mañach hombre de formación académica seria. Parte de su niñez y adolescencia transcurre en España. La formación académica de su juventud la obtiene en Massachussetts, donde se gradúa en Harvard (1921) obteniendo una beca de eminencia para estudiar en París. Sólo un año puede permanecer allí y regresa a la Habana —por motivos familiares— donde completa sus estudios de Derecho y de Filosofía y Letras.

Desde muy joven se sintió atraído por la letra escrita. Muy pronto, estaba en París, inició sus tareas periodísticas enviando algunas colaboraciones al Diario de la Marina donde actuaba como uno de los Directores don León Ichaso. Y desde su regreso a Cuba ese menester no cesó. Fruto de ello son los libros en que reunió los artículos que mejor estimó. El primero, *Glosario* (1924)...

Y después *Estampas de San Cristóbal,* (1926), una serie de viñetas de la vida habanera que, en muchas ocasiones, logran gran fineza de expresión y hasta un sentido vagamente poético. Luego aparecería otra colección *Pasado vigente* (1939) donde los temas tratados son indicio ya de los sentimientos y preocupaciones del escritor. Destaco, entre ellos, uno titulado "Martí non-nato" en donde se perfila la idea del desconocimiento del líder que tanto acució a su generación y que él intentó superar con el esfuerzo que representó la escritura de su biografía *Martí, el Apóstol,* 1933. Se ha criticado mucho dicha biografía, pese a sus méritos, a los elogios y a sus múltiples ediciones. Se ha dicho —y no como valor— que es "novelada". También que carece de sólida documentación. Documentación que no falta, por supuesto, pero que es mucho más evidente en la obra de Lizaso *Martí, místico del deber.* Se olvida, sin embargo, que median siete años entre ambas obras. Siete años que en alguna medida se multiplican si se tiene en cuenta que, cuando la obra de Lizaso apareció, ya muchos nuevos papeles del héroe se habían publicado y muchos nuevos hechos habían salido a la luz, con la suficiente distancia histórica para aquilatarlos y estructurarlos. Entre una y otra biografía media sólo este hecho: En la época en que Mañach la escribió Martí era todavía el "ilustre desconocido". Cuando la de Lizaso aparece es ya una figura claramente delineada en el trasfondo cultural de Cuba. Por eso es tan correcto el juicio de Andrés Valdespino, que en mucho compartieron Medardo Vitier y Gabriela Mistral, cuando escribió:

> Mañach hace vivir a Martí como un ser de carne y hueso, con sus sueños y sus ilusiones, sus conflictos íntimos y sus frustraciones públicas y privadas, sus preocupaciones patrióticas y sus pequeños dramas sentimentales. Ni Mañach trata de ocultar su admiración por Martí ni de disimular la excepcional grandeza de aquella vida. Pero es fácil percibir su empeño por evitar que lo admirativo se convierta en actitud idolátrica. [8]

No vale, pues, una biografía más que otra. Las dos son excelentes y merecen lectura cuidadosa si se pretende llegar a la hondura del hombre que fue José Martí, como es imprescindible para ello la de Manuel Isidro Méndez o la de Carlos Márquez Sterling. Todas colaboran a una mejor comprensión del gran hombre.

Pero sigamos con Mañach. Pese a su quehacer periodístico, a sus menesteres políticos y a su labor docente en la Universidad de la Habana como profesor de Historia de la Filosofía, los altos temas de la cultura y el pensamiento acerado sobre los problemas cubanos no daban tregua al escritor que fue Mañach. Así se desdobló pronto en conferencista y ensayista. En la "revista de avance" aparecieron gran número de sus ensayos de la época. Quizás el más importante sea, por cuanto reflejaba el espíritu del momento, el titulado "Vanguardismo" en que con gran sentido crítico y esmerada información discute lo que entonces se denominaba "arte moderno" o "arte de vanguardia". Valdespino, al juzgar este ensayo, dice:

> Ya desde este trabajo escrito en plena juventud (1927) el autor manifiesta esa tendencia tan propia de su personalidad a rehuir los extremos y tratar de situarse en el justo medio. En la contienda literaria entre lo nuevo y lo tradicional, Mañach

defiende el nuevo arte, pero censura la furia iconoclasta de muchos de sus representantes. (9)

Tiene razón el crítico. El escritor que fue Mañach tenía una filosofía acerca de la cultura y de la vida que poco a poco irá madurando, pero que ya está presente en sus primeras obras.

Además de esa labor ensayística que aparece en la Revista de Avance pronto se reveló Mañach como conferencista de rara calidad. Tenía para ello condiciones no comunes. Un perfecto dominio de la lengua, una capacidad singular para las grandes síntesis sin dejar de ser profundo, una cultura bien cimentada y contínuamente ampliada, además de una voz bien modulada que sabía manejar a la perfección. No extrañe por eso que su primera conferencia en la Sociedad Económica de Amigos del País haya sido un verdadero acontecimiento cultural, al punto que se publicó como homenaje a su autor. Se titulaba "La crisis de la Alta Cultura en Cuba". (1925). En ella proponía, después de un análisis cuidadoso, medios para superarla. Medios que, dicho sea, intentó llevar a la práctica al ocupar por breve espacio de tiempo la Secretaría de Educación al crear la Dirección de Cultura que luego regentearían Chacón y Lizaso.

Otra conferencia de larga recordación es la que tituló *Indagación del Choteo*, 1928, estudio fenomenológico-social de esa modalidad del carácter cubano.

Así, lentamente, se fue forjando el gran ensayista y conferencista que fue Jorge Mañach. Sus ensayos responden a tres esferas espaciales. Los ensayos de juventud se centran principalmente en su ambiente insular con sus trabajos sobre Martí, muy numerosos, incluídos. Y culmina esta etapa con sus dos discursos de ingreso a la Academia de la Historia y a la Academia Nacional de Artes y Letras y titulados: "La nación que nos falta" y "El estilo en Cuba". Fueron recogidos posteriormente en libro con un artículo intercalado: "El estilo de la Revolución", primer premio en la serie del Premio Justo de Lara. Después rebasará la esfera nacional y se ocupará preferentemente de temas hispanoamericanos. De ello son buena muestra los publicados en la "Revista Hispánica Moderna" y en la revista "Cuadernos" de París, así como en otras publicaciones más allá de las fronteras de su isla. Ya en su última madurez se ocupó con asiduidad de temas españoles. El *Examen del Quijotismo* (1950), escrito con motivo del cuatricentenario de Cervantes y que —en cualquier latitud y

dentro de todas las conmemoraciones que entonces se publicaron—
quedará por sus méritos en muy buena posición. Es un estudio profundo,
serio, que presenta una nueva óptica sobre la obra cervantina. También
de esta última madurez quedan sus entrevistas y estampas españolas reunidas en el tomo *Visitas Españolas*. Y su último gran esfuerzo de pensamiento. Su *Teoría de la Frontera* que excelentemente prolongó Concha Meléndez. Se intenta en el libro un estudio a fondo de la repercusión
cultural de toda frontera entre dos modos diversos de ver la vida. En este caso, la frontera a que se aplica el estudio es la frontera entre el mundo del norteamericano y el del hispanoamericano, ilustrando la tesis con
su experiencia de Puerto Rico. Es un libro que requiere meditación, aunque repito, quedó inconcluso. La muerte lo cercó antes de terminarlo.

Pero no sólo ensayista fue Mañach sino un buen conferencista como ya
se ha dicho. Era, por tanto, figura invitada regularmente por las principales instituciones culturales. A dicha actividad prestaba cuidadosa
atención y preparaba sus disertaciones con esmero, desde la información
de que se asistía, hasta la originalidad del punto de vista y el estilo en
que las escribía y pronunciaba. A veces se constituían en ciclos. Y, las
más, tenían tal calidad que se le instaba a la publicación. Sería tarea vana por lo imposible reseñar todas las que dió en su vida. Pero sí quiero
destacar aquí la que ofreció en el Lyceum de la Habana con el título "Para una Filosofía de la Vida". Fue de gran impacto y se recogió después
en un libro con el mismo título (1951) que, además, incluía otros trabajos entre los cuales merece mención aparte del rotulado "Trinidad de
Goethe" con motivo del bicentenario de su nacimiento. Es un trabajo en
que el escritor revela su profundo conocimiento de la literatura y de la
filosofía y los hermana para dar en apretada y casi poética síntesis una
visión a profundidad del autor del Werther.

Este libro es además, importante, porque en él expone Mañach muy
explícitamente su concepción del hombre y de la vida y postula su filosofía personal llamándola "condicionalismo". Concepto que define así:

> Lo que llamo CONDICIONALISMO (sic) no es sólo esa
> concepción bipolar de los valores; es también la idea implícita —que no puedo sino sugerir aquí— de que todo el destino
> humano inteligible, todo lo que el hombre puede llegar a ser
> y a hacer, estriba en un progresivo y recíproco condicionamiento entre el objeto y el sujeto integrales, entre la totalidad
> del hombre y la totalidad del mundo.

Y continúa más adelante: "Se dirá que esto es una utopía. Claro que lo es. Pero el mundo ha caminado siempre hacia lo utópico y por la atracción de lo utópico". [10]

Por supuesto, los párrafos copiados, resumen de la tesis que el autor ha ido desarrollando despaciosamente, no pueden dar siquiera una vaga idea de la riqueza conceptual y de la sensibilidad humana que hay en este estudio que merece ser más conocido.

Finalmente, y debido a su profundo respeto por todas las formas culturales y por la libertad, fue Mañach un gran animador de toda empresa que tendiese a elevar la cultura de su pueblo. Y ahí están sus creaciones con dicho propósito: la Universidad del Aire, que se radiaba cada domingo con ciclos de conferencias alrededor de un tema y a las que se invitaban a los especialistas más connotados a participar. Y también su programa televisado "Ante la Prensa" donde solían debatirse los grandes problemas nacionales siempre que hubo la posibilidad de hacerlo con plena libertad. Y no debe pasarse por alto que en su primera juventud se sintió tentado por el teatro y escribió una pequeña obra "Tiempo Muerto" que obtuvo un segundo premio en un concurso. Y también escribió una novela, *Belén, el Aschanti,* que nadie ha podido rescatar hasta hoy.

Y se impone, ahora, un breve comentario. Parcamente —como debe ser todo juicio contemporáneo— puede decirse que fue Jorge Mañach dentro de la segunda generación republicana una de sus figuras más señeras, si no la más. Su prosa excelente, su estilo fluído y al mismo tiempo profundo, su amor a Cuba y a los valores de dignidad, libertad y justicia están patentes siempre en su obra que algún día tendrá merecido lugar entre los próceres latinoamericanos.

Vamos ahora a la figura de Juan Marinello (Cuba, 1899 - 1979) Pertenecía Marinello a una de las familias más preclaras de la región de las Villas en Cuba. Tuvo una educación esmerada y estudió en la Universidad de la Habana las carreras de Derecho y de Filosofía y Letras. Por muy breve tiempo fue Instructor en la Facultad de Derecho. Pero la mayor parte de su vida fue Profesor de Lengua y Literaturas Española y Cubana en la Escuela Normal de Maestros de la Habana. Y en sus últimos años volvió a la enseñanza universitaria. Era una personalidad de extraordinario atractivo. Contaba para ello con su exquisita formación debida no sólo a sus estudios sino a sus viajes, a su conocimiento de varios idiomas y también a su exquisita sensibilidad y buenas maneras. Era todo un caballero. O más apropiadamente, un "gentleman", con la intensificación de matiz que el vocabo representa.

Su sensibilidad, a diferencia de la de Mañach, era menos inclinada a la lógica y más a lo poético. Y tanto es así que lo atrajo siempre más la literatura que la filosofía, y más la poesía que el ensayo de estricta escructura lógica. Sin embargo, fue un gran ensayista. Podía serlo. Pues dominaba la lengua con rara perfección, y con su sensibilidad y su gran cultura —que siempre se preocupó de enriquecer— podía emitir juicios y elaborar sus tesis con gran maestría de expresión. Era también excelente conferencista, a lo que colaboraba su voz de pausado timbre y matizada modulación. Como ya se ha dicho fue uno de los editores de la Revista de Avance a cuyo grupo estuvo perfectamente integrado, compartiendo deberes y responsabilidades. Tenía, además, un raro equilibrio para no caer en los extremos, aunque en lo político se adhiriese pasada su primera juventud a las tesis más extremistas de la izquierda. Pero no debe ser ese el tema que aquí se discuta sino su hacer intelectual. Es a lo que se va.

Muy pronto en su vida se sintió Juan —como todos lo llamaban— tentado por la letra escrita. Ya en 1927 sale su primer libro, *Liberación*. Contra lo que pudiera suponerse por el título no es libro que roce, siquiera de lejos, el tema político. Es un libro intimista, de poemas, en que la poesía es el ángel liberador. De ahí su nombre. En él logra Marinello aciertos poéticos que nadie debe desconocer. No es éste un trabajo de crítica, pero destaco que en esta obra el alma de poeta que había en Marinello transparece en muchas de sus páginas. Como muestra véase este poema:

LA NOCHE

¿Por qué han hecho triste a la Noche
los ciegos poetas románticos?
La Noche es fiesta en el espíritu,
porque a su sombra luminosa
se presiente el Gran Salto.
En cada sombra redentora
hay algo de lo que vendrá.
(Esta mano de tierra no lo sabe decir;
esta lengua de tierra no lo sabe callar)
Pero duele en la noche

> sobre todas las cosas,
> como un temblor de alas inexpertas
> que se aprestaran a volar [11]

Fácil discernir en el poema copiado la influencia de los nuevos modos poéticos propulsados por adheridos a las nuevas tesis.

Después de *Liberación* sólo ocasional y muy esporádicamente volvió el escritor a la poesía y no insistió en reunirlas en libro. En cambio, sí publicó numerosos ensayos. Al principio comentando temas poeticos como es el caso de su libro *Poética, ensayos en entusiasmo* publicado en Madrid en 1933.

Dicho libro se estructura en torno a la crítica de cuatro poetas de la época, dedicando un pequeño comentario a cada uno en capítulos diferentes y tomando como base un solo poema, menos en el caso de Emilio Ballagas. Los cuatro poetas son, además de este último; Eugenio Florit, Manuel Navarro Luna y Nicolás Guillén. En el que enjuicia a Florit con motivo de un poema aparecido en su libro *Trópico* se permite aconsejar al poeta se separe de la tendencia de la llamada "poesía pura" al escribir:

> Todo esto quiere decir, Eugenio Florit, que buena parte de los poetas hoy quieren entrar por puertas falsas en la nueva edad. Se quiere hacer poesía de nuevas palabras, no de nuevas esencias que tiñan reciamente a la palabra sometida [12]

Sin embargo en el ensayo se dicen cosas mucho más positivas como cuando escribe: "… sigamos, sobre estas décimas bruñidas con sol y agua, el largo monólogo… Diálogo, mejor que monólogo; porque entre las puntas verdes de estos versos nuevos está padeciendo, y gritando su padecer gozoso, lo mejor de Eugenio Florit" [13]

Sorprende la contraposición de ambos juicios. Hay una explicación. Marinello, entremezclado en las luchas políticas y ya muy inclinado hacia la izquierda, muestra en este libro la sutil evolución que hubo en su pensamiento que determinaba su rechazo de la "poesía pura" y su preferencia por una más adscrita a lo real como se demuestra en sus juicios sobre un poema de Navarro Luna aparecido en *Pulso y Onda* donde dice, por ejemplo: "… al leerlos hemos visto removerse nuestra tierra escondida. Es que en ella estaba clavada ya la raíz estremecida de estos versos. Todo aquí es nuestro" [14]. Algo similar puede apreciarse cuando comenta el poema "El velorio de Papá Montero" de Guillén. En cambio, el juicio sobre *Júbilo y Fuga* de Emilio Ballagas y que sirvió de prólogo al libro mantiene la altura poética y crítica a que podía llegar Marinello cuando los garfios de la ideología no lo aprisionaban.

Sin embargo —como todos los de su generación— también él cayó bajo el influjo fascinante de Martí, según ya se ha visto, y su devoción por el grande hombre fue tanta que nunca pudo obnubilársele el juicio —como en tanto otros— al hablar sobre su obra y lo hizo muchas veces. Prueba de ello son estas frases:

> Mil veces hemos visto cómo los propagadores de la enseñanza confesional entre nosotros mechan sus sermones y comentarios con sentencias martianas. Lo que es tan desleal como querer adscribir a nuestro hombre al pensamiento marxista [15]

Imbuído por la admiración al Apóstol de nuestra independencia gran parte de la escritura de Juan Marinello gira alrededor de la figura del prócer. Lo había leído toda su vida amplia y profundamente y lo conocía como pocos. Por eso fue tan justo que al hacerse la edición completa de la obra de José Martí en más de veinticinco tomos, en la Cuba de hoy, se encargasen a él las palabras prologales. Realizó su tarea con la responsabilidad y saber que tenía y lo hizo admirablemente, descontando las frases de ritual a que le obligaban las circunstancias. Pero de todo lo que Marinello escribió sobre Martí a mí una de las cosas que más me gusta es una pequeña edición en francés de presentación de la figura a los pueblos de esta lengua. Dicho trabajo está hecho con el esmero crítico habitual. También con alteza de miras y gran serenidad en la prosa que, a ratos, alcanza el nivel poético, lo que no es extraño en quien ahogó en sí la poesía en aras de sus sentires políticos. Una ficha del libro aparece en las notas. [16]

Añádase a lo dicho que —como consecuencia de sus viajes y afanes políticos— Marinello publicó algunos libros. Uno es *Viaje a la Unión Soviética y las democracias populares,* colección de artículos periodísticos (1950) que apenas trascendió el ámbito de los participantes de su ideología. Y, entre otros, cuenta en su haber una breve *Historia de la Literatura Hispanoamericana,* publicada en México. Y numerosos ensayos sobre Martí y otros temas según ya se ha dicho.

Resumiendo ¿qué juicio debe emitirse con respecto a Marinello? Muy brevemente, como cuadra a este trabajo, este. Fue un miembro eminente de la segunda generación republicana, con grandes méritos como ensayista y ocasional poeta. Su prosa era fluída, elegante, y su cultura tan sólida como su dominio de la lengua. Y sólo hay que lamentar que su entrega a los menesteres políticos lo sustrajeran a la labor cultural a que estaba llamado por su talento y su sensibilidad. Pero tal vez hay quienes crean que hizo lo que debía. Quizás él mismo lo creyó. Frente al dilema debe callarse y seguir.

La próxima figura a que nos acercaremos es a la de Francisco Ichaso Macías (Cuba, 1900 - México, 1962).

Francisco Ichaso, hombre de expansiva y abierta cordialidad, de una exquisita sensibilidad estética, muy inteligente y con una cultura bien cimentada, ampliada por su dominio de varios idiomas, era graduado de la Universidad de la Habana. Pero su decidida vocación fue la letra impresa y la política, en menor grado. Tenía de quien heredar su amor a las letras pues su padre, don León Ichaso, fue uno de los directores del Diario de la Marina y un connotado periodista. Por eso, desde muy joven Paco —como todos lo llamaban— se dio a escribir. Por supuesto, como periodista, en el mismo diario en que participaba su padre, pero también en ensayos —y muy notables— sobre diversos aspectos de la cultura que interesaban a su curiosidad insaciable y bien dirigida. Amante de la música, de la que tenía una buena formación e información y del teatro por el que reveló siempre un singular entusiasmo su labor periodística la encauzó —la mayor parte de las veces— a la crítica de estas artes. Sus crónicas al respecto merecen recordación. Frecuentemente por tales capacidades fue invitado a disertar sobre algunos de estos temas. Así nacieron dos pequeños folletos: *En torno a Juan Sebastián Bach* (1927) y *Góngora y la nueva poesía* (1927), de dos conferencias suyas.

Pero su trabajo literario más notable es su contribución a la Revista de Avance donde publicó ensayos fundamentales como "Conocimiento de Martí", luego recogido en su libro más conocido: *Defensa del Hombre* (1937) y del cual puede leerse un comentario más amplio en las Actas del sexto congreso de la Asociación Internacional de Hispanistas. [17]

Pese a todo esto, en mi opinión, el ensayo de más envergadura que escribió Ichaso fue el titulado *Lope de Vega, poeta de la vida cotidiana* (1935). Fue premiado, con amplias razones, al convocarse un concurso sobre el tema con motivo del tricentenario de Lope. Leer este ensayo es un verdadero placer. La tesis que toda pieza ensayística debe sostener se desarrolla con galanura de estilo, con riqueza de información en las fuentes y —yo diría— con cierto sabor poético. Además, se revela el profundo conocimiento que tenía Ichaso de la copiosísima obra del "Fénix de los Ingenios". Y resalta en todo el estudio el alma y el espíritu de lo mejor de Francisco Ichaso. [18]

La promesa literaria que el ensayista representaba quedó en gran medida tronchada por su dedicación al periodismo para el que tenía grandes dotes y, sobre todo, por su absorción en la política del país que llegó a ocupar gran parte de su vida. Así fue miembro de la Asamblea Constituyente de 1939 —como Mañach y Marinello— que produjo ese avanzado documento conocido como la Constitución de 1940. Luego fue miembro del Congreso de la República como sus compañeros Mañach y Marinello. Y siempre estuvo integrado a la política nacional.

Un comentario sobre su obra debe reiterar lo dicho. Fue Ichaso un excelente periodista y ensayista a quien, lamentablemente, sus otros quehaceres alejaron del hacer literario donde estaba llamado a brillar con inusitada luz. Pero que, con lo que ha dejado, es ya un claro exponente de sus valores como ensayista.

La última figura de la que nos ocuparemos es la de Félix Lizaso González (1891, Cuba - 1967, Estados Unidos).

Como ya se ha dicho entró Lizaso en la Revista de Avance como coeditor al abandonar la empresa Martí Casanovas. Había sobradas razones para ello, pues aunque no había hecho estudios formales en la universidad —él se proclamaba auto-didacto— estaba capacitado como pocos para la tarea. Era, además, hombre de gran sensibilidad y de inusitada laboriosidad que se había enamorado de los ideales del Grupo Minorista del que formó parte. Y que, como la mayoría de sus integrantes, cayó también bajo la fascinación de Martí. Y puede decirse que en cuerpo y alma dedicó su vida a estudiarlo, a divulgarlo, a promover su publicación, a editarlo con gran cuidado y amor como se hizo patente en aquella primorosa edición facsímil de las cartas de Martí a María Mantilla y sus hermanos que tituló —muy apropiadamente— *Cartas a una niña*. En esta tarea no cejó Lizaso en toda su vida. Una bibliografía de todo lo que hizo para honrar al "Mártir de Dos Ríos" ocuparía páginas y páginas. Pero lo que culminó esta devoción fue su muy celebrada —y con múltiples razones— biografía de José Martí, ya mencionada.

Martí, místico del deber es una biografía extensa y documentada en que el autor parte de la tesis de que Martí, más que un hombre, fue un "místico del deber", llevando su tesis a extremos que ciertos datos biográficos parecen no confirmar. El motivo de la tesis es noble y más noble aún el modo de argumentarla. El libro es una gran biografía aunque, a veces, se fuercen los hechos para reforzar la tesis de que se parte. Esta biografía ha devenido clásica y junto a la de Mañach son las que gozan de mayor difusión y estima.

Además de esta labor realizó Lizaso otros trabajos de importancia. Entre ellos hay que citar, y otra vez refiriéndose a su pasión martiana, su labor en los "Archivos de José Martí" cuya publicación cuidaba con gran celo. Y a esto añádase su *Panorama de la cultura cubana* (1949)

El libro reúne las conferencias dictadas en Buenos Aires en 1946 gracias a las gestiones de su amigo Antonio Aíta. La obra es sumamente interesante. Y llama la atención que en los capítulos dedicados al siglo XIX en ningún momento, casi, se detiene en lo estrictamente literario, sino en lo que tiene que ver con el pensamiento.

De ahí que de este siglo destaque con muy extensos y bien documentados capítulos las figuras de Varela, José de la Luz y Caballero, Enrique José Varona y, por supuesto, la de José Martí. Y al ocuparse de los temas señalados no olvida hacer referencias a Domingo Delmonte y al maestro de Martí, el poeta don Rafael María Mendive de quien dice: "Mendive va a ser también un esforzado y constante animador de la cultura cubana". [19] Confieso que leyendo este libro, sin duda valioso, me ha intrigado siempre este no referirse a lo estrictamente literario en el siglo XIX y no he hallado explicación al hecho. Pues si el pensamiento es, sin duda, parte de la cultura, también lo es la creación literaria. Y tan debe haber sido así para el propio Lizaso que en los dos capítulos dedicados al siglo XX y titulados "Panorama de la República" se referirá frecuentemente a ello. Pues en dichos capítulos se encuentran referencias a revistas literarias como "El Fígaro", "La Habana Elegante", "Azul y Rojo" y "Letras". Pero lo más interesante de esta parte son las noticias que nos da de la fundación de la Biblioteca Nacional (1901) y el dato que nos ofrece sobre la dama cubana Pilar Arazosa de Müller que donó la imprenta que hizo posible la publicación de la Revista de la Biblioteca Nacional. También nos dice cómo se fundó la Editorial Trópico que fue —puede decirse— la editorial de esta generación junto con la de la

Revista de Avance. Por el interés que tiene para la investigación literaria copio el párrafo. Dice:

> En 1935, de acuerdo con el fraternal compañero Dr. Emeterio S. Santovenia y con la colaboración de Pánfilo D. Camacho, concebimos la organización de una Editorial (sic) con miras a buscar facilidades para el escritor cubano, pero principalmente, con el anhelo de emprender la edición de las obras completas de Martí. Para este empeño contamos con la cooperación de Gonzalo de Quesada y Miranda, quien recibió de manos de su padre, aquel amigo predilecto de Martí, los escritos que éste le confiara como su albacea literario, y ha actuado como director de la edición de Martí. [20]

Son valiosas igualmente las referencias a distintas instituciones culturales como el Lyceum, la Institución Hispano-Cubana de Cultura y otras. Así como la noticia acerca de como se organizó la Dirección de Cultura dentro del Ministerio de Educación que narra de este modo:

> Un hombre que había formado en la Protesta de los Trece, en el Grupo Minorista y en la "revista de avance", Jorge Mañach, estructuró desde la Secretaría de Educación un organismo capaz de llevar a sus más altas consecuencias los beneficios de la cultura. En 1934 surgió la Dirección y surgió con un amplio programa. [21]

Debe añadirse que la primera publicación de dicho organismo fue la conferencia dada en la Habana por Gabriela Mistral y titulada "La Lengua de Martí" que vino así a ser el primero de los Cuadernos de Cultura. Regenteaba el Departamento don José María Chacón y Calvo con la muy diligente y eficaz colaboración de Lizaso.

Por lo que aquí se ha expuesto se comprueba como fue Félix Lizaso un miembro destacadísimo de su generación que trabajó intensamente por la cultura cubana con el respeto y la estimación de todos. Tenía verdadera curiosidad intelectual y una paciencia y tesón inquebrantables para la investigación documental que se hace explícita en sus obras. Pero su gran labor, la que lo consagra dentro del marco de la literatura cubana, es su devoción por Martí de la que dejó abundantes y bien documentadas muestras, como se ha señalado.

Y antes de cerrar este trabajo es necesario decir que esta generación

—como todas— tiene dos vertientes: la primera que se prolonga hasta el momento en que se promulga la Constitución de 1940 y que es de la que se ha tratado aquí y la de los epígonos que termina su vigencia activa alrededor del momento en que se da el Golpe de Estado en 1952, cuando termina el régimen constitucional y democrático en Cuba. Esta última vertiente de la segunda generación republicana, a la inversa que la anterior, pone poca atención al menester político. Sus miembros rara vez pertenecen al periodismo y su figura central es José Lezama Lima y el grupo que se reúne en torno a "Orígenes". Todos se adhieren a una literatura de muy diverso calibre a la que practicaron los miembros de la primera falange de dicha segunda generación republicana. Su onda estética es más elitista, menos al alcance de las grandes mayorías y no por especial deseo de sus participantes sino porque la literatura que practican requiere una minoría cultivada al tanto de las nuevas corrientes estéticas que priman para la escritura.

Y todavía otra salvedad hay que hacer. Se dijo muy al principio de este trabajo y se fundamentó en un juicio de Max Henríquez Ureña que la segunda generación republicana no había sido una generación de novelistas. Así es, pese a pertenecer a dicho grupo Alejo Carpentier. Se explican enseguida las razones.

Sin contar con que el propio novelista escribió que la novela era un "género tardío" tanto en lo personal como en lo histórico-social, hay que admitir que lo que escribió Carpentier durante la vigencia de la primera parte de dicha generación (1923-1940) fue sólo *Ecué Yamba-O* (1933) que el propio autor desestimó y alguna vez intentó retirar de la circulación. Y no fue hasta después de la publicación de *El reino de este mundo* (1949) que él devino el gran novelista que todos conocemos. Y, sobre todo, después de *El Siglo de las Luces* de 1959. Entrar a dilucidar las razones de este hecho no es el tema de este trabajo. pero quede señalado, así como que durante la vigencia de la generación estudiada apareció un novelista singular, Enrique Labrador Ruíz (Cuba, 1902…) cuyas novelas "gaseiformes" merecen consideración así como la del cuentista Lino Novás Calvo titulada *Pedro Blanco, El Negrero*.

Con lo anterior termina este breve recuento de lo que fue la segunda generación republicana en Cuba en su período inicial. Si hubiese que hacer un balance de lo que logró podría resumirse en estos hechos: Apertura al mundo europeo e hispanoamericano con la consiguiente superación del provincianismo cultural, fundación de la Revista de

Avance como órgano de las nuevas ideas, revelación de Martí en lo biográfico y en su obra, y, finalmente, la abolición de la Enmienda Platt lograda por el pueblo de Cuba con el apoyo de todas las minorías dirigentes, principalmente con la de los integrantes del Grupo Minorista. También producto de esta generación fue la Constitución de 1940. Como saldo de la labor de una generación no es poco. Quede consignado.

Nueva York, 16 de diciembre de 1988

NOTAS

La Segunda Generación Republicana en Cuba

1. Bonifacio Byrne, el "poeta de la guerra". Composición "Mi bandera". Ver: Max Henriquez Ureña. *Panorama histórico de la Literatura Cubana*, Puerto Rico - México, 1963 p. 208. Tomo II.

2. Ver Max Henríquez Ureña, ob. cit. Tomo II. pp. 257-261.

3. Los "trece" fueron Rubén Martínez Villena, Jorge Mañach, Félix Lizaso, Juan Marinello, Francisco Ichaso, Luis Gómez Wangüemert, José Manuel Acosta, José Zacarías Tallet, Primitivo Cordero, José Antonio Fernández de Castro, Alberto Lamar Schweyer, José García Pedrosa y Calixto Masó. Procedían todos del llamado "Grupo Minorista" que incluía, además, a Emilio Roig de Leuchsenring, Eduardo Abela, Dr. Juan Antiga, Diego Bonilla, Mariano Brull, Alejo Carpentier, Antonio Gattorno, Max Henríquez Ureña, Armando Maribona, Guillermo Martínez Márquez, Andrés Núñez Olano, Alfredo T. Quílez, Arturo Alfonso Roselló, Luis A. Baralt, Enrique Serpa, Juan José Sicre, Jaime Valls, Orosmán Viamonte y Roberto Agramonte. dicho grupo suscribió un manifiesto que —puede decirse— fue el programa de la generación. Véase nota sobre la "Revista de Avance".

4. La revista "Social" fue fundada por Conrado Walter Massaguer —excelente caricaturista—. Y formó parte de su redacción Alfredo T. Quílez, ya nombrado.

5. Véase: Rosario Rexach. "La Revista de Avance" (1927-1930) Revista "Caribbean Studies", octubre, 1963, No. 3. Fue éste el primer estudio publicado sobre dicha revista. Después han venido otros. Deben destacarse los de Carlos Ripoll y César Leante, entre varios.

6. Max Henríquez Ureña, ob. cit. p. 405.

7. Juan Marinello. "Once ensayos martianos". Comisión Nacional Cubana de la UNESCO, 1964, pp. 25-26.

8. Andrés Valdespino. - *Jorge Mañach y su generación en las letras cubanas.* Miami, 1971, p. 135

9. Id. p. 149

10. Jorge Mañach. *Para una filosofía de la vida*. La Habana, 1951. pp. 91-92.

11. Juan Marinello. *Liberación*, Madrid, 1927. (Poemas). pp. 87-88.

12. Juan Marinello. *Poética, ensayos en entusiasmo*. Madrid, 1933, p. 43

13. Id. p. 21

14. Id. p. 74

15. Juan Marinello. *El caso literario de José Martí*. Motivos de centenario. Habana, 1954. p. 26

16. Juan Marinello. José Martí (Poetes d'aujourd'hui). Colección Seghers. París, 1970. Traducción de René L. F. Durand.

17. Rosario Rexach. "Los ensayistas de la Revista de Avance: Francisco Ichaso" Actas del Sexto Congreso Internacional de Hispanistas celebrado en Toronto, 1977. La publicación es de 1980. pp. 593-596. Incluída en este volumen.

18. Francisco Ichaso. *Lope de Vega, poeta de la vida cotidiana*. La Habana, 1935.

19. Félix Lizaso. *Panorama de la cultura cubana*. Colección Tierra Firme, México, 1949. p. 60.

20. Id. p. 141

21. Id. pp. 137-38

II

"LA REVISTA DE AVANCE"
publicada en la Habana (1927 - 1930)

Este estudio está basado en una conferencia dada en un ciclo sobre "Revistas Cubanas" organizado por el Lyceum de la Habana en 1958. Y fue recomendada su publicación a la revista "Caribbean Studies" por el escritor Theodore Draper. Se publicó en dicha revista, en el Vol. 3, no. 3 de octubre de 1963.

LA REVISTA DE AVANCE PUBLICADA EN HABANA 1927 - 1930*

Una revista, como cualquier otra obra humana, requiere para su nacimiento de ciertas condiciones preliminares que la hagan posible. De estas condiciones en lo que a una revista concierne importan particularmente tres: 1) el ambiente cultural de la comunidad en que surge, 2) la inquietud de una minoría dispuesta a la empresa y 3) la posibilidad técnico-económica de llevarla a realización. Examinemos, aunque sea brevemente, estas condiciones en la ciudad de la Habana, Cuba, en 1927, cuando la revista surge.

1. Cuba y el mundo vivían entonces una de las ilusiones culturales y renovadoras más fuertes que ha tenido este siglo en que hoy vivimos. La Gran Guerra de 1914 y, especialmente, la Revolución Rusa de 1917 habían derribado valores y extendido por el mundo una ola de inquietud que en la esfera de la cultura se hacía notar intensamente. Nuevas concepciones literarias y estéticas que se reflejaban en la pintura, en la escultura, en la música, en la arquitectura, parecían derruir cuanto de tradicional había acumulado la cultura de Occidente, la cual era severamente criticada aun por hombres tan conservadores como Oswald Spengler, cuyo libro "La Decadencia de Occidente", traducido bajo la égida de Ortega y Gasset, era leído por todos los jóvenes de la época. Por otra parte, el progreso extraordinario de los medios de comunicación y el desarrollo de la técnica hasta un nivel

---

* Este estudio está basado sobre una conferencia dictada por la Profesora Rosario Rexach de Leon en el Lyceum de la Habana en abril de 1958. Los editores de Caribbean Studies quieren expresar su agradecimiento al Sr. Theodore Draper por haber recomendado el trabajo de la Sra. Rexach.

no conocido previamente hacían concebir el advenimiento de un mundo nuevo enteramente libre de los pecados y deficiencias tradicionales. Añádase a esto la fe en la Ciencia y en sus posibilidades, lo que hacía factible concebir un mundo en que el hombre no necesitase a Dios por haber resuelto los enigmas fundamentales de la existencia, y se tendrá una idea del ambiente espiritual del momento. Se vivía con una esperanza ilimitada y, metidos en ella, la fe se hacía grande y profunda para intentar toda empresa por difícil que pudiere parecer. En fin, los que vivieron en esos días recuerdan, entre nostálgicos y alborozados, aquella ancha ilusión, aquella infinita esperanza y aquella profunda confianza que hacían creer que el paraíso social estaba a la vuelta de la esquina con sólo arreciar en el esfuerzo. Treinta años más tarde se ha aprendido la dura lección de una historia que marcha y que sabe de nuevas ilusiones y de algunas realizaciones, pero también de frustradas esperanzas. Igualmente es claro que ésta no se parece ya a aquella época. Si entonces el tono general de la vida lo constituían la esperanza y la fe profundas en las posibilidades humanas para reparar toda deficiencia, aliviar todo dolor y hacer campear a toda onda el aire de la justicia y de la libertad para todos los hombres, hoy la mayoría vuelve escéptica los ojos ante toda promesa de bienaventuranza.

2. No basta, según se ha dicho, que haya un ambiente espiritual propicio para que surja una nueva revista. Es necesario, además, que haya una minoría esencialmente inquieta y al tanto del movimiento cultural de las ideas. Cuba contaba entonces también con esta minoría, minoría por otra parte bastante mayoritaria, si se permite la paradoja. La distracción fundamental de los jóvenes de la época era la lectura en pequeños círculos o el comentario de la obra leída aisladamente. En fin, el intercambio de ideas a través de la conversación. Haber leído un nuevo libro, haber descubierto un nuevo poeta o un nuevo pintor, era casi un lujo que se exhibía ante los amigos como hoy las muchachas suelen exhibir un nuevo "slack" o un joven un nuevo convertible. Expuesta la tesis, venía luego la discusión que a veces llegaba a ser polémica. Casi nunca la cuestión quedaba enteramente dilucidada y los jóvenes sentían el ansia de un vehículo propicio a una discusión más cabal de sus puntos de vista. Por otra parte había que defender las nuevas ideas de los ataques, entre sorprendidos y veraces, de los que formados en las antiguas tradiciones se sentían de pronto en un mundo que no entendían. Una nueva revista era pues,

en aquel momento, una necesidad de la juventud. Un órgano en que volcar las nuevas inquietudes. Se daba así la segunda de las condiciones necesarias para el surgimiento de una revista de ideas.

3. Pero había una tercera. La posibilidad técnico-económica de llevarla a realización. Es posible que a muchos sorprenda el término. Lo explicaremos. Con dinero solamente, aun abundante, no se hace una revista que merezca llamarse tal. Se pueden llenar páginas de tinta, pero nada más. Una revista tiene un cuerpo que, como tal, ha de reunir ciertas características: unidad, orientación, material de calidad e ilustraciones. Y además, primor técnico para hacer atractiva su lectura. Y estas condiciones no las puede comprar el solo dinero. Cierta pericia y contacto con el oficio son imprescindibles. Como lo es también el contacto personal o epistolar con quienes puedan ofrecer material de calidad, es decir, con el mundo que suele llamarse intelectual, aunque haga tan mal efecto la palabra por la carga de pedantería de que se la inviste. Presentes estas circunstancias, el dinero es el último factor. Es preciso tenerlo o recabarlo. En los editores de la Revista de Avance, íntimamente ligados la mayoría de ellos al periodismo —por no decir todos— se hacían presentes las condiciones técnicas. También la económica, pues si bien no eran ricos sí tenían medios económicos holgados y suficientes relaciones y poder de persuasión como para conseguir patrocinadores y anunciantes.

Unos y otros no faltaron. Hay una larga lista de socios protectores. Y desde el principio fue numerosa la lista de anuncios de la revista, anuncios que tuvieron el buen gusto de no intercalar dentro de los textos sino en la contraportada de las carátulas y en las páginas iniciales o finales. Por cierto que se ve lo que creció la Habana desde entonces cuando nos tomamos el trabajo de fijarnos en dichos anuncios y en sus textos. Así hay propaganda de automóviles ya desaparecidos, como un tal Marmon, serie 75, que la memoria no logra fijar. Igualmente una conocida firma cervecera se anunciaba como el mejor estimulante para el trabajo intelectual y una firma de cidra se titulaba "fuente de inspiración". Estos hechos pueden parecer baladíes, pero constituyen un dato más a favor de la inquietud intelectual de la época que obligaba a las firmas comerciales a pensar sus lemas en función de la vida del hombre de letras.

La Revista de Avance surgió, pues, en un momento propicio de la vida cubana promoteada por un grupo de jóvenes esencialmente inquietos y al tanto de los movimientos ideológicos de la época. Estos jóvenes fueron inicialmente, y por el orden en que aparecieron en el primer número de la revista, Alejo Carpentier, Martí Casanovas, Francisco Ichaso, Jorge Mañach y Juan Marinello. Jorge Mañach, el más ilustre sin duda, murió dolorosamente en el exilio en la hospitalaria tierra de Puerto Rico en junio de 1961. Un año más tarde, y también en el exilio, falleció en México ese ancho corazón y brillante escritor que fue Francisco Ichaso. Los demás se quedaron en Cuba, en posición divergente de los anteriores.

El primer número de la publicación apareció el quince de marzo de 1927, y en él la Revista se anunciaba como un órgano quincenal. Ya en el segundo número Alejo Carpentier no pudo continuar al frente de la Revista porque ciertas condiciones y compromisos se lo impedían. Fue sustituído por el poeta José Zacarías Tallet, el famoso autor del poema negro "La Rumba". Más tarde, creo que en el octavo número, hubo necesidad de sustituir a Casanovas por Félix Lizaso, obligado el primero a exiliarse en México por motivos políticos. Era comunista. Por eso volvió a la Habana apenas se aseguró en el poder Fidel Castro.

Posteriormente a estos hechos que se vienen narrando también Tallet salió del Comité Editor por obligaciones perentorias, pero se mantuvo la unidad de los editores, al menos en la revista, que firmaban los editoriales desde el principio con el sugestivo nombre de "Los Cinco". La revista, inicialmente, no se llamó Revista de Avance, aunque así pasó pronto a ser conocida. Su afán de juventud y de mantenerse al día eran tales que optaron por tomar el nombre del año en que salían a la luz, nombre que se iría modificando cada nuevo año lógicamente. Así sus primeros números ostentaron airosamente como título cuatro grandes guarismos, 1927. Después vendrían 1928, 1929 y 1930. Como subtítulo y en letra mucho más pequeña iba la frase "Revista de Avance", nombre con que ha pasado al mundo literario.

Era una revista cuidada, con el mayor primor técnico posible para la época en revistas de este tipo, y de fácil lectura por la distribución de su material y por las ilustraciones, lo que anunciaba la pericia en el oficio de sus editores. En su primer número, y en letra bastardilla, publicaron un editorial titulado "Al levar el ancla" en que anunciaban sus propósitos, justificaban el nombre y de alguna manera esbozaban su programa. De dicho editorial son estas frases:

"He aquí un nuevo bajel en los mares de nuestra inquietud. Lleva al viento un gallardete alto, agudo y azul. Para la emergencia posible, banderín rojo. Lo que no va en su bagaje es la bandera blanca de las capitulaciones"...

Y continuaba:

"...zarpa esta embarcación con cierto brío heroico, dispuesta a hundirse como tantas otras, si le soplase viento adverso; pero negada de antemano a todo patético remolque... ¿Adónde va esta proa sencilla que dice 1927? Si lo supiéramos perdería todo gusto la aventura" Y seguían: "Vamos hacia un puerto —¿mítico, incierto?— ideal de plenitud; hacia un espejismo tal vez de mejor ciudadanía".

Se hace claro aquí algo que es preciso destacar. La Revista de Avance fue una revista intelectual, sí, una revista predominantemente literaria. Pero igualmente una revista con los ojos bien puestos en Cuba y en sus problemas y con el ansia de verlos resueltos. Por eso se ha subrayado la frase de mejor ciudadanía. Porque encierra uno de los puntos que fue piedra angular en la filosofía de la Revista de Avance.

Poco zahorí se necesita ser para no ver en las palabras del editorial citado todo el fervor del joven que cree no tener amarras y que puede lanzarse resueltamente hacia el futuro. Es fácil imaginar, por eso, las críticas que, en medio de múltiples alabanzas, recibieron. Los escritores ya consagrados los miraban como jóvenes pedantes de los que nada había que aprender. Ciertos otros contemporáneos que no hallaron cabida en su seno hablaron de su "capillismo". De ambas cosas se defendieron con firmeza y elegancia no usuales.

Pero aun otros vientos arreciarían contra el nuevo bajel. Mil novecientos veintisiete fue un año políticamente duro para Cuba. La "prórroga de poderes" del General Gerardo Machado en la presidencia, impopular e inconsulta, originó un malestar grande en las zonas más alertas del país y esto dio origen a actos de rebeldía y a las consiguientes y consabidas represalias. La pasión se adueñaba paulatinamente de los espíritus y la labor de cultura parecía un lujo inadmisible. Velada o abiertamente la Revista fue criticada por no dar cabida en sus páginas a la polémica de tono airado. Reiteradamente los editores explicaron su postura. Así, en el número 3 de 1927, el editorial que para entonces se denominaba "Directrices" y que firmaban "Los Cinco" decía:

> "No extrañe nadie el silencio de 1927 sobre los asuntos de política inmediata... De este espectáculo derivamos meditaciones atentas a los más altos rumbos de la conducta nacional e iberoamericana, pero siempre más embargados en la doctrina que en la peripecia. 1927 se propone ser exclusivamente una revista de cultura".

Pero los ataques y las presiones continuaron. Ya sabemos de qué origen. De los que quieren a toda costa el predominio de su idea del poder y de la política. Por eso en el número 4 del propio año 1927, decían:

> "Algunos lectores que esperaban ver en 1927 una suerte de petardo ruidoso y saltarín o una algarabía de "ismos" de barricada, nos han dejado conocer su decepción, al encontrar que 1927 no es una revista estridente de vanguardia".

La crítica debió continuar, porque ya en 1928 publica —y nada menos que Juan Marinello— un artículo titulado "Arte y Política" donde afirma:

> "Contra 1928 deben concitarse muy serias condenaciones... Pero ¿podría exigirse a Casal (Julián del Casal, poeta cubano) que fuera al verso encendido de gérmenes revolucionarios y de inquietudes libertarias? ¿No se obtendría con ello el arquetipo del mal poeta y el ejemplo del agitador comprometedor del triunfo de su credo?... Quién espere criolla vociglería y ruidoso ataque a persona determinada, sépase defraudado desde ahora... Arte, del bueno, política, la que no agote sus fuerzas en la propia violencia, sino las emplee en aclarar rumbos nuevos del espíritu y de la vida"...

Con elegancia y desusada firmeza hicieron frente pues, a todas las presiones de uno y otro bando, los editores de la Revista de Avance, pero sin permanecer sordos a los males de la Cuba de entonces que continuaban "in crescendo". Por eso los denunciaron en sus páginas y advirtieron de sus peligros con la crítica mesurada, severa, y a veces, febril, que incumbe al hombre de letras.

Así, al cumplirse el primer cuarto de siglo de vida republicana en mayo de 1927 sus Directrices dieron cuenta del hecho enfocándolo desde el ángulo cultural con estas palabras:

"Durante cinco lustros hemos hecho literatura como hemos sembrado caña o hecho política; para comer, para medrar, para vivir".

Y seguían haciéndose eco del gesto viril de un grupo de jóvenes que se hizo famoso, diciendo:

"La protesta de los Trece, justa o injusta individualmente, eso no hace al caso, reveló la existencia de una nueva juventud con el entusiasmo y el brío indispensables para lanzarse resueltamente a fijar una nueva escala de valores en la República".

Muchos de los jóvenes que habían participado en la protesta de los Trece, durante el gobierno de Alfredo Zayas (1921-1925) se integraron después en el llamado Grupo Minorista de la Habana, que recogió y programó un poco la apetencia de una Cuba mejor en la juventud de la época. La Revista de Avance, cuyos editores eran miembros del Grupo en su mayoría, se hizo eco de las afirmaciones del Grupo Minorista y respaldó íntegramente sus pronunciamientos y se solidarizó con sus trabajos. Es interesante copiar estos pronunciamientos que aparecieron en la Revista. Al examinarlos puede medirse la distancia ideal a que se encuentra y ha encontrado Cuba de su cabal cumplimiento. Y también aquilatar cuanto se ha logrado. De este modo se justificará un poco, aunque sea, a esa generación tan llevada y traída y tan mal juzgada que fue la generación del 30, que tal parece como si no hubiese aportado nada a la conciencia cubana y que, sin embargo, tan heróicamente luchó por rescatar al pueblo de Cuba del provincianismo y del colonialismo, tanto cultural como político o económico.

He aquí los pronunciamientos del Grupo Minorista:

1. Por la revisión de valores falsos y gastados.
2. Por el arte vernáculo y, en general, por el arte nuevo en sus diversas manifestaciones.
3. Por la introducción y vulgarización en Cuba de las últimas doctrinas, teorías y prácticas artísticas y científicas.
4. Por la reforma de la enseñanza pública y contra los corrompidos sistemas de oposición a las cátedras. Por la autonomía universitaria.
5. Por la independencia económica de Cuba y contra el imperialismo yanqui.

6. Contra las dictaduras políticas unipersonales en el Mundo, en la América, en Cuba.
7. Contra los desafueros de la pseudo-democracia, contra la farsa del sufragio y por la participación efectiva del pueblo en el gobierno.
8. Por el mejoramiento del agricultor, del colono, del obrero.
9. Por la cordialidad y la unión latino-americanas.

Al pie de estos pronunciamientos aparecidos en las páginas de la Revista de Avance, continuaba el Editorial diciendo:

> "El hecho de que esta revista, como tal, no aspire sino a realizar los extremos culturales del mismo, débese a un imperativo de especialización y no a una parcialidad de convicciones".

La peripecia política, por tanto, nos lo alejó del deber cultural que se habían trazado. Desde los primeros números la revista hacía bueno su programa publicando artículos sobre el arte nuevo, como aquel titulado "Vanguardismo" calzado por la firma de Mañach. Y los intelectuales más prestigiosos de América colaboraron en sus páginas. Así Franz Tamayo, Miguel Angel Asturias, Jaime Torres Bodet, Adolfo Salazar, Pedro Sanjuán, José Rafael Pocaterra, César Vallejo, Alfonso Rosado Avila, Juana de Ibarbourou, Luis Alberto Sánchez, Mercedes Ballesteros, Waldo Frank, publicaron páginas inéditas. También escritores europeos de renombre. Unamuno les envió especialmente unos versos que tituló Vanguardismo, saludando alborozado a la novel publicación. Una de las estrofas de los pequeños poemas de Unamuno decía:

> "Mejor excéntrico que concéntrico.
> Centro es punto, esto es, picada,
> Y de él se debe salir;
> Pero punto es pura nada
> Y concentrarse es morir.

También Díaz Plaja, Jarnés, García Maroto, el pintor Juan Gris, Alfonso Camín y tantos otros, europeos y americanos, publicaron en la revista páginas desconocidas. Por cierto que es de Camín uno de los poemas negros más finos y rítmicos que se han escrito. Se titula Damasajova. Suya es esta estrofa que dice:

> Damasajova, Damasajova!
> Lira de virgen, flancos de loba.

Sueñan tus ojos, negras panteras
en los desiertos de tus ojeras...

El material se completaba con la producción de los escritores del patio. Allí publicarían ensayos, poemas y cuentos, muchas veces notables, figuras que luego han pasado a las letras con historial bien conocido. Entre ellos citemos a Jorge Mañach, Francisco Ichaso, Juan Marinello, Eugenio Florit, Lino Novás Calvo, Mariano Brull, Roberto Agramonte, Luis Baralt, Emilio Ballagas, Alfonso Hernández Catá, José Antonio Ramos, Luis Felipe Rodríguez y muchos más que alargarían demasiado esta lista.

A esta nómina de firmas de calidad foráneas y cubanas hay que añadir las magníficas ilustraciones con que contó siempre la Revista, muchas de ellas originales, o reproducciones de obras de calidad. Pablo Picasso ilustra sus páginas con más de un dibujo. También se encuentran dibujos de Matisse y reproducciones de grabados o cuadros de García Maroto, Fernández Ledesma, Diego Rivera, José Clemente Orozco, Salvador Dalí, Covarrubias, Flouquet, Pérez Mateo y muchos otros. Esto en lo que a artistas extranjeros se refiere. La colaboración de los pintores cubanos no fue escasa y de notable calidad en la mayor parte de los casos. Eduardo Abela se manifestó como el gran pintor que siempre ha sido, y hasta escribió un ensayo sobre el arte nuevo con afirmaciones que hoy resultarían sumamente interesantes. Víctor Manuel García, más tarde sólo Víctor Manuel, Carlos Enríquez y Alicia Neel, Antonio Gattorno, Domingo Ravenet, Romero Arciaga, Marcelo Pogolotti, Rafael Blanco, este último buen caricaturista así como Conrado Massaguer, Jaime Valls, Ramón Loy y tantos otros que escapan a la memoria aparecieron calzando con sus firmas las ilustraciones de la Revista de Avance creando así una tradición pictórica que ha situado a Cuba en el meridiano cultural del mundo.

Pero no se limitó a estas publicaciones y ensayos el interés de los editores de la Revista por el arte llamado moderno. También organizaron la primera exposición de Arte Nuevo que se celebró en la Habana en 1927 y que después fue trasladada a Matanzas para su exhibición por el Grupo Minorista de dicha ciudad. La exposición levantó no pocas y airadas críticas que los editores, con su habitual seguridad, respondieron cumplidamente continuando en su empresa. Pronto vino la exposición de dibujos y grabados del belga Paul Flouquet, cuya apertura estuvo a cargo de Luis Baralt y que fue presentada gracias al entusiasmo de aquel poeta y animador infatigable de la cultura que fue Mariano Brull. Otras exposiciones se presentaron además, y ya establecida la continuidad de la revista, promovieron una encuenta sobre el arte americano que constaba de las siguientes preguntas:

1. ¿Cree Ud, que la obra del artista americano debe revelar una preocupación americana?
2. ¿Cree que la americanidad es cuestión de óptica, de contenido o de vehículo?
3. ¿Cree Ud. en la posibilidad de caracteres comunes al arte de todos los países de América?
4. ¿Cuál debe ser la actitud del artista americano ante lo europeo?

El primero en responderlas fue el pensador cubano Enrique José Varona. Después la respondieron figuras eminentes del pensamiento y del arte americanos: Jaime Torres Bodet, Rufino Blanco Fombona, Eduardo Avilés Ramírez, Regino Boti, el poeta; Víctor Andrés Belaúnde, Carlos Enríquez, Raul Maestri, Raul Roa, Ildefondo Pereda Valdés, José Antonio Ramos, Luis Felipe Rodríguez y otros más.

Francisco Ichaso publicó un excelente resumen de esta encuesta con el título "Balance de una indagación". Y por nuestra parte podemos establecer las siguientes conclusiones después de la lectura de todas las respuestas recibidas:

El arte debe reflejar el medio del hombre que lo crea. Sólo así será auténtico y, por ende, universal. De este modo las preguntas sobre las influencias extrañas, o sobre la necesidad de insistir en lo folklórico lo que podría restituir la moda del costumbrismo o del pintoresquismo, quedaban automáticamente respondidas. En cambio, se subrayaba la necesidad de lo autóctono, es decir, de la independencia, no buscada deliberadamente sino hallada al responder fielmente al llamado del ambiente. Quizás fuese Varona, al cabo el más filósofo tal vez, quien diera más cumplidamente respuesta a la indagación al afirmar que "sólo el espíritu bien impreganado, bien fecundado, logra crear".

Este afán de autoctonía, de hallar la autenticidad de cada pueblo y de cada sector para descubrir la norma ética y estética convenientes se reflejó también en los ensayos que aparecieron en la revista. Así encontramos, en lo que a Cuba respecta, análisis casi fenomenológicos de muchas características del pueblo cubano. Estudios sobre el choteo, la ilusión, el embullo, el respeto, el insoluble problema del intelectual y tantos otros aparecían regularmente firmados por Mañach, Ichaso, Marinello, López Dorticós.

Mas, no sólo los problemas de Cuba fueron examinados a esta luz. Intelectuales de Norte y Sur América se dedicaron a similares indagaciones. De este modo encontramos un interesantísimo artículo del profesor de Harvard, R. N. Parker, titulado "Un nuevo concepto de la riqueza" en el que se sitúa a la escuela como la piedra angular de la sociedad americana. Hay otros estudios sobre el movimiento obrero y la revolución mexicana, sobre la pintura. En acuerdo con este espíritu se exaltaron también en sendos números las figuras de Waldo Frank y José Carlos Mariátegui. Pero el espíritu renuente a todo provincianismo se ensanchaba hacia otras latitudes. Así encontramos artículos sobre Ortega y Gasset, como aquel firmado por Suárez Solís, por cierto muy interesante por el tono despectivo e irónico que lo anima. También los hay sobre Anatole France, éste escrito por Máximo Gorki, o sobre Edmundo Jaloux, a quien se sitúa como una figura de transición. Tanto la literatura americana pues, como la literatura del continente europeo, mantuvieron alerta la atención de los editores.

La ciencia no quedó descuidada y las más abstrusas teorías físico-matemáticas se discutieron en sus páginas por el profesor Manuel Gran, como las que se referían a "la discontinuidad espacio-temporal" o a "la onda fresneliana". Con el mismo rigor se comentó el discutido libro de Gregorio Marañón sobre "La evolución de la sexualidad y los estados intersexuales".

La música mereció una especial atención. Hay artículos sobre "La Rebambaramba" del malogrado Amadeo Roldán, firmado éste por Pedro Sanjuán, o estudios sobre Schoenberg y la atonalidad que publicó María Muñoz de Quevedo. También se dio a conocer la obra de Julián Carrillo, el músico mexicano que inventó el sonido 13. E innumerables son las críticas sobre actividades musicales generalmente firmadas por Ichaso, y de gran maestría, por cierto. Así Pro-Arte Musical o la Orquesta Sinfónica de la Habana hallaron en sus páginas eco para su empresa. Igualmente batió lanzas la Revista, en todo momento, por la innovación en los programas y los nombres de Debussy, Strawinsky, y tantos otros, pronto fueron familiares a sus lectores.

El teatro fue singularmente favorecido. En más de un editorial se habló de un Teatro de Arte en la Habana y se promovió un interés genuino por la obra teatral. Hasta se intentó cierta vez alguna presentación y casi con toda seguridad aquel pionero grupo teatral de "La Cueva" que tanto debió al impulso innovador de Luis Baralt, tuvo su más lejano antecedente en esta actitud de la Revista de Avance.

No menos solícita fue su atención al cinematógrafo y más de una vez aparecieron largos artículos sobre esta nueva forma de expresión estética. La aparición del cine sonoro mereció una larga crónica.

Pero si la Revista de Avance se ocupó del arte americano y de la nueva estética no por ello abandonó el informe sostenido y la actitud alerta ante la producción literaria del momento tanto en Europa como en América. Sus comentarios de libros mantenían al lector cubano informado de lo que se producía en el mundo. Así los libros "Sin novedad en el frente" de Erich María Remarque, el "Jesús" de Barbusse, "El Puente de San Luis Rey" de Thorton Wilder, la obra de Keyserling, "Una tragedia americana" de Theodore Dreisser, el superrealismo del teatro ruso, pasaron por sus páginas en pulida crítica. Asímismo se comentó la muerte de Blasco Ibáñez, la de Thomas Hardy o la de Isadora Duncan. Es notable la labor que en este sentido rindieron a la revista figuras como Eugenio Florit, Lino Novás Calvo, Raul Roa o Medardo Vitier, además de Raul Maestri. El estudio sobre el Conde Keyserling de Vitier fue, sin duda, excelente. Y es interesante señalar como algunos de los nombres literarios destacados cayeron pronto en el olvido, como aquel de Bartolomé Soler, novelista catalán, cuya obra "El crimen de Marcos Villarí" hacía pensar en una larga historia literaria.

Entre los comentarios de las letras hispánicas merecen destacarse aquellos debidos a la erudición y buen gusto literarios de José María Chacón y Calvo, sobre cuya obra publicó la revista un merecido elogio. Aparecieron críticas también de las obras de Pedro Henríquez Ureña, Luis Araquistain, Jaime Torres Bodet, y una larga reseña sobre las "Soledades" de Góngora, editadas por Damaso Alonso, con motivo del tricentenario del gran poeta español. También se comentaron libros cubanos como la "Antología de la Poesía Moderna en Cuba" debida a Lizaso y a Fernández de Castro, o los "Poemas en Menguante" de Mariano Brull, o la obra de Mañach o la de Ichaso. Igualmente se embarcaron en una empresa editorial. De sus prensas salieron algunos pocos libros como las "Estampas de San Cristóbal" de Jorge Mañach, "El renuevo y otros cuentos" de Montenegro y el libro "Liberación" de Marinello, así como el magnífico ensayo sobre Góngora debido a la clara pluma de Francisco Ichaso.

Hay que mencionar aquí también el comentario de dos libros americanos aparecidos en aquella época. Uno era "Nuestra Colonia de Cuba" de Lelland Jenks; el otro, firmado por un tal Chapman y titulado "A history of the Cuban Republic", levantó una ola de protestas por sus inexactitudes. Y es que parece como si el destino de Cuba fuese el no ser conocida en su más intrínseca realidad, unas veces de un bando, otras de otro, con la consiguiente malinterpretación de sus problemas reales y no inventados. El libro de Chapman fue fustigado desde el periódico por Ramiro Guerra, y la revista, haciéndose eco de la protesta, publicó un editorial titulado "Un libro injusto y un silencio que otorga" en que afirmaba:

> "1928 quiere señalar el bochorno de ese silencio. No pedimos gritos de protesta, sino graciosa y serena información. Las páginas de 1928 quedan abiertas a cuentos se muestren capaces de romper gallarda y certeramente esa lanza por el prestigio esencial de Cuba".

La Revista de Avance no se ocupó sólo de la actualidad literaria editada, sino de toda la actualidad cultural. Y así como informó sobre la obra de Picasso, Juan Gris o Diego Rivera, también informó de cuanto suceso importante para la cultura o la historia de Cuba tenía lugar en el solar patrio. A través de su sección "Almanaque" podía el lector mantenerse informado de todo suceso cultural de alguna relevancia, ya fuese éste el homenaje a un artista o escritor de paso por la Habana, o una conferencia, una exposición o un concierto. De este modo las sociedades culturales hallaron en sus páginas abundante eco. La Sociedad Hispanoamericana de Cultura le es deudora de las reseñas de sus conferencias, como aquellas en que se daba cuenta de la presencia en la Habana del malogrado poeta español Federico García Lorca. Cuanta exposición de pintura se celebraba en la Habana era ampliamente comentada. Y la fundación de la Alianza Nacional Feminista mereció amplio elogio.

En 1929 se fundó la sociedad femenina Lyceum con propósitos eminentemente culturales, que luego se ampliarán, con marcado éxito y sentido de la responsabilidad, al campo de la asistencia social. La Revista de Avance no pasó por alto la importancia del hecho y en el saludo por su constitución decían: "Saludamos con viva simpatía y con ilusionada esperanza la fundación de esta otra entidad femenina (la otra era la Alianza Nacional Femenina) una señal más del deseo de asumir responsabilidades públicas que anima, desde algún tiempo, a las mujeres cubanas. Sufragismo y lyceísmo son, en definitiva, modos operantes de una común apetencia de dignidad y de servicio social... El Lyceum nace, sin embargo, específicamente para servir la cultura. Y es de esperar que la sirva hasta en lo que su programa tiene de social en el sentido más exiguo, hasta en sus actividades de club. Porque la mera agregación, el mero coloquio, son caldo de los mejores cultivos espirituales cuando a aquellos no se los toma de fin, sino de accidente ameno".

Y en la crónica en que relata la inauguración de la sociedad, con un tono lleno de delicioso sabor criollo, se dice:

"Viernes 22 de febrero -1929- Atardecer. Calzada 81: una casona del Viejo Vedado virgen de chalets, de un Vedado todavía algo cerril. Soportalón de columnas rechonchas. Ancha puerta de madera. Interior noble amoblado a la antigua criolla, con arañas de cristal. Jubileo de mujeres jóvenes, orondas, risueñas, alebrestadas por el trajín de la inauguración. Muchos invitados. Predominando la joven fauna intelectual. Apreturas. Expectación en la barriada".

Y sigue la crónica narrando las peripecias del acto para culminar en la crítica de la Exposición de Pintura que se abrió ese mismo día en sus salones y donde exhibieron, entre otros, Carlos Enríquez, Víctor Manuel, María Pepa Lamarque, López Méndez, Rafael Blanco, María Capdevila y otros más que escapan a la memoria.

La serena labor de cultura que había sido el propósito inicial de la Revista se veía turbada día a día por los aconteceres. Vientos de fronda sacudían cada vez más intensamente la conciencia nacional. Mucho más si se considera que sus editores todos participaron en aquella lucha por la renovación y en contra de los abusos del poder; aunque siempre, justo es consignarlo, mantuvieron en su labor al frente de la publicación su actitud de hombres libres sin llevar sus criterios personales a la ruptura de la unidad que les dio cuerpo y sin rebasar —como tantas veces ha ocurrido después— el programa que se trazaron. En fin, fueron leales a sus postulados, fueron auténticos. Por eso quedó la revista como algo positivo en la vida cubana. Porque es bueno aclarar que todos ellos participaron en la lucha contra la tiranía, cada uno desde su particular posición. Pero, como se ha dicho ya, en los últimos tiempos la atmósfera cubana no era lo bastante quieta como para permitir la labor que el verdadero trabajo intelectual exige. No había serenidad suficiente para seguir pensando en abstracto los altos problemas de la cultura. De aquí que apareciesen entonces mas trabajos de crítica de libros y menos análisis originales de aspectos de la vida cubana. Pero sus editores no se daban por vencidos. Se negaban a la evidencia de la realidad. Y jadeantes, muchas veces desanimados pero aun voluntariosos, continuaban en la empresa con la misma elegancia, mesura y rigor que se habían propuesto. Pero las circunstancias a veces sobrepasan a todo propósito deliberado. Ellos no querían actuar, pero tuvieron que hacerlo, a menos que hubieran renunciado a los principios mismos que habían dado vida a la Revista y justificaban su existencia. Siempre será lo mismo en la historia. No se puede ceder a todo si queremos salvar de verdad aquello en que creemos. Por eso es mejor invertir los términos de cierto "slogan" y perecer antes que vivir bajo condiciones que ahogan el espíritu del hombre. Y esto es siempre heroico, pero definitivo. Es, diríamos, consagratorio. Y esto fue lo que hizo la Revista de Avance salvándose como un alto ejemplo de autenticidad intelectual. Y quedando así en la historia. Veamos como fue.

El 30 de septiembre de 1930 la protesta estudiantil en que perdiera la vida el estudiante universitario Rafael Trejo, asesinado por la policía de Machado, determinó una honda represión por parte del gobierno que tomó medidas de excepción para sofocar la rebeldía. Con tal motivo se anunció, y luego se decretó, la censura de prensa. La Revista de Avance, fiel a sus postulados, creyó su deber erguirse contra tal medida y tomó la línea severa y callada que es siempre la más profunda. Renunció a seguir saliendo censurada y cerró su vida heroica y dignamente hasta que adviniesen mejores tiempos.

En nota escueta y vibrante se dio cuenta de la decisión, ejemplar para toda prensa escrita. Decía así:

> "Se rumora que por los sucesos ocurridos se suspenderán las garantías constitucionales, instaurándose la censura previa a la prensa, en cuyo caso 1930, para no someterse a esa medida, suspenderá su publicación hasta que el pensamiento pueda emitirse libremente. Los editores"

Todavía pasarían tres años antes de que la situación cubana que había dado origen a la crisis se resolviera. Después, vinieron los naturales vaivenes para restaurar el equilibrio roto. Y también la disensión. Disensión que ha llegado hasta aquí, disensión entre los que aun creían compatible un régimen de libertad para el hombre con un estado de justicia social y aquellos otros que se han plegado a la idea de que sólo es posible la justicia en un régimen sin libertad individual, aunque la justicia así entendida sea de tan estrecho marco. La historia dirá al fin su última palabra. Pero ya en 1933, cuando la situación cubana entró por otras vías las condiciones ambientales eran otras, y otra la posición de sus editores, que se dedicaron todos, cada uno en su posición, a la política activa.

La Revista de Avance dejó de existir pues, o mejor, publicó su último número con la fecha 15 de septiembre de 1930. En realidad vió la luz tras los sucesos aciagos del 30 de septiembre.

Se impone una pregunta y una conclusión ¿Cuál es el saldo que dejó en la historia cultural de Cuba la Revista de Avance? Sin duda, un saldo positivo. Si hubiera que resumirlo en unas cuantas partidas, éstas serían las siguientes:

1. Desarrolló una amplia labor de afirmación de la conciencia nacional, a través de un enfoque serio de los problemas culturales de su tiempo y mediante una política de serena firmeza y elegante rigor.

2. Puso al día a la juventud cubana acerca de las ideas, tendencias y obras literarias y artísticas que eran entonces motivo de polémica en el mundo.

3. Realizó una tenaz defensa del arte llamado moderno, abriendo con ello cauce en la opinión a los artistas nuevos de Cuba y de la América.

4. Estrechó los lazos de comunión espiritual entre todos los pueblos de América, inclinándose siempre del lado de la justicia, la libertad y la dignidad.

5. Descubrió nuevos valores en todos los campos de la cultura y les abrió generosamente sus páginas.

6. Afinó el buen gusto y terminó con la ola de retórica vacía que ampulosamente reinaba en el ambiente literario cubano. Hizo una cura de sobriedad. Y también de sanidad.

7. Agrupó a una juventud interesada en el mundo de la cultura y la hizo apta para enfrentarse a un mundo distinto con concepciones

nuevas tanto en lo ético como en lo estético, en lo económico como en lo político, en lo social como en lo cultural.

8. Dio siempre alto ejemplo de que el rigor, la dignidad y la justicia no se defienden tanto con el gesto airado como con la conducta a tono con un determinado nivel de preparación cultural.

9. Estimuló el estudio de nuevos temas y el descubrimiento y revalorización de otros que, si bien muy nombrados, eran realmente poco conocidos. El redescubrimiento de Martí fue fruto de esa actitud.

10. Por último, afirmó el deber y el derecho de la juventud a abrirle vías de cabal dignidad a la Patria, a fin de llevarla a su mayor plenitud, y mediante la realización de la autenticidad de su ser, libre de toda imposición extranjera de cualquier tipo o matiz.

III

LOS ENSAYISTAS DE LA
"REVISTA DE AVANCE":
FRANCISCO ICHASO

Ponencia presentada al VI Congreso de la
Asociación Internacional de Hispanistas, celebrado en la
Universidad de Toronto, Canadá,
en agosto de 1977 y publicada en las
Memorias del Congreso aparecidas en 1980.

Los ensayistas de la "Revista de Avance":
Francisco Ichaso

La década de 1920 a 1930 fue, como todos saben, de gran inquietud intelectual. Inquietud arraigada en la atmósfera de la recién terminada primera guerra mundial y en la ilusión y entusiasmo de la Revolución Rusa de 1917. Y más lejanamente, sobre todo en estas riberas, en la mexicana de 1910. Y como siempre que el hombre se angustia busca alguna salida, la época fue fértil en formas de expresión de todo tipo. Los aires renovadores se hicieron sentir en todos los dominios. El arte en sus varias manifestaciones intentó nuevos modos. Se hizo "avant garde". En la pintura y en la música muy obviamente. También se sintieron sus efectos en la arquitectura, en la escultura y en las demás artes. Pero es en la literatura que este movimiento nos interesa hoy. La palabra, de modos diversos, dio testimonio de esa inquietud. En el mundo de las ideas se discutieron los nuevos postulados. Y en España se intentó un análisis, casi fenomenológico, del hecho renovador. Me refiero a *La deshumanización del arte e ideas sobre la novela* de Ortega y Gasset de 1925. En tanto, florecían todos los "ismos", desde el surrealismo hasta el dadaísmo y el cubismo. No hace falta detenerse en ellos después del excelente recuento y estudio de Guillermo de Torre.

Pero —como pasa siempre—, fue en las revistas literarias mejor que en los libros, donde este movimiento de ideas tuvo su más idóneo exponente. En el ámbito de habla española surgieron muchas que sirvieron de cauce a la expresión de las minorías alertas. Cuba —como era tradición desde el Romanticismo y el Modernismo— no se mantuvo al margen. La "Revista de Avance" surgió con ese propósito. Realmente no fue ese su título.

Con un afán de novedad llevado al extremo pretendía adecuar su nombre a los cambios temporales. Por eso concibieron sus editores nombrarla con los guarismos del año en curso: 1927, 1928, 1929, 1930. El primer número se publicó el 15 de marzo de 1927. El último, el 30 de septiembre de 1930, fecha crucial en la historia republicana de Cuba. Ese día fue asesinado cerca de la Universidad, en una manifestación, el estudiante de Derecho, Rafael Trejo. Como consecuencia de los disturbios que siguieron el gobierno decretó la censura de prensa. Los editores de la revista decidieron no acatarla. Como dato curioso debo añadir que entre ellos figuraba Juan Marinello. Años más tarde la aceptaría. Me pregunto si a plenitud. Siempre lo he dudado.

La revista que surgió tenía como subtítulo éste, en letras minúsculas, a tono con la moda del día "revista de avance". Y fue por este nombre que vino a ser conocida. No me puedo detener en analizar los muchos servicios que a la cultura en Cuba y al movimiento literario en general, tanto en Hispanoamérica como en España, prestó su publicación. Hay ya algunos estudios sobre ella. Yo comencé la tarea en Cuba y luego en un trabajo que se publicó en la revista "Caribbean Studies" de Puerto Rico en 1963. Más tarde, en 1965, el profesor Carlos Ripoll le dedicó abundantes comentarios en su libro *La generación del 23 en Cuba*. Y posteriormente, en 1969, publicó su excelente *Indice de la Revista de Avance*. A partir de entonces son muchas las referencias a esta publicación. Remito a los interesados a esas fuentes. Y al estudio de Cesar Leante. (*)

El ensayo, como era de esperarse, tuvo múltiples manifestaciones en sus páginas. Casi todos sus editores se revelaron como notables ensayistas. Fueron inicialmente Jorge Mañach, Juan Marinello, Francisco Ichaso, Alejo Carpentier y Martí Casanovas. Este último pronto tuvo que abandonar el empeño así como Carpentier. Ambos fueron sustituídos por el poeta José Zacarías Tallet y por Félix Lizaso. Andando los años todos se destacarían en el movimiento literario cubano, excepto Casanovas que, curiosamente, era el único que no lo era. Y, salvo Tallet que era poeta y aun vive en Cuba, los demás resultaron excelentes ensayistas, aunque en el caso de Carpentier su brillo como novelista opaque ese valor.

Pero no sólo los editores fueron buenos ensayistas. También lo fueron muchos de sus colaboradores. Nombro entre ellos a Raul Maestri, a Lino Novás Calvo, de más fama como excelente cuentista, a Eugenio Florit, a Roberto Agramonte, a Raul Roa, a Medardo Vitier.

(*) Ver: César Leante: "La Revista de Avance" en revista "Cuadernos Hispanoamericanos" Ic. 414, diciembre 1984, Madrid.

Hoy estas páginas se dedicarán solamente a uno de sus editores: a la labor ensayística de Francisco Ichaso. Vamos, pues, al tema.

No es lícito dentro de la crítica moderna ofrecer datos biográficos. Ya se sabe. Pero en este caso me permitirán algunos, muy breves, para situar la figura que es poco conocida fuera del ámbito cultural cubano y aun dentro de él. Y sobre la cual es prácticamente inexistente la bibliografía pasiva. Nació Ichaso en 1900, hijo de un periodista notable que fue director del Diario de la Marina de la Habana (*). Y murió en México, en el exilio. No hago literatura y mucho menos retórica, al decir que lo mató la tragedia de Cuba. Los curiosos pueden investigar las causas. El corazón le falló un día de octubre de 1962 en la altiplanicie mexicana.

En la Revista de Avance y en los periódicos habaneros así como en las instituciones culturales pronto se dio a conocer Paco —como todos lo llamaban— como ameno conferencista, excelente escritor y crítico literario y de arte, especialmente de música y teatro.

Pero, desgraciadamente, como en tantos otros casos en nuestra América y aun en España, el periodismo y la política —ésta en menor grado— pronto absorbieron su vida. Y la excelente promesa que aquel joven escritor representaba quedó reducida a una obra en sí pequeña, pero de singular calidad. Esa obra es en lo básico la de un ensayista de lengua precisa, clara y de gran riqueza de expresión. Tenía una rara aptitud para el manejo de las ideas que podía presentar desde una perspectiva original y con gran belleza de estilo. Era, además, de una exquisita sensibilidad. No más se necesita para un ensayo. Punto de vista sobre un tema que se intuye desde una sensibilidad afinada, riqueza de ideas para argumentarlo y felicidad de expresión para lograr la síntesis que todo ensayo requiere.

Pocas veces recogió Ichaso sus ensayos o artículos en libros. En la primera madurez —cuando el entusiasmo por las ideas y su expresión eran más plenos— se ocupó de hacerlo y reunió los que a él le parecían los mejores en pequeños libros o folletos. Así nacieron *En torno a Juan Sebastián Bach* (1927), *Góngora y la nueva poesía*, ediciones de la Revista de Avance, también de 1927, y *Lope de Vega, poeta de la vida cotidiana* de 1935 y que obtuvo un premio en uno de los concursos del tricentenario del Fénix de los Ingenios.

(*) Don Leon Ichaso

Fue Ichaso, así, el paladín del redescubrimiento de Góngora en Cuba que luego tendría tan excelentes continuadores en los poetas de "Orígenes" agrupados en torno a la figura de José Lezama Lima. En conferencias y artículos reveló su devoción por la obra del poeta cordobés. Y a él se debe la primera reseña bibliográfica en Cuba del libro sobre las *Soledades de Góngora* por Dámaso Alonso que se publicó en el número de la Revista de Avance de 30 de mayo de 1927.

Pero su libro de plena madurez fue *Defensa del Hombre*. Lo publicó en 1937 bajo los buenos auspicios de la "Editorial Trópico" de la Habana que tanto se destacó en la reedición de las obras de Martí. Es a este libro que se dedica este trabajo. Y no por mero capricho. Sino por razones fundamentales. La primera, por la actualidad del tema. Ya se verá por qué. Además, porque para su propio autor era su libro más preciado. También porque en él aparece el ensayo más logrado, en mi opinión, de todos los que escribió y que precisamente da título al libro.

Defensa del Hombre es una colección de artículos y ensayos. Se compilan en el tomo diez trabajos de varia extensión y calidad. Son ellos: "Defensa del Hombre" que abre el libro y le dá título con 34 páginas, "Conocimiento de Martí" (20 páginas), "La tónica de nuestro tiempo" (13 páginas), "Aspectos de la crítica" (48 páginas) "Crisis de lo cursi" (47 páginas), "Reacciones frente al paisaje" (15 páginas), "Poesía y música negras" (10 páginas), "Grandeza y servidumbre del canto" (17 páginas), "Lope de Vega en nuestros días, ya sin monstruosidad" (16 páginas) y "Una muerte sin sentido y un canto desesperado" (7 páginas).

La simple revisión de esta nómina revela la extensa gama de intereses de Ichaso. Ahí está su nunca desmentida preocupación por el destino del hombre. Ahí también su gusto por la música y el teatro. Pero, sobre todo, su aguda y documentada sensibilidad literaria. Mas, como dije, estos estudios son de diversa calidad y estructura. Algunos son meramente artículos. Otros tienen mayor envergadura y constituyen excelentes ensayos.

Pasaré ligeramente sobre los de menor calidad. El primero entre ellos es, para mi gusto, "Reacciones frente al paisaje". Revela a un Ichaso queriendo hacer lo que de otro modo habían hecho ya en España Unamuno y Ortega, o Azorín. Descubrir de nuevo el paisaje. No me parece que lo lograse. Por alguna razón que se me escapa el paisaje cubano no cantaba al oído de este hombre tan abierto, por otro lado, a todas las experiencias humanas y espirituales. Quizás él mismo lo reconocía y se veía como tantos otros cubanos antes. Porque en este trabajo dice.

> Yo una vez quise hacer un estudio del paisaje en la literatura cubana. Inicié la tarea y me daba pena devorar páginas y más páginas sin percibir el gusto del paisaje. (Francisco Ichaso. *Defensa del Hombre*. La Habana. 1937. Pág. 183. En lo adelante las citas serán de esta edición)

Eso no excluye que haya en el artículo que se comenta aciertos descriptivos indudables e intuiciones del sabor del paisaje cubano. Es notable la referencia que hace a la maravilla que es la playa de Varadero que pinta casi poéticamente. Véase esto:

> ...tiene también Varadero la gracia y elegancia femeninas de su azul, de sus arenas, de su espuma... Un azul difuso y envolvente que está en todas partes, como Dios, que deleita sin embriagar, que crea el único clima que no hemos visto catalogado nunca y que por eso no lo recetan los médicos: el clima del color. (Pág. 191)

Pero pronto pasa el autor, del paisaje al hombre que lo habita y la intención primera se pierde. Quedó así el artículo en sólo promesa de lo que pudo haber sido: un espléndido ensayo sobre el paisaje de la isla.

"Poesía y música negras" es un estudio interesante en que se adelantan algunas afirmaciones de valor crítico indudable como la que hace del poeta Nicolás Guillén en quien ve la plenitud en su libro *Sóngoro Cosongo* la que ya se había anunciado en *Motivos del Son*, pero que comienza a encasillarse y a perder vuelo lírico en *West Indies, Ltd*. De dicho trabajo cito estas frases:

> Toda matriz ha de sernos catapulta y no molde. Aquellos sones de Guillén, impregnados de su humus originario, salían de lo folklórico guardando académicamente la línea... En *Sóngoro Cosongo* ya el poeta está liberado o, como diría Marinello, "salvado"... Todo el espíritu de los sones primitivos vive en los "poemas mulatos" de *Sóngoro Cosongo* pero hechos ya síntesis poética... *West Indies, Ltd.*, el último libro de Guillén, es ya un libro de madurez. El poeta se ha hecho mayor de edad pronto, tal vez demasiado pronto... Por otra parte, el poeta, de

vuelta de esa cosa necesaria y terrible que es la experiencia se ha vuelto escéptico... Guillén ya no hace sólo versos: hace sociología y política mediante ellos. (D. del H. Pags. 203-207)

En otras partes del mismo escrito comenta muy de pasada la poesía negra de Emilio Ballagas y hace una incursión interesante en la música clásica de inspiración negra de los cubanos Amadeo Roldán y Alejandro García de Caturla, sin olvidar al maestro español Pedro Sanjuán, fundador de la Orquesta Filarmónica de la Habana y gran alentador de ambos músicos. También en este trabajo rinde homenaje a la voz maravillosa para decir los versos negros de esa recitadora cubana que fue Eusebia Cosme, muerta en el exilio.

"Grandeza y servidumbre del canto" es un artículo menor, con gran acopio de citas eruditas, que tiende a desvalorizar el "bel canto" a tono con la moda de la época. Otro trabajo de menor importancia, en mi concepto, es "La tónica de nuestro tiempo". Inspirado sin duda en el libro de Ortega de similar título *El tema de nuestro tiempo*,. Incide en parecidos motivos, aunque expresa juicios originales que responden a la esencial concepción de la vida que tenía Ichaso. Según él, nuestra época ha hecho un fin en sí de la velocidad y de la prisa. Se corre continuamente. Pero esta carrera carece de metas claras. Por lo mismo el hombre de hoy se limita a existir. Pero como él dice "el que existe pasa, el que vive queda". Y vivir —para Ichaso— era ajustar la vida a valores más allá de la mera existencia. La prosa de este estudio, sin embargo, es siempre excelente.

"Conocimiento de Martí", pese a su calidad, es un largo trabajo que no llega a tener la categoría de ensayo. Le falta la visión del tema en una unidad integradora y se dispersa en distintas consideraciones. Intenta responder a la urgencia que sintió la generación del escritor por rescatar a Martí de la beatería y retórica patriótica, basadas más en el brillo de la figura que en el conocimiento de su obra. Y abunda en argumentos a favor de un estudio más cabal y objetivo. Así escribe:

> Urge desentrañar la personalidad de Martí, estudiar su vida y su obra, integrar una filosofía y una política con su ideario disperso... no con el gesto interjectivo y la impostación retórica con que algunos hombres de la pasada generación nos legaron una visión falsa, contrahecha del Apóstol, sino con una visión realista del héroe, humanizándolo, acercándolo a no-

sotros, haciéndolo vivir socráticamente entre su pueblo. (D. del H. p. 48)

En esa tarea que el ensayista señala se destacó su generación y fruto de ella fue la excelente biografía de Martí que escribió Jorge Mañach. (*). Ichaso se hace eco de los esfuerzos de su gran amigo y contemporáneo así como de los de ese otro notable martiano que fue Félix Lizaso, recientemente fallecido en Estados Unidos.

Pero todo el trabajo, repito, se resiente de un exceso de información fragmentada que no llega a integrarse en una unidad de sentido que le dé categoría de ensayo. Por lo mismo su prosa, aunque buena como siempre, carece de la plenitud y belleza que es usual en otros ensayos del autor.

"Algunos aspectos de la crítica "es igualmente un largo trabajo y mucho más logrado que el de Martí. Tiene más intuiciones y apreciaciones originales, además de revelar su amplia cultura literaria. En él se enfoca con claridad de juicio lo que debe ser la crítica. Y sorprende como su autor se mantenía al día y anticipa muchas ideas aun hoy vigentes en torno a lo que la crítica y el crítico deben ser. Baste este párrafo como muestra:

> El auge moderno de la psicología ha repercutido naturalmente en la crítica. Los freudianos aplican la técnica del psicoanálisis a los personajes de la ficción novelesca o dramática y de sus experiencias infieren, conforme a la teoría del arte como sustitutivo de los sentimientos reprimidos, la contextura psíquica del autor. (D. del H. Pág. 111).

Hubiera sido este trabajo una muy buena cantera para un ensayo de categoría mayor. Pero se malogró, si cabe frase tan rotunda, por la facilidad para escribir y por la prisa con que trabajaba. Pues es de viejo sabido que a veces el hombre se pierde por sus dones. De todas maneras es un estudio notable.

"Lope de Vega en nuestros días, ya sin monstruosidad" puede, en cambio, considerarse un ensayo logrado. Lástima que el título no sea feliz. Pero lo salva la intuición fundamental de que parte. Según Ichaso, Lope de Vega no debe seguir considerándose un "monstruo". Esto podría

---
(*) Jorge Mañach. Martí, el APOSTOL. Espasa - Calpe. Madrid 1933.

alejar a posibles lectores. Lope de Vega es otra cosa. Es una personalidad excepcional en quien se integran a cabalidad el hombre y el artista. O dicho con sus palabras: "Entre la personalidad del hombre y del artista no había línea de sutura. La simbiosis fue perfecta". (D. del H. Pag. 226)

El modo como el autor conduce la argumentación es siempre original, pertinente e interesante. No tengo tiempo para detenerme en el análisis, pero invito a su lectura. La prosa es fluída y precisa y logra, con gran economía verbal, eso que se llama estilo y que va más allá de la mera corrección. O como él mismo lo definió: "El estilo es el ajuste preciso de la palabra al contenido de la intuición artística" (D. del H. Pág. 96) Y esto es lo que logra Ichaso en este ensayo.

"Crisis de lo cursi" es otro buen trabajo. Su tema responde a la extendida preocupación de la generación del escritor por calar en lo hondo de ciertos aspectos del carácter cubano para saber a qué atenerse. Ya Mañach lo había hecho, y brillantemente, con el fenómeno del "choteo". Y lo "cursi" es una característica a la que son propensos muchos pueblos, singularmente los tropicales. Pero en Cuba lo "cursi" puede llegar a tener una categoría tan absoluta como para hacerse condición. Y es a eso a lo que los cubanos llaman "picuísmo".

El ensayo en cuestión tiende a analizar el hecho. Y lo logra con finura de percepción y gran acopio de datos; eruditos unos, anecdóticos otros. Así llega a establecer una delimitación muy clara entre lo cursi y lo picúo. Pero siempre con gracia y suma perspicacia. Su alerta inteligencia, su agudo juicio crítico y su fina sensibilidad colaboran en el análisis. Pero como en el caso del estudio sobre Martí algo le falta de síntesis al trabajo que le resta la apretada unidad que es propia de un ensayo. La prosa en que se desenvuelve es fácil, precisa y llena de donaire, por lo que podría aplicársele el juicio de Julián Marías cuando habla de la "calidad de página".

Y pasamos así a los trabajos que abren y cierran el tomo. Son "Defensa del hombre" que lo inicia y le dá título, y "Una muerte sin sentido y un canto desesperado" al final. El primero bien largo. El último muy breve como para que sirviera de epílogo.

Curiosamente ambos se inspiran en dos españoles que acababan de rebasar el límite de la vida para entrar en la inmortalidad. Y en ambos casos de dos españoles que, de alguna manera, fueron víctimas y mártires, en su genuino sentido, de la Guerra Civil que asoló a España entre 1936 y 1939. Pues los dos trabajos se basan: uno en la muerte de Unamuno la noche de San Silvestre, el último día del año de 1936. El otro en el fusilamiento, a todas luces injustificado, de Federido García Lorca.

La conciencia de Ichaso se conmovió profundamente ante estas muertes que privaban al mundo de hombres excepcionales y le dan motivo para una larga meditación sobre la sociedad humana que las ha hecho posibles. De esa larga meditación llega a la conclusión de que hoy el hombre, ese ser individual concreto, que vive, sufre y muere, está en precario. Que la vida humana ha perdido su categoría principal porque en nombre de ideas de muy distinto color y origen se pretende que el hombre le someta su más raigal derecho, el más inalienable, su libertad de conciencia. Y ahí ve el primordial peligro de la época. Y eso, ese fondo inalienable del ser humano es lo que hay que salvar, lo que hay que defender. De ahí el título del ensayo: "Defensa del Hombre".

El trabajo tiende a argumentar la tesis desde diversos puntos de vista. Y lo logra con una argumentación vigorosa y segura plasmada en una excelente prosa que a veces adquiere cierto matiz poético. No puede sorprender. El autor percibía, o mejor intuía, con aguda sensibilidad el tema, le sobraban los argumentos y sabía como expresarlos. Además, tal vez presentía —pienso yo ahora— lo que le ocurriría a él mismo casi al final de su vida cuando, por las mismas razones irracionales —si se me permite la paradoja— tuvo que vivir el ambiente de la cárcel el hombre que había estado siempre listo a defender el derecho del hombre a "pensar y hablar sin hipocresía" como quería Martí.

Algunas muestras de la excelente prosa de este ensayo me gustaría dar con amplitud. Está lleno de hermosos pensamientos muy bien expresados. Puesta a elegir me veo en dificultad. Pero aquí van algunos.

De Unamuno dice: "Un hombre tan apegado a su yo no podía sobrevivir en una época cada día más hostil a toda actitud personal, a toda inconformidad íntima". (Pag. 17). En otro lugar afirma: "La indagación de la verdad en el hombre de conciencia dura lo que dura la vida". (Pag. 17). O "Una conciencia limpia vale tanto como una idea y no es lícito sacrificar aquella para que prevalezca ésta". (Pag. 18). Y todavía esto otro que me parece fundamental y muy de hoy, y que obliga a una seria meditación. Dice:

Huyendo de la trascendencia, el hombre actual ha sustituído el misticismo religioso por un misticismo político de base más endeble, de menor rango ético y de peligrosidad mucho mayor. (Pag. 35).

No cito más. Sean los fragmentos apuntados suficientes para vislumbrar la riqueza conceptual, humana y estilística de este ensayo.

El que dedica a la muerte de Federico García Lorca es sumamente breve y cierra el libro. En rigor no es un ensayo. Ni siquiera un artículo. Menos un estudio. Es sólo una modesta reseña bibliográfica de un poema por Luis Amado Blanco, exiliado español radicado en Cuba, y dedicado a la muerte del poeta. Ichaso lo comentó con su abundante y cordial generosidad, tanto por la estimación que tenía por el amigo en desgracia por su exilio, como por la admiración que tenía por el poeta y por la indignación ante su fusilamiento.

El tono de la reseña, al responder al mismo sentimiento de dignidad humana que inspiró el de Unamuno, está lleno de un lirismo profundo, pero nunca sentimentaloide, ni siquiera sentimental. Siempre se mantiene dentro de los límites exactos de la tesis que desarrolla y lo hace con una precisión y síntesis realmente ejemplares. Es este pequeño comentario una auténtica joya que cierra el libro con dignidad y belleza. De él cito este párrafo:

Bajo este signo negativo parece vivir hoy el mundo. Todo hombre libre, todo hombre honrado, todo hombre no dispuesto a encadenar su vida, su pensamiento, su acción, está hoy, en todas partes, frente al "negro cero de las pistolas". (Pág. 249).

Así termino este tributo al escritor y al hombre que fue Paco Ichaso, especialmente para los que fuimos sus amigos. También a él "el negro cero" de la prisión y las penas infligidas a su conciencia de hombre libre le paralizaron el corazón y lo hicieron entrar en el mundo perenne de las letras de Cuba un día de octubre de 1962.

Nueva York. 15 de junio de 1977

IV

EL LYCEUM DE LA HABANA
como institución cultural

Ponencia leída en el IX Congreso de la
Asociación Internacional de Hispanistas
celebrado en Berlín en agosto de 1986.

El Lyceum de la Habana como institución cultural

Como todos saben, los años posteriores a la llamada Primera Guerra Mundial fueron de intensa conmoción en todos los campos. Las estructuras vigentes quedaron prácticamente canceladas. Y no se exageraría si se dijese que fue entonces cuando se inauguró de veras el nuevo siglo. Multitud de sucesos dieron testimonio del cambio.

Revoluciones, movimientos sociales como el obrero, el feminista, y aun la incorporación de nuevas formas de convivencia entre los pueblos fueron posibles. En esa atmósfera de intensa inquietud lo intelectual tuvo parte primordial. Nuevas teorías en todos los campos, una nueva estética, y la aparición de nuevas publicaciones fueron el signo de la época en todo el mundo de Occidente. Dejar constancia de ello está fuera del tema que nos ocupa. Pero formó parte de esa corriente el surgimiento de nuevas instituciones.

Cuba —y principalmente la Habana, como es natural— no permaneció ajena a la inquietud. El Lyceum fue una de sus manifestaciones como lo fueron el Grupo Minorista, la Alianza Nacional Feminista, la Revista de Avance y otros organismos. Por eso ha podido escribir Vicentina Antuña al referirse al Lyceum lo que sigue:

> "Hoy, la perspectiva histórica nos permite comprender que tal vez sin saberlo, ese grupo de mujeres (las fundadoras) obedecía a leyes inherentes a las colectividades humanas actuando en justa consonancia con circunstancias universales y locales que percibían desde su propia perspectiva"[1]

Y Jorge Mañach ha anotado el hecho al decir:

> "La fundación de instituciones tan vitales como el Lyceum ha mostrado serlo, nunca es un mero episodio contingente o superficial. Prende la iniciativa de ellas porque tiene un sentido

histórico profundo del cual los iniciadores muchas veces no están conscientes."²

La fundación del Lyceum pues, fue un hecho surgido al calor de esa atmósfera que se ha mencionado. Pero concretamente tuvo que tener, y de hecho los tuvo, motivos más concretos. Surge un poco como de un sueño de dos mujeres excepcionales: Berta Arocena de Martínez Márquez y Renée Méndez Capote, al que se sumaron doce amigas cuyos nombres se consignan en nota aparte.³

Berta Arocena reseña el hecho en la Memoria que leyó a las socias resumiendo el primer año de actividades de la institución de esta manera:

> "Cúmpleme hoy leeros la memoria anual. Confieso que al anotar datos precisos, una intensa alegría se apoderó de mí. Hemos cumplido nuestras promesas! Aquellas hermosas que brotaron a la sombra tutelar de un bello poema en prosa de Eugenio D'Ors. ¿Lo recordáis? Se trata de "El Molino de Viento". Mientras alza al cielo sus aspas, muele incesante la harina para el pan de los hombres."⁴

Por su parte, Renée Méndez Capote había regresado de España y había sido testigo de la fundación del Lyceum de Madrid en 1928. También en ese año volvió a la Habana un español —asturiano por más señas— que siempre se sintió parte de Cuba, Don Rafael Suárez Solís. El, con su habitual ironía y su buen sentido del humor, se ha referido a esta fundación con no disimulado orgullo al afirmar:

> "Por los días del nacimiento del Lyceum, y aun luego durante varios años, me dio por suponerme un poco padre de la criatura [...] ¿Qué había hecho yo para ganarme aquella paternidad? Sólo susurrar un piropo al oído de algunas mujeres [...] El piropo fue éste: "Ustedes pueden dar a luz en la Habana un Lyceum como el que acaban de alumbrar en Madrid las mujeres españolas."⁵

El acta de fundación de 1º de diciembre de 1928 consigna que se reunen catorce mujeres para fundar "una asociación femenina de índole cultural y social, similar a otras existentes en diversas ciudades de Europa".⁶ La institución se inauguró el 22 de febrero de 1929 en una vieja casa colonial con muebles muy del siglo XIX en el recoleto barrio del Vedado en la ciudad de la Habana. La *Revista de Avance* consignó el hecho así en su sección "Almanaque":

> "Viernes 22 de febrero -1929 -. Atardecer. Calzada 81: una casona del Viejo Vedado virgen de chalets, de un Vedado todavía algo cerril. Soportales de columnas rechonchas. Ancha puerta de madera. Interior noble amoblado a la antigua criolla, con arañas de cristal. Jubileo de mujeres jóvenes, orondas, risueñas, alebrestadas por el trajín de la inauguración. Muchos invitados, predominando la joven fauna intelectual."[7]

Pero aún hay algo más que decir con respecto a su fundación. Y es que las mujeres que lo fundan no son sólo mujeres de una cultura general superior a la promedio sino que la mayoría está ligada por lazos de familia o amistad con esos jóvenes intelectuales a que se refiere la *Revista de Avance*. De ahí que los nombres de Luis A. Baralt, Jorge Mañach, Rafael Suárez Solis, Juan Marinello, Francisco Ichaso o Guillermo Martínez Márquez —entre otros— estén entre los más asiduos y generosos contribuyentes espirituales al éxito de la institución. Y esto fue tan obvio que a veces se hablaba, con no disimulado humor, de los "maridos del Lyceum". El hecho no es tan baladí como pudiera parecer, pues esta colaboración de los hombres a la obra cultural dio al Lyceum un aire de modernidad y universalidad no comunes. Y permitió que, muchos años después, Gustavo Pittaluga pudiera decir:

> "Porque entre todas las manifestaciones de una independencia espiritual de la mujer, hay dos que son propias de muy escasas instituciones femeninas y descuellan en el Lyceum de la Habana. Son éstas: en primer término el noble fomento del *oficio*, de una ocupación en servicio público por parte de jóvenes mujeres [...] en segundo lugar, una frecuentación igualmente libre, espontánea, en el propio ambiente colectivo de esta casa solariega con hombres de letras, artistas, músicos, profesores [...] está aquí en acción la "comunidad humana" del hombre y de la mujer, la colaboración de los sexos en el intento de constituir una sociedad nacional, una sociedad nutrida por el más elevado anhelo de vida colectiva."[8]

Características de la institución

Desde sus inicios se propuso el Lyceum sortear los escollos que habían condenado al fracaso muchas instituciones. Para ello se ciñó a unos estatutos escuetos, de obligado cumplimiento y que intentaban prevenir los males que pudieran comprometer el éxito de la empresa. En ellos se establecía la presidencia colegiada y de obligada renovación cada dos años como medio de evitar el personalismo exagerado que conduce al anquilosamiento de muchas organizaciones y que dio base a Suárez Solís para decir:

> "... el caso del Lyceum, como institución social, es el reverso de la medalla de una cualquiera personalidad eminente. Para agradecerle lo que está haciendo en beneficio de la cultura cubana no es necesario apelar a la singularidad de algunas de sus mujeres."[9]

Y a lo que se refirió Jorge Mañach cuando dijo: "... el Lyceum está contra uno de los vicios de la vida *cubana:* el 'figurao'."[10]

Lo que también destacó Dn. José María Chacón y Calvo al escribir:

> "En la fecunda historia del Lyceum, tan íntimamente unida a los trances de nuestra cultura, hay una nota que da a la institución un singular carácter: el sentido colectivo de sus empresas [...] Se habla del Lyceum como esfuerzo de una colectividad: no se concreta en un solo nombre, por ilustre que sea, y aunque conozcamos bien cuales son los de sus grandes animadoras." [11]

Pero aún otros valores guiaron los pasos y programa de la institución. Entre ellos, en primer término, hay que mencionar lo que pudiéramos llamar su modo de actuar que se asentaba en dos postulados: autonomía y división del trabajo. Para esto la directiva estaba constituida por una Mesa más un número de vocalías que proponían las actividades a seguir y que constituirían la base del programa mensual de la sociedad. Estas vocalías siempre fueron de dos personas, pues en ellas regía también el principio de colegiación. De esta manera el programa mensual que las socias recibían y del que el público se enteraba a través de la prensa periódica estaba integrado por el esfuerzo de toda la Junta Directiva que debía reunirse periódicamente. Posteriormente se estableció que sería un día fijo de cada semana, los martes.

Este trabajo regulado y distribuído dio por resultado lo que podríamos llamar la santa continuidad que es uno de los pilares sobre que descansó la obra del Lyceum y de la cual ha dicho Eugenio Florit:

> "Pero esta 'santa continuación', ese aplicarse un día y otro a la misma tarea, con ese amor al destino de la obra, es cosa de hombres y mujeres en su plenitud [...] En la medida en que es más perfecto, más humano - mayor dedicación ha menester a los negocios que justifican su presencia en el planeta."[12]

A estas medidas se añadían otras auspiciadas por los valores espirituales que informaban a las mujeres lyceístas. Estos valores eran la tolerancia, la moderación y la mesura, que no es lo mismo. Por la tolerancia fue el Lyceum desde sus inicios tribuna abierta y libre a todas las doctrinas o ideas que viniesen avaladas por la seriedad del que las sostenía. Así desfilaron por su tribuna o por sus salones hombres y mujeres de todos los matices y su casa estuvo siempre abierta al público, sin distinción alguna, para el disfrute de la experiencia intelectual o artística. Porque hay que destacar que el Lyceum nunca se propuso que su actividad cultural beneficiase sólo a sus socias. Toda la comunidad tenía entrada libre a sus conferencias, conciertos, exposiciones, como años más tarde —cuando las circunstancias lo propiciaron— su biblioteca se hizo pública y circulante; fundando, además, la primera biblioteca juvenil e infantil, con actividades dirigidas. Esa política cultural respondía a lo que Jorge Mañach señaló al decir:

> "... importa a mi tema subrayar algunos aspectos de esa labor. Ante todo, la idea de la cultura que el Lyceum se hizo. No era sólo cultura recibida pasivamente a través de libros, exposiciones, conciertos. Era, sobre todo, la cultura como ejercicio del espíritu, como discusión, comunicación, intercambio, proyección constante de la inteligencia y de la sensibihdad sobre el panorama de nuestro tiempo y de nuestro mundo, erizado de cuestiones polémicas, cargado de problematicidad."[3]

Y cuya atmósfera de civilizada convivencia ha destacado Fliorit al escribir:

> "Toda la inteligencia cubana de estos últimos años [...] debe al Lyceum buena parte de sus éxitos —si los tuvo— y, por lo menos, de su supervivencia. [...] Mas de una vez pudimos ver allí amigos que el destino separaba [...] conversando sobre un tema cualquiera con la sonrisa cordial en el rostro, abandonando en el umbral el fuego de la lucha..."[4]

Por la moderación huyó el Lyceum de toda ampulosidad en el gesto, la palabra o la decoración. Por lo mismo la sobriedad de buen gusto fue su norma. Los muchos intelectuales que pasaron por su tribuna, de Europa y de América, y aun los del "patio", saben que a la hora de presentarlos al público se hacía de un modo escueto y sustantivo, sin jamás caer en el ditirambo o en la exhibición pedante que roba importancia al disertante en vez de despertar la curiosidad atenta. Lo mismo sucedía con las exposiciones de pintura, escultura u otras artes. Era bastante la obra. Encarecerla en demasía no añadiría nuevos valores. Más bien lo contrario. Con esa moderación, con ese "estrangulamiento del énfasis" —para usar la frase de Ortega— se planteó toda su obra y, tal vez por ello, pudo pervivir a través de muy graves crisis nacionales. Quizás esa moderación se debió a la disciplina que creó la reunión periódica y sistemática de su directiva que comentó Elena Mederos al escribir:

> "En ellas aprendimos a pensar en colectividad y colectivamente; a templar los criterios más radicales con las observaciones de los miembros más ecuánimes; a buscar la justa medida, a agudizar —unas— el sentido crítico y —todas— a aceptar con espíritu sereno, la crítica ajena."[15]

Por la mesura el Lyceum supo siempre que sólo en el trabajo de cada día y en la renovación continua y bien planeada se asienta una obra perdurable. Así, desde sus inicios y en toda su evolución, evitó a toda costa el énfasis en el entusiasmo y los afanes desmedidos. Por eso pudo escribir Ana María Borrero, de tan ilustre prosapia intelectual en Cuba, lo que sigue:

> "Porque el Lyceum, con todo lo que ha realizado, ha hecho siempre mucho menos de lo que estaba en condiciones de hacer [...] para que no se viviese tan sólo del saldo en caja, sino porque se girase contra un contenido formidable de potencias en guardia, listas ahí para ser utilizadas en su momento exacto; en esa fecha ineludible en que la oportunidad y la capacidad se besan, y cumplen su destino."[16]

Con esa política la sociedad crecía despacio, pero seguramente, y lograba ir echando raíces en la vida cubana y aun en la hispanoamericana. Los intelectuales que llegaban a la Habana pronto sabían —si ya no estaban enterados— que debían hacerse oir en el Lyceum. Y fueron innumerables las voces que allí se escucharon. O los artistas que consideraron un orgullo exponer sus obras en su salón de exhibiciones.

Con esas normas fue que el Lyceum desarrolló por más de treinta y nueve años una labor cultural que todos los que la conocieron justamente aprecian. Esa labor se desarrolló principalmente en estos aspectos: conferencias y discusiones, conciertos, exposiciones artísticas, biblioteca , becas y publicaciones. Para ello la Junta Directiva tenía como vocalías permanentes, entre otras, las de Conferencias, Música, Exposiciones y Biblioteca. A dichas vocalías se añadía la de Clases. Sin embargo, no se ha considerado porque los programas de dicha sección estaban reservados para las socias y sólo por excepción se abrían al público. Vamos, pues, sólo a las secciones enumeradas.

La vocalía de *Música* tenía como misión la organización de conciertos y recitales. Además, muchas veces organizaba cursos de Apreciación Musical que asignaba a especialistas de gran reputación. Sin embargo, es posible que sea esta sección en el plano cultural la que menos se dejó sentir. Y se explica. Pues la Habana contaba con multitud de instituciones reservadas sólo al cultivo de la música y con más recursos para ello que aquellos de los que podía disponer el Lyceum. La más famosa —tal vez— "Pro-Arte Musical", que llegó a tener un gran teatro y en cuyo seno se formó Alicia Alonso y se organizó el Ballet de Cuba mucho antes de la revolución de 1959.

La Sección de Conferencias tenía por objeto enterar a las socias y a la comunidad de lo más importante en el mundo cultural del momento. Para esto organizaba cuatro conferencias, al menos, durante el mes. Estas conferencias tenían como tema asuntos literarios, científicos, filosóficos, sociológicos o de actualidad por cualquier razón. Era requisito que fuesen confiadas a personas con reconocida capacidad. Pero frecuentemente se aceptaban las sugerencias de jóvenes intelectuales o científicos que hubieran trabajado sobre un tema. Así se iban acreditando nuevos valores. Además, se mantenía una política abierta para invitar a todo intelectual de calibre que pasase por la Habana. Así la nómina de los que ocuparon su tribuna es impresionante. Al azar cito algunos nombres. Además de las figuras nacionales como Mañach, Marinello, Lizaso, Francisco Ichaso, Eugenio Florit, Lezama Lima, Cintio Vitier y su padre, el Dr. Medardo Vitier, filósofo y educador, Alejo Carpentier y muchos más; la nómina de los que vinieron de otras tierras abarcaba nombres tan conocidos como los de William Faulkner, Gabriela Mistral, Pedro Salinas, Alfonso Reyes, María Zambrano, Ciro Alegría, Juan Ramón Jiménez,

Fernando de los Ríos, Emil Ludwig, Joaquín Xirau, Francisco Ayala, Victoria Ocampo, Federico García Lorca, Miguel Angel Asturias, María de Maeztu, Leonardo Ribeiro, Luis Cernuda, Guillermo Francovich, Fryda Schultz de Mantovani, Luis Alberto Sánchez, Zenobia Camprubí, Rafael Alberti, Ezequiel Martínez Estrada y tantos otros que sería superfluo citar.

Además de las conferencias organizaba la sección en colaboración con la vocalía de Clases, cursos sobre un tema especial de al menos cuatro lecciones. Así se ofrecieron cursos sobre filosofía, literatura, historia, poesía, medicina, astronomía y otros. A veces dichos cursos daban origen a trabajos o libros importantes. Cito el caso del titulado *Lo cubano en la poesía,* por Cintio Vitier. El autor, en "Nota a la Primera Edición" ha dicho:

> "Este libro es consecuencia de un curso ofrecido en el Lyceum de la Habana, del 9 de octubre al 13 de diciembre de 1957. He preferido conservar, en lo posible, la soltura y libertad del tono propio de la clase, así como la abundancia de ejemplos..."[17]

Y en la segunda edición, que es la que se maneja, dice en su Prólogo:

> "Este libro tiene una fecha, y fue escrito en un rapto, como puede serlo un poema. La fecha, octubre-diciembre de 1957, corresponde a un período de cerrazón histórica. Surgió, pues, como un vehemente testimonio de fe poética, del fondo de un profundo abatimiento."[18]

Esta última cita revela en persona no sospechosa de pasión por su vinculación con el régimen cubano lo que hemos venido afirmando: que el Lyceum era tribuna abierta donde el intelectual hallaba campo para su expresión fuese cual fuese su ideología o militancia.

Otra labor cultural del Lyceum de gran envergadura fue el desarrollo de su biblioteca que tan pronto pudo ser se transformó en pública y circulante con un departamento juvenil e infantil donde los niños y jóvenes de la comunidad no sólo tenían acceso a los libros sino eran estimulados a su lectura y al comentario de lo leído por personal capacitado graduado en la ciencia de la Biblioteconomía.

Dicha biblioteca comenzó sus tareas muy modestamente, aunque tratando —siempre dentro de las posibilidades de la institución— de mantenerla al día y, además, de desarrollar actividades que propiciaran la lectura y una mejor información acerca de lo vigente en el mundo de la cultura y en la actualidad social y política. Sin embargo la biblioteca en sus inicios tenía pocos recursos. Un hecho, fuera de toda previsión, impulsó su desarrollo hasta llegar a ser lo que fue. Elena Mederos lo cuenta así:

> "La experiencia comprueba que en muchas ocasiones un hecho, aparentemente casual, desencadena un proceso trascendente. En la historia del Lyceum este hecho lo representa el ofrecimiento de Max Henríquez Ureña, de prestar al Lyceum por un número determinado de años, que podía ser objeto de sucesivas prórrogas, su valiosa y extensa biblioteca." ...[19]

Y una circunstancia más hizo posible la labor cultural de la biblioteca, y fue la fusión del Lyceum con el Lawn Tennis Club, organización de fines recreacionales y deportivos y que disponía de una buena cantidad de terreno en el mismo Vedado. Celebrada la integración de las dos sociedades en 1939 fue posible soñar con edificio propio y ajustado a los diversos fines y actividades de la institución. El Lyceum se reservaría el derecho de usar su nombre inicial en todas sus labores culturales quedando el nombre completo "Lyceum y Lawn Tennis Club" para las demás actividades. Y así, una de sus socias fundadoras, Lillian Mederos de Baralt, en colaboración con otro arquitecto, Ricardo Morales, concibieron los planos del edificio y le asignaron lugar importantísimo a la biblioteca en la planta principal, con entrada independiente, que pudo entonces convertirse en pública y organizar su sección juvenil con su departamento de discos y un excelente laminario que se enriquecía continuamente.

Fue propósito permanente de la biblioteca el comentario de los libros más discutidos en el mundo hispanoamericano, en el norteamericano y en Europa, con especial acento en lo español, como era de suponer. Así los libros de Thomas Mann, Virginia Woolf, Albert Camus, Francisco Ayala, Boris Pasternak, Miguel Angel Asturias, Rómulo Gallegos, William Faulkner o Simone de Beauvoir hallaron en su sala amplísimo y documentado comentario, como tantos que no se pueden nombrar. Se comentaban también actividades teatrales y cinematográficas que a veces, se ilustraban con obras o películas. Y quien esto escribe aun recuerda a un adolescente, Néstor Almendros, hijo de un exiliado español radicado en Cuba después de la Guerra Civil de 1936, haciendo sus primeros pininos en el mundo del cine actuando como camarógrafo en algunas de las funciones cinematográficas que allí se organizaban.

Otra de las proyecciones del Lyceum en lo cultural fue la publicación de una revista que recogiese con la debida calidad los esfuerzos de la institución en el plano de la cultura. En un principio el proyecto parecía un sueño. Saben todos los que han estado inmersos en estas tareas que la publicación de una revista es empresa que requiere dinero además de personal idóneo y contactos con el mundo intelectual. Las dos últimas condiciones eran fácilmente asequibles al Lyceum. No así la posibilidad económica. Pero el sueño persistía y un día se llevó a la realidad y pudo el Lyceum presentar orgullosamente al público una revista que llevaba su nombre. Su primer número apareció en febrero de 1936. Y se establecía como revista trimestral. En las Directrices de este primer número aparecen estas palabras:

> "Uno de los ideales del Lyceum ha sido el poder mantener un órgano oficial que recoja en sus páginas la síntesis de nuestras actividades [...] La vida nueva, la que nos ha tocado vivir, es una de cooperativismo. A la acción individual ha sucedido el empuje de las masas. Un solo ser no puede mover una roca; muchos pueden levantarla. He aquí nuestra esperanza."[20]

La revista tuvo dos épocas. La primera abarca de 1936 a 1940 y se publicaron en dicho período dieciseis números. Imposible reseñar las aportaciones a la cultura cubana, hispanoamericana y europea que aparecieron en sus páginas calzadas por reconocidas firmas. Remito a los interesados a las buenas bibliotecas. La segunda época comenzó en 1949 y se prolongó hasta bien entrado el año 1955.

Otra de las publicaciones del Lyceum fue la edición de los premios literarios que la institución convocaba. Así se publicaron libros de poesía, literatura, filosofía, historia. En nota aparte se consignan los títulos de dichas obras y el nombre de sus autores.[21]

En conexión con estas actividades instituyó el Lyceum—cuando estuvo en condiciones de hacerlo— becas para estudiantes jóvenes. El nombre de las que las obtuvieron también se consigna en nota aparte.

Finalmente, la labor más conocida de la sociedad en el plano cultural por la amplia repercusión que ha tenido su gestión en el mundo de la plástica cubana fue su Salón de Exposiciones especialmente diseñado para ese objeto. Pero aun desde su fundación —como ya se ha dicho— el Lyceum propició un salón libre para los artistas noveles, para el arte llamado de vanguardia y para los valores ya consagrados. Y se admite que con ello no sólo sirvió a los artistas sino creó un público ávido de contemplar y evaluar las obras que allí se exhibían. Por ello pudo decir Luis de Soto, el prestigioso profesor de Historia del Arte de la Universidad de la Habana, lo que sigue:

> "Porque un salón donde el artista expone, es la ocasión de darse a conocer y someterse a la sanción pública, en lo que encuentra estímulo, cauce de mejoramiento y ejercicio de su función social. Para el público que visita las exposiciones éstas son vías de conocimiento de los valores nacionales y extranjeros, medio de desarrollar y afinar su sensibilidad y su cultura."[23]

Y José Gómez Sicre, crítico de arte, abunda en el concepto:

> "Fundado en 1929 por un animoso grupo de mujeres, estimuló desde el primer momento la pintura moderna cubana, cediendo sin restricción sus salas de exhibiciones a todos los artistas nuevos. El Lyceum es, en la actualidad, la más alerta y vigilante de nuestras instituciones en el desarrollo cultural del país."[24]

Imposible sería reseñar el nombre de los pintores cubanos, hispanoamericanos y europeos que hallaron acogida en sus salas. Pero no se incurre en exageración alguna si se afirma que si la pintura de Cuba es hoy tan bien justipreciada en el mundo de la plástica contempoánea en buena parte se debe a estos modestos esfuerzos del Lyceum. Allí comenzaron a darse a conocer muchos que luego adquirirían fama internacional. Al azar cito algunos nombres de los que allí exhibieron: Amelia Peláez, Wifredo Lam, Mariano, Cundo Bermúdez, Mario Carreño, Felipe Orlando, Mirta Cerra, Fidelio Ponce, Víctor Manuel, Carlos Enríquez, Hugo Consuegra, Daniel Serra Badué, Juan David, Domingo Poublé, Roberto Estopiñán, Rodulfo Tardo, Gladys Triana, Ernesto Navarro y tantos más que escapan a la memoria. Y no hablo de los muchos de otros lares para no alargar en demasía este trabajo. Queden sólo como muestra los nombres del japonés Foujita, del belga Leo Mechelaere, del inglés Osborne, del español Hipólito Hidalgo de Caviedes, del ruso, avecindado en París, Joseph Levin o de las sudamericanas Marina Núñez del Prado o Irene Hamar.

Pero no sólo de pintura y artes plásticas hacía exposiciones el Lyceum. Alguna vez eran de carácter histórico o simplemente literario. Recuérdese la de ediciones antiguas del "Quijote" o la que se celebró para conmemorar el primer centenario del nacimiento de José Martí, en que se exhibieron fotografías y documentos manuscritos del cubano ilustre. Y de imposible olvido es la que se montó para celebrar el bimilenario de París.

También se organizaba anualmente una gran exposición de flores en la primavera a la que concurrían artistas en arreglos florales de muchas partes del mundo, por lo que llegó a tener fama entre los enterados. En dicha ocasión el Lyceum era un jardín.

Es otra vez Luis de Soto quien hace la evaluación de la obra del Salón de Exposiciones así:

> "Si unimos a las exposiciones citadas la extensa serie de Salones 'personales' en que el asiduo visitante ha podido conocer las nuevas figuras y apreciar la evolución de las ya conocidas, y tenemos en cuenta la multiplicidad de aspectos que en el extenso predio de las artes ha reflejado en sus salones el Lyceum, podemos aquilatar la loable, fecunda y patriótica labor realizada en este sector —uno de los que integran su multiforme actividad— por el Lyceum, la institución ejemplar de que tan orgullosos nos sentimos los cubanos"[25]

Conclusión

Mucho más podría decirse de la gestión cultural del Lyceum durante los treinta y nueve años de su vida, sólo interrumpida por fuerza mayor cuando el Gobierno cubano decidió su incautación con la oposición sabida de algunos de sus miembros más preclaros. El triste suceso ocurrió el 16 de marzo de 1968. María Luisa Guerrero ha reseñado el hecho"[26]

Lo dicho basta para aquilatar hasta qué punto esta asociación nacida del entusiasmo y la fe de un grupo de mujeres realizó una obra que perdurará en la historia de la cultura cubana. No mejor destino hubieran querido para la empresa sus fundadoras y posteriores animadoras. Habían cumplido su misión.

NOTAS

1. Vicentina Antuña: "El Lyceum". Conferencia pronunciada en el anfiteatro de la Escuela de Filosofía y Letras de la Universidad de la Habana, el 27 de febrero de 1953 y publicada en la *Revista Lyceum*, 11,37 (febrero 1954): 9, La Habana.

2. Jorge Mañach: "El Lyceum y la Conciencia Nacional" Conferencia pronunciada en el Lyceum con motivo de la celebración de las Bodas de Plata de su fundación, el 5 de marzo de 1954 y publicada en la *Revista Lyceum*, 11, 37 (febrero 1954): 77.

3. Acta de fundación del Lyceum de 1º de diciembre de 1928. Actúan como fundadoras, además de Berta Arocena y Renée Méndez Capote, estas otras doce: Carmen Castellanos, Matilde Martinez-Márquez, Carmelina Guanche, Alicia Santamaria, Ofelia Tomé, Dulce María Castellanos, Lillam Mederos, Rebeca Gutiérrez, Sarah Méndez Capote, Mary Caballero, María Josefa Vidaurreta y María Teresa Moré.

4. Berta Arocena: "El primer año en la vida del Lyceum" *Revista Lyceum*, 5,17 (febrero 1949): 58.

5. Rafael Suárez Solís: "El Lyceum y su aportación a la cultura" Conferencia pronunciada en el Lyceum el 2 de marzo de 1954 y publicada en la *Revista Lyceum*, 11, 37 (febrero 1954): 48-49.

6. Vicentina Antuña: Estudio cit. en nota 1, pág. 8.

7. *Revista de Avance*, 4, 32 (15 de marzo de 1929), Sección Almanaque. La Habana.

8. Gustavo Pittaluga: "El Lyceum y la vida espiritual de la mujer" Conferencia ofrecida en el Lyceum el 4 de marzo de 1954 y publicada en la *Revista Lyceum*, 11, 37 (febrero 1954): 73-74.

9. Rafael Suárez Solis: Art. cit en nota 5, pág. 51.

10. Jorge Mañach: Art. cit. en nota 2, pág. 87.

11. José María Chacón y Calvo: "El Lyceum como empresa colectiva" Programa del Festival pro-Biblioteca Pública del Vedado, La Habana, Julio, 1941.

12. Eugenio Florit: "El Lyceum y la Cultura Cubana". - Palabras leidas en el Circulo de Bellas Artes de la Habana el 18 de junio de 1936 el día del Homenaje al Lyceum y a Renée Potts y publicadas en *Revista Lyceum, 1,* 3 (septiembre 1936):158.

13. Jorge Mañach: Art. cit. en nota 2, pág. 82.

14. Eugenio Florit: Art. cit. en nota 12, pág. 156.

15. Elena Mederos: "El Lyceum y.su mundo interior". Conferencia ofrecida en el Lyceum el dia 25 de febrero de 1954 y publicada en la *Revista Lycew,* 11, 37 (febrero 1954): 34.

16. Ana Maria Borrero: "Qué sabemos del Lyceum y Lawn Tennis Club". En *Revista Vanidades, 15,* 6 (marzo 1,1945), La Habana.

17. Cintio Vitier. *Lo cubano en la poesía.* - Colección Letras Cubanas. Instituto del Libro, La Habana, 1970. Segunda edición. (Se aclara que este libro, curiosamente, carece de numeración en sus páginas. Un conteo, sin embargo, hecho por quien esto escribe, asignaría la cita a la página 11).

18. Cintio Vitier. *Op. cit.* en nota 17. De acuerdo con la paginación aludida sería la pág. 7.

19. Elena Mederos. Art. cit. en nota 15, pág. 37

20. *Revista Lyceum.* "Directrices", 1,1 (febrero 1936): 3.

21. *Premios LYCEUM:*

1. 1930: Concurso de cuentos en colaboración con las revistas "Mañana" y "Social. Premios: (1º) Ofelia Rodríguez Acosta, (2º) Aurora Villar Buceta, y Mención Honorífica, Mercedes Milanés.

2. 1932: Concurso de Cuentos Infantiles. Ganadora: Herminia del Portal por el cuento "Miguelito". Posteriormente ella fue la esposa y compañera por toda la vida del escritor Lino Novás Calvo.

3. 1936: Concurso literario. Ganadora, Renee Potts por su obra *El Romancero de la Maestrilla.*

4. 1947: Premio LYCEUM para premiar la mejor obra sobre Cervantes en su IV centenario. Ganadora: Mirta Aguirre por su obra *Un hombre a través de su obra: Miguel de Cervantes Saavedra*.

5. 1948: Premio LYCEUM para la mejor obra sobre Enrique José Varona en su primer centenario. Ganador: Pánfilo D. Camacho por su obra *Varona, un escéptico creador*.

6. 1949: Premio LYCEUM. Tema libre: Ganadora, Rosario Rexach por su obra *El pensamiento de Félix Varela y la fomación de la conciencia cubana*.

7. 1953: Premio LYCEUM para conmemorar el prirmer centenario de José Martí con una antologia del pensamiento martiano dedicada a los jóvenes. Ganadora: Anita Arroyo por su obra: *Jose Martí: Raiz y Ala*.

Estos concursos eran rigurosamente anónimos y los jurados no podrían ser miembros de la institución.

22. *Becas.* (Para estudiantcs jóvenes) Las becas cubrían gastos de viaje, matrícula y manutención por nueve meses, y se concedían al mejor proyecto de estudio, Fueron premiadas:

    1949 *Rafaela Chacón y Nardi* para estudiar Educación Fundamental en la comarca de Nayarit en México. El resultado fue un libro en cooperación con la UNESCO titulado: Proyecto de Educación Fundamental.

    1951 *Marta Arjona*. - Para estudiar cerámica artística en Francia. El resultado fue una exposición de las obras realizadas en el Lyceum.

23. Luis de Soto. "Las exposiciones dd Lyceum. Cinco lustros al servicio de la cultura". *Revista Lyceum*, 11, 37 (febrero 1954): 95.

24. José Gómez Sicre. *La pintura cubana de hoy*. La Habana, 1944: 202.

25. Luis de Soto: Art. cit. en nota 23, pags. 97-98.

26. Marta Luisa Guerrero: "El Lyecum de la Habana: 1929-1968" Sección "Reseñas y Comentarios". En *Revista Cubana*, 1, 2 (julio - diciembre 1968): 467-470, Nueva York.

V

EUGENIO FLORIT DENTRO DE SU GENERACION

Este estudio fue leído en el "XIII Congreso del Mediterráneo" celebrado en Murcia en Julio de 1990 y organizado por la Consejería de Cultura de Murcia, Dawling College (Oakdale, N.Y.) y "Del Mar Foundation", Washington, D.C. y posteriormente ha sido publicado por la Revista Hispánica Moderna, de Columbia University, en su número de junio de 1991.

EUGENIO FLORIT
DENTRO DE SU GENERACION

El tiempo inmediatamente posterior a la terminación de la primera guerra mundial en 1918 fue época de grandes inquietudes en todos los campos. Exagerando un poco, se pudiera decir que es entonces cuando en verdad se cancela el siglo XIX. Las ideas y estilos vigentes se ven como un pasado que hay que superar. Hay una profunda inquietud en el ambiente y esto en todos los ámbitos, tanto en lo social como en lo político, en lo intelectual como en el modo de vivir la vida. Y ello en todo el mundo de Occidente. Y, por supuesto, en Cuba. El propio Florit se refiere a ello cuando dice:

> Sabido es que por aquella época nuestra América estaba hundida en las aguas rejuvenecedoras del llamado vanguardismo, que no fue otra cosa que una resonancia del ultraísmo español. Tras los años de la Gran Guerra en cuyo crisol tomaron forma buen número de nuestros males y nuestros bienes. España se incorporó a la nueva estética... En Cuba, después de algunos esfuerzos aislados entre los que no podemos olvidar la página de literatura nueva que José Antonio Fernández de Castro mantuvo durante algún tiempo en el Diario de la Marina la obra saneadora se concreta en la revista "1927". [1] Desde ella se dispararon obuses contra los rezagados y los eternos viejos. Con ella Juan Marinello, Jorge Mañach, Francisco Ichaso, José Z. Tallet, primero y Féliz Lizaso después, incorporaron a Cuba al concierto de voces juveniles con que América respondía a la llamada de la nueva literatura. [2]

Pero no sólo en lo literario hubo renovación. El ámbito de la hora se hizo sentir en todas las áreas. En pintura —bien lo saben los interesados— se produjo un movimiento de amplia repercusión y muchos de nuestros pintores se allegaron una fama internacional o, por lo menos, americana y europea. Baste citar los nombres de Lam, Amelia Peláez, Cundo Bermúdez, Mariano Rodríguez, entre otros. En lo musical hubo un movimiento de amplia resonancia que no es del caso señalar aquí. Y lo mismo ocurrió en todos los campos de la cultura. Y la mujer, corporativamente, también hizo sentir su presencia. Y digo corporativamente porque en lo individual su presencia se había hecho sentir desde mucho antes. Recuérdense los casos de la Merlin, de Gertrudis Gómez de Avellaneda o de Mercedes Matamoros, por citar sólo unas pocas. Es otra vez el propio Florit quien hace referencia a ello cuando escribe:

> En estos años por los que voy pasando, junto con la publicación de la "Revista de Avance", ocurrieron en el ámbito de la cultura cubana varias cosas que me importa señalar aquí. En primer término, los dos casos que recuerdo de mujeres "liberadas". La Sociedad Pro-Arte Musical que se fundó en 1919 como una sociedad de conciertos. Teatro Payret, primero; Nacional, después; por último, su propio edificio, el teatro "Auditorium" de Calzada y D en el Vedado... Otro caso de mujeres "liberadas" es el del Lyceum, que en lo que a la literatura se refiere, fue muy propicio para nosotros. Este Lyceum se fundó en 1929 y ocupó una antigua casa, preciosa, de tipo colonial,... donde toda manifestación de cultura tuvo su asiento. [3]

Y no olvida el memorioso otra organización que tuvo gran influencia en la vida cubana. Esta vez fundada por un solo hombre, de gran visión y de profundos intereses culturales, Don Fernando Ortíz. Así se refiere al hecho Florit:

> Y dejemos a las mujeres para hablar de otra sociedad, regida esta vez por hombres: La Institución Hispano-Cubana de Cultura, fundada por don Fernando Ortiz, en 1927, a cuya entusiasta dedicación tanto se debe. La Institución llevó a Cuba —no sólo a la Habana— las más importantes figuras de la literatura y el pensamiento españoles de entonces: Fernando de los Ríos, Luis de Zulueta, Marañón, Jiménez de Asúa, Menéndez Pidal, Américo Castro, Federico García Lorca, Juan Ramón Jiménez y tantos más. Fue un señalado éxito de gran público, que no cabía en el teatro para escuchar a aquellos señores que nos venían del otro lado de los mares. [4]

Mas no sólo en lo cultural se sentían en Cuba las influencias y estímulos para una reforma. Años antes había ocurrido en América la gran Revolución Mexicana de 1910, cuyos lemas inquietaban a parte de la juventud. Y ni contar hay el impacto de la Revolución Rusa que vista desde este lado del Atlántico originó un movimiento romántico del que aún se sufren las consecuencias. A todo ello hay que añadir el influjo del París de entonces adonde muchos de nuestros jóvenes se sintieron impulsados a ir y a estudiar. De ello nació, aunque pocos lo recuerden hoy, la moda del "negrismo" propiciado por Frobenius, así como la moda "surrealista" auspiciada y hecha célebre por André Breton.

Habrá parecido extraño que me haya detenido en todos estos aspectos para hablar del tema que me ocupa:"Eugenio Florit dentro de su generación". Pero a poco que se medite se verá que lo dicho no es gratuito. Pues lo que he querido es enmarcar la generación del poeta y situarlo dentro de ella. Es esta promoción la segunda del período republicano. Es una generación inquieta, preocupada por los destinos nacionales, de amplia formación cultural y que trata de poner al día la cultura cubana como ya lo ha señalado Florit en lo que he citado. Es una generación predominantemente de ensayistas que encuentran su vehículo de expresión en la "revista de avance". Sus cultivadores más notables son ampliamente conocidos: Mañach, Marinello, Lizaso, Ichaso y muchos otros que resuenan menos pero que igualmente son muy valiosos. También tiene algunos —muy pocos— novelistas. Tal vez el más notable —visto a la distancia— sea Enrique Labrador Ruíz. Y no se crea que olvido a Alejo Carpentier. Lo que ocurre es que su real madurez como novelista se logra mucho después, en los epígonos de esta generación, quizás por lo que él mismo dijo: que la novela es "un género tardío". Tampoco debe dejar de citarse al mejor cuentista de esa época, Lino Novás Calvo. Y hay que señalar los excelentes periodistas, muchos de ellos escritores frustrados, como ha pasado en toda Hispanoamérica. Y en renglón aparte, los poetas, que pueden llenar con orgullo algunas de las páginas mejores de nuestra historia literaria. Entre ellos descuellan Mariano Brull, Emilio Ballagas, Nicolás Guillén, José Zacarías Tallet y Rubén Martínez Villena —entre otros— el que nunca se apartó del post-modernismo. Y, por supuesto, el que ha dado en llamarse el "poeta nacional", Agustín Acosta. Pero dentro de todos, en lugar primordial y cimero, ese poeta que se llama Eugenio Florit y Sánchez de Fuentes. Su caso, entre los demás, es caso aparte. Diré por qué.

Bien sé que es una moda literaria hoy —no es otra cosa— creer que la biografía añade poco al saber literario que se tenga de una obra. En cambio se aceptan —como moneda de buena circulación— los llamados "contextos" sociales, económicos, históricos, de clase, y otros muchos que no hay por qué mencionar. Y pregunto: ¿No es también un contexto, y más radical, el factor biológico determinado por los "genes" para hablar con lenguaje científico? ¿Y no lo es la vida del autor con la multiplicidad de experiencias y vivencias —ya se sabe que no es lo mismo— que ha acumulado a través de la vida hasta la producción de su obra?. Es mi convicción de que sí y que de su saber se adquieren fundamentos para la mejor interpretación de lo producido sin la pretensión —a todas luces infundada— de funcionar como sicólogos, siquiatras o analistas de la vida social. Quede aquí ésta afirmación que no ignora las tesis de los estructuralistas y de otros "ismos" que todos conocen y que sería pedante nombrar. En toda biblioteca especializada existen esos libros y se leen. Y se estudian y aplican muchas de sus tesis cuando es pertinente y no por "moda" o factores ideológicos. Pero sin olvidar que lo sustancial de la literatura es vida, vida que se refleja en la obra. En el caso de Eugenio Florit ambos factores son primordiales. De los padres hereda la sensibilidad y afición por las letras y las demás artes. Su progenitor, Don Ricardo, murió en el proceso de estar releyendo *Peñas Arriba* lo que demuestra palmariamente la devoción de ese castellano por las letras de su tierra. En cuanto a la madre, la criolla María Sánchez de Fuentes, era una muy apreciable poeta, si bien —debido al estilo de vida entonces— jamás lo hizo por la vanidad de llamarse así sino por auténtica necesidad espiritual. De ahí que su poesía tenga un tono intimista muy pronunciado. Y si conocemos su obra es porque el hijo —ya bien entrado en la vida— le publicó sus poesías con una sobria introducción en la que se puede leer:

> Creo sinceramente que al formar este librito (sic) con las poesías de María Sánchez de Fuentes estoy cumpliendo con un deber. No de hijo hacia su madre, que ello desde el punto de vista literario sería lo de menos, ya que el prejuicio amoroso puede hacernos exagerar méritos y disimular defectos, sino deber de hombre de poesía hacia la poesía de su país. [5]

Esta introducción es sumamente interesante. Por ella nos enteramos de que hay muchos puntos de contacto entre la poeta cubana y la obra de Emily Dickinson y quedan así más que justificadas las palabras del crítico sobre su progenitora.

El otro factor importante es el que voy a mencionar. Siendo Florit miembro de la llamada segunda generación republicana se dan en él ciertas circunstancias que no comparten otros miembros de la misma, si se exceptúa el caso de Jorge Mañach en quien por otras razones se dan circunstancias parecidas. El factor a que me refiero es que Florit no vivió durante su niñez y primera adolescencia en Cuba, como tampoco Mañach. Ni siquiera —en oposición a éste— es cubano de nacimiento. Pues nació en Madrid el 15 de octubre de 1903 en pleno corazón del barrio de Salamanca. Sin embargo, asumió íntegramente la esencia cubana y siempre se ha sentido hasta la médula del alma radicalmente de Cuba, sin desdeñar jamás su ancestro español. Y esto es patente en toda su obra. Basten a probarlo estos versos de su poema "Recuerdos" que lamento por su extensión no poder citar completo. Pero véase:

> El alma se acostumbra con su sueño,
> y en él se está callada.
> Pero hay horas, así, como esta tarde,
> en que un cielo, un color, unas palomas
> nos llevan a pensar en lo distante,
> en lo que bajo el sol nos mantenía.
> ¿O fue la música de anoche, o las palabras
> que en el almuerzo pronunciamos,
> cuando, al hablar de ayer, sentimos
> un pequeño dolor de ausencia... [6]

Sin embargo, la primera niñez vivida en Castilla y la segunda y primera adolescencia pasadas en las tierras catalanas dejaron en el poeta profunda huella, especialmente en su carácter. Pues se nace con un temperamento —lo saben los fisiólogos y siquiatras— pero se forma un carácter. De este período en España quedaron para siempre en Florit dos cualidades. La sobriedad de la gente de la meseta castellana y la pasión y sensibilidad sofrenada que son típicas del pueblo catalán. Y estas características van a vivir permanentemente en su poesía muy bien maridadas. Así, cuando Florit se asoma al quehacer de su generación trae ya una formación espiritual —no precisamente intelectual— para enfrentarse a su programa vital. Pues se puede ser miembro de una generación simplemente dejándose fluir, pasivamente. Esto no se avenía con la responsabilidad personal de Eugenio Florit. Por lo contrario, fiel a las inquietudes de su generación, se incorporó pronto a la vida intelectual de su amada ciudad de la Habana. Y, vocado a escribir, se vinculó enseguida a los esfuerzos de su promoción en esta área y adquirió entonces amistades de por vida. Y de acuerdo con sus amigos y compañeros de ideales —Mañach, Lizaso, Marinello, Ichaso, Nicolás Guillén y otros— se sumó a la obra cultural emprendida sin parquedad en el apoyo ni en el entusiasmo. Así publicó en la "revista de avance" no sólo poesías sino también algunas prosas como reseñas de libros, de las cuales es ineludible citar las del *Romancero gitano* (Lorca), *Poemas en Menguante* (Brull) o *Cuaderno San Martín* (Borges), entre otras. Y escribió alguna vez para reseñar espectáculos musicales o de otra naturaleza artística.

También colaboró en algunos periódicos con crónicas breves sobre variados temas, principalmente en el diario "El País". Y cuando Jorge Mañach fundó en diciembre de 1932 la primera "Universidad del Aire" que se radiaba semanalmente por "Radio Salas", fue Florit uno de los profesores invitados para el segundo curso sobre la cultura del siglo XX. En dicha ocasión desarrolló en dos sesiones estos temas: "La Lírica Española del siglo XX" y "La Lírica Hispanoamericana en el siglo XX". Son trabajos extensos y muy bien documentados, con riqueza de información y muchos aciertos críticos. Es recomendable su lectura para apreciar cuanto esfuerzo se puso entonces en educar al "soberano", como quería Sarmiento. [7]

Y, por supuesto, el Lyceum de la Habana también concitó la admiración y el apoyo del joven poeta. Y nunca le escatimó su colaboración ni su elogio. En una de esas ocasiones dijo:

> La cultura cubana, que no debe encerrarse en voluminosas antologías, porque no gravita en letras de molde;… es un perenne acumular de experiencias vitales y un intuir de esencias en constante devenir; esa cultura, digo, debe al Lyceum su fruto más amoroso. [8]

En dicha institución ofreció varias conferencias. Entre ellas destaco la titulada "Algo sobre el cine" que es, tal vez, una de las disertaciones más interesantes ofrecidas por Florit. También a él le encargó el Lyceum la exaltación de la figura de Antonio Machado con motivo de su muerte en 1939, y en cuyo acto recitó poemas del poeta desaparecido Ricardo Florit, entrañable hermano del hombre de quien se trata.[9]

Pero con ser todo esto muy importante no es el aporte fundamental de Florit a la tarea de su generación. Lo primordial es su obra poética, obra en la que trabajó asíduamente con esa "santa continuidad" a la que alguna vez ha aludido.

De este período de su vida en Cuba que terminó por circunstancias muy personales en 1940, quedaron básicamente tres libros: *Trópico* de 1930, *Doble Acento* (1930-1936) y *Reino* (1936-1938). A ellos creo deben añadirse algunas composiciones de su libro *Poema Mío* que abarca el período de 1920 a 1944 así como *Canciones para la Soledad* de 1940. Y aun de *Asonante Final,* muy posterior, pues contiene la obra escrita entre 1946 y 1955. Y aquí van las razones para esas inclusiones. Simplemente esto. Que la nostalgia de la tierra en que afloró su juventud y que asumió como propia, está viva en esos libros de una u otra manera. Destacarlo no es cuestión que deba hacerse ahora. Pero quede dicho.

Voy inmediatamente a los tres libros de esa etapa en Cuba y que he nombrado. Mas no se espere de mí un análisis estilístico o de crítica poética. Me estorba para ello —y es un gran defecto— mi hábito de trabajar con conceptos claros y precisos. Mi lógica, en fin. Y esto, como lo sabe bien todo el que escribe poesía, cercena la posibilidad de ver a plenitud el hecho poético. Por eso, lo que voy a decir es sólo un enfoque personalísimo que en modo alguno sigue tendencias o escuelas y menos aspira a sentar bases de estimación. Aclarado esto me lanzo a la tarea de decir lo que veo en los libros citados.

Pero es preciso y casi obligado señalar que antes de *Trópico* publicó Florit otro libro: *32 poemas breves,* en 1927. Por estimar el propio autor que carecía de valor lo excluyó de su *Antología Penúltima.* Creo, sin embargo, que es ineludible destacarlo por varias razones. La primera, por su fecha. Pues saben los entendidos que 1927 fue un año clave para toda la literatura hispánica en que —al celebrarse el tricentenario de Góngora— los poetas hallaron en el insigne cordobés motivos y alientos para una rebeldía abierta contra la retórica al uso. Y coincidente esto con los motivos de vanguardia en boga se lanzaron a las metáforas atrevidas, al desprecio casi total de la rima y de la agrupación estrófica usual; y aún a la inclusión de palabras no ya prosaicas sino antipoéticas en más de un sentido. El mismo Florit ha opinado sobre el asunto al escribir en su artículo "Regreso a la Serenidad" de 1931 lo que sigue:

> Claro es que hubo un momento en que se hizo necesario romper el círculo de papel y saltar al otro lado con una cinta original entre los dedos... La velocidad sustituyó a la intensidad. Se

tenía la convicción de que era saludable aprovechar el vértigo...⁽¹⁰⁾

Y poco después, en algo como una confesión de su hacer literario. En "Una hora conmigo" escribirá:

> De todo ello guardo en el cajón de mi mesa un libro inédito que ya no sirve para nada. No sirve. Pero me fue útil en su día... Conocí el goce de saberme libre de amarras... Fui, en fin, poeta de vanguardia... ⁽¹¹⁾

Claro que le fue útil. Cumplió una función necesaria para su formación poética. Algo así como los pasos iniciales y aparentemente inseguros de un difícil ballet que luego halla su plenitud. Porque hay que decir con José Olivio Jiménez —su más acabado crítico— que Eugenio Florit ha estado siempre como poeta a nivel de su tiempo. O para decirlo con las palabras del crítico:

> ...La labor del poeta cubano cobra esta otra significación ejemplar: la de haber sabido vibrar en cada momento ...con el ritmo acompasado y exacto, contribuyendo en buena medida a impedir ese lamentable fenómeno que es el retraso, la deshora. ⁽¹²⁾

Ya con esta experiencia, no sólo vivida sino sobrepasada, entrega Florit al público en 1930 otro libro, *Trópico*. Es ya un libro fundamental. Tuvo excelente acogida. Alfonso Reyes lo elogió ampliamente diciendo: "...ya somos tan libres que es lícito, si nos da la gana, componer todo un *Trópico* en rigurosas y bien contadas décimas. Triunfo de la voluntad, voluntariamente ceñirse... ⁽¹³⁾ Razón tenía Don Alfonso.

No entraré por lo ya dicho en el análisis de este libro. Pero sí quiero llamar la atención sobre algunos aspectos que creo importantes. El primero, su título. Quizás sorprendió a muchos pues no era Florit hombre de la zona tropical. Casi quince años tenía cuando llegó a la Habana. Demostraba con esto una plena asunción de su cubanía espiritual, cubanía que jamás ha desmentido sin desdeñar sus orígenes. Pero aun otro rasgo hay en este libro que lo hace medularmente cubano, la adopción de la décima como estructura estrófica. Porque la décima es —como lo saben los entendidos— el modo espontáneo de cantar su intimidad que tiene —o tenía, no sé— el campesino cubano, nuestro guajiro. A ello ha aludido José Olivio Jiménez al escribir en el prólogo mencionado que: "Debe destacarse además el hecho de que la selección de la décima como vehículo estrófico responde a una costumbre de la auténtica poesía popular de los campesinos de Cuba..." [14]

Otro aspecto llama la atención en este libro. Y es que el paisaje humano o el urbano no aparecen. Son simplemente el campo y el mar los protagonistas de la obra. Campo y mar vistos por los ojos de un poeta amante de su paisaje. Campo y mar que se besan contínuamente a lo largo de la isla. Pero cuidado. Los que conocen la exuberancia —casi lujuriosa— de la naturaleza cubana pudieran pensar en un libro rutilante y exaltador de más brillo que espesor. No es el caso. Muy al contrario. La herencia castellana y lo catalán que hay en el poeta sofrenan la expresión y la sabiduría poética—recuérdese la influencia gongorina además del saber que ha acumulado por su cultura— decantan el gusto y la sensibilidad y le estilizan la expresión.

Las décimas de *Trópico* son cubanas por la esencia, no por el oropel pintoresco o sonoro. Tienen una perfección formal envidiable. Pero la inspiración vuela alto. Y sólo el oído atento y el sabedor del paisaje pueden descubrir en ellas —junto a su primor de forma— datos concretos del paisaje de Cuba. Pero que están ahí; como el aguacero, el cocuyo —insecto luminoso—, el crepúsculo alargado tan típico de los trópicos, la herida punzante del sol al mediodía, la riqueza y variedad de tonos y atmósfera de nuestro mar y nuestras playas, la amplia extensión de los valles denominados sabanas, las pequeñas cascadas irisadas al sol y los ríos que de ellas surgen, la vida del cañaveral y las angustias que promueve. En suma, todo lo que es la tierra cubana en lo más entrañable de su naturaleza. Pero nada es obvio en estas décimas. Todo aparece vestido con esa gasa fina y llena de luz con que el poeta Florit —como todo gran poeta— viste siempre la experiencia humana. Es *Trópico* libro de encanto, de dulce remanso espiritual.

Doble acento es ya otra cosa. Es una obra en que la madurez poética del autor ha crecido lo suficiente como para lanzarse ya al vuelo con aire propio, sin ceñiduras que no sean las que él, por propia decisión, se cree. Es un libro sumamente complejo. El mismo poeta lo sabe. Y lo sugiere. Y a veces, intuyo, sabe más de lo que dice. Abarca la entrega el período de cinco años de creación. Hay en él dos aristas por lo que le conviene en mucho su título. Parte de sus poemas están escritos en un verso libre donde Florit —como antes había hecho Martí— deja fluir la angustia serenísima de su alma. Otros están ceñidos —y muy airosamente— a la ceñida forma del soneto. Y es que esos cinco años no han sido sólo de mayor madurez poética por estudio e interiorización, sino también años de intensa vida personal en que el oído atento descubre un hondo penar muy bien interiorizado que se niega a la amargura y a la desesperanza. Por eso entonces comienza el poeta a hablar frecuentemente de la soledad. También de los seres que en su vuelo escapan del contacto con la tierra: la gaviota, la mariposa. Pues Eugenio Florit es un poeta de gran pudor en su vida personal. De ahí que jamás aflore en su poesía la anécdota, pero se la siente vibrar. No doy ejemplos porque debe ser cosa de intimidad. Pero quede dicho para que se vea por qué este libro tiene una hondura lírica que apenas podía presentirse en las décimas de *Trópico*. Y también, claro, por qué un doble acento. Y es significativo que sea en este libro donde —casi partiéndolo a la mitad— aparezca ese poema tan bien logrado que es "El martirio de San Sebastián" en que la agonía de una muerte por amor —en este caso a Dios— es vista como ocasión para alzarse a la plena serenidad, la que sólo puede venir de la entrega total al espíritu sin contaminaciones terrenales, Y que va a ser lo que muy lentamente y sin reproches tratará de lograr en su vida Eugenio Florit, no sólo como poeta sino como hombre. Tal vez por eso, pienso, Dios le ha regalado tan larga y serena vida en esta época de pasiones desatadas, para que en su poesía descubramos la paz de las alturas, no necesariamente celestes, sino de un vivir digno y limpio.

Que lo sugerido sobre este libro y su significación para la historia poética de su autor parece cierto, queda confirmado por sus palabras cuando escribió:

> …Como esto de la poesía es cuestión de atmósfera, en la que el poeta entra cuando puede, no cuando quiere, el día que brilla el sol, y hay cielo azul, y brisa tenue, se escriben cosas de perfecta calma. Después, a veces, hay ráfagas de misterio y fuegos fatuos, y gritos en el enrarecido ambiente. Y el poeta… va de sol a tinieblas…

Y algo más adelante continúa:

> El mismo título de mi libro futuro, Doble Acento, anuncia la dualidad a que antes aludí. Porque hay uno de ellos que gusta mecerse en la hamaca del ritmo y las sílabas precisas. Acento que me viene de aquel "training" formal de que os hablé antes. Pero hay momentos en que toda la fuerza lírica que nos sube

de quién sabe qué fibra recóndita, no cabe en el verso medido, y hay que verter su esencia en el versículo, en el amplio torbellino de la frase poética ilimitada... [15]

En la época en que se gestaba la publicación de esta obra —1936— estaba en la Habana, invitado por la Institución Hispano-Cubana de Cultura, Juan Ramón Jiménez. Y su amiga, Camila Henríquez Ureña, lo invitó con Zenobia a un recital de poesías en el teatro "Auditorium" que ofrecería Eduardo Casado. En el programa figuraba "El Martirio de San Sebastián". Al poeta andaluz le gustó mucho y quiso conocer a su autor, lo que occurrió pocos días después.

Así se anudó una estrecha amistad. Y Juan Ramón hizo el prólogo a *Doble Acento* al ser publicado, que era muy justo pero también muy generoso. Por ello se ha comentado cuanta influencia hay del autor de *Platero y yo* en este libro. Los enterados saben que no es precisamente así.

Y termino con *Doble Acento*. El próximo libro será *Reino*. Comprende lo escrito de 1936 a 1938. Y esta obra sí le debe al poeta de Moguer por lo menos el título que le sugirió en una carta de julio de 1937, en la que puede leerse: "Para mí ha encontrado usted su "Reino" (buen título para su libro venidero)" [16]

El libro está plenamente logrado. El poeta va por su ruta con la seguridad del que ya sabe su camino. Comienza con una composición, "Preludio", que considero uno de los poemas más hermosos de Florit. Y lo integran composiciones en que el humano vivir —sin dejar de estar ahí— se ha destilado, esencializado, depurado. Y puede aflorar en un vivir universal que todo hombre puede sentir como suyo. La poesía de *Reino* ha dejado de ser de un lugar y de una hora. Ahí está todo el "dolorido sentir" de un poeta que merece llamarse tal. Y lo está con todos los atributos de musicalidad, emoción, profundidad, esencia. En suma con real calidad poética. Hasta un "Retrato" aparece en el libro que nadie podría identificar con una anécdota aunque la vida se sienta detrás. De las "Canciones Inútiles" que cierran la entrega y que son cuatro, muy breves y numeradas, quiero citar la 2 y la 3. Dicen:

> Cada día más lejos de mi sueño.
> Cada día más cerca
> del único silencio.
> Tanta risa, y la espera,

> Tanta canción, y el viento.
> Tanto llorar, y el agua.
> Tanto sueño, y la muerte.

Como se puede apreciar, en *Reino*, Florit va dejando a su alma deslizarse, con vigilante cuidado, por el camino de la soledad y el silencio al dejar atrás las ilusiones de un mundo juvenil y sonriente, lo que dará raíz a la nota elegíaca que poco a poco va a ser tan usual en su poesía. Después vendrá su voluntario destierro y el acendramiento de su obra donde la soledad y el silencio acrisolan la fidelidad y autenticidad de su mundo íntimo que tan bien ha sabido iluminar Mario Parajón en un hermoso libro. [17]

Nada más ahora. Pero queden aquí estas palabras en merecido y justo homenaje a Eugenio Florit, poeta, cubano y amigo.

Nueva York, 30 de mayo de 1990

NOTAS

1. "1927" fue el título con que —en afán inmoderado de novedad— apareció la revista 1927, 1928, 1929 y 1930, que se publicó en la Habana. Bajo la cifra del año, en letras minúsculas, —una concesión a la moda imperante— aparecía este sub-título: "revista de avance". Asi vino a ser conocida. Para mayor información consúltense los trabajos de Rosario Rexach, Carlos Ripoll y Césdar Leante, entre otros.

2. Eugenio Florit. Obras Completas. Vol. III, Lincoln, Nebraska, 1982. Edición de Luis González del Valle y Roberto Esquenazi Mayo. Art. "Una hora conmigo", pp. 133-34.

3. Idem. Art. "Memorias: Segundo acto" pp. 226-27

4. Id. p. 228

5. Eugenio Florit. *Poesía, casi siempre*. Madrid-Nueva York, s/f. Posiblemente de 1979. Ver "Los versos de María Sánchez de Fuentes", p. 27

6. E. Florit. Ob. Comp. Vol. II, p.55

7. Idem, Vol. III, pp. 50-72

8. Idem. Art. "El Lyceum y la cultura cubana", p. 99

9. Id. Conf. "Antonio Machado", 1939, pp. 138-147

10. Id. Art. "Regreso a la Serenidad", 1931, p. 130

11. Id. p. 134

12. José Olivio Jiménez. "La poesía de Eugenio Florit". Prólogo a Eugenio Florit, *Antología Penúltima*, Madrid, 1979, p. 11

13. Alfonso Reyes. "Compás Poético", Revista "Sur", Año I, Num. 1, Buenos Aires, 1931, p. 70.

14. J.O. Jiménez. Pról. cit. p. 15

15. E. Flor J. - Ob. Comp. Vol. III, pp. 136-37

16. Carta citada por Eug. Florit en "Memorias, segundo acto", p. 231

17. Mario Parajón. *Eugenio Florit y su poesía*. Ediciones "Insula" Madrid, 1977.

VI

JORGE MAÑACH: TRIBUTO AL HOMBRE Y A SU OBRA

Este trabajo fue inicialmente una conferencia preparada para ser ofrecida en el XXV aniversario de la muerte de Jorge Mañach en un acto conmemorativo organizado por la "Unión de Cubanos en el Exilio" y celebrado en el auditorio de la iglesia de San Pablo en Nueva York en junio de 1986. Luego se publicó en la revista "Linden Lane", Vol. VI, Nos 2 - 3 de abril - septiembre de 1987, en Princeton, New Jersey.

Jorge Mañach y Robato: tributo al hombre y a su obra

Se cumplieron en 1986 veinticinco años de la desaparición de Jorge Mañach. Y es posible que aún muchos discutan si merece este tributo. Pero como dijo Joaquín Martínez Sáenz al hacer la apología de José Martí y Zayas Bazán —el hijo del Apóstol, en 1953— en la Academia de la Historia de Cuba, acto en que también participó Mñach con un excelente trabajo sobre el *Ismaelillo*: "Las grandes mayorías suelen conmoverse piadosamente ante las debilidades humanas, pero siempre son inexorablemente rígidas y crueles con la grandeza" [1]

Al amparo de esas palabras quiero decir que Jorge Mañach —como hombre selecto que fue— también disfruta hoy, todavía, de lo que se llama "mala prensa". Sin embargo los enterados están convencidos de que si alguien en la Cuba Republicana merece ser conocido, estudiado, y aún reverenciado —pese a toda posible falla— es el hombre que hoy nos ocupa. Porque es ya un clásico de la cultura cubana como lo reconociese —cuando aun vivía— la pluma preclara de Gabriela Mistral al decir:

> En las nobles personas que llamamos Alfonso Reyes, Sanín Cano, Vaz Ferreira, Henríquez Ureña y Jorge Mañach —y en otras menos conocidas—, van subiendo, para bien nuestro, los jalones de un nuevo clasicismo latinoamericano" [2]

Pero no sólo en lo cultural debe recordarse a Jorge Mañach. Son muchos otros sus valores. Fue y quiso serlo siempre, —a veces más allá de sus reales conveniencias— un creador y un factor del crecimiento y madurez de la conciencia cubana. Para ello contravino su más auténtica vocación, la intelectual, para desdoblarse en político. Por eso tiene razón Gastón Baquero cuando afirma, apenas un año después de su muerte, lo que sigue:

> Este hombre se convence desde sus inicios de que él tiene un deber que cumplir... El confía en que puede producirse un

cambio por la acción de la cultura, de las élites organizadas en agrupaciones políticas modernas... Lo que quería era servir, no arrinconarse, no encerrarse en una "torre de marfil". [3]

Tal vez tenga razón Baquero, pero hay que pensar que el mismo reproche dirigió Rubén Darío a Martí, por su inmolación en Dos Ríos, al escribir en *Los Raros*: "la juventud americana te saluda y te llora; pero ¡oh, Maestro, qué has hecho...![4]

Y es que no todos venimos a la vida con la misma idiosincrasia y la de Mañach fue siempre de doble vertiente. Por un lado tenía una fruición especial hacia la vida intelectual para lo que estaba asistido por una poderosa inteligencia con una capacidad de análisis y penetración realmente sorprendentes, además de estar dotado de una exquisita sensibilidad que le hacía percibir los problemas y lo invitaba a analizarlos. Eso no obstaba, empero, a que fuese muy fuerte en él el sentido del deber, ese deber que, en primer término —como lo señala Baquero— se dirigía hacia su país y a servirlo, y, por lo mismo, a su cultura. Por eso tiene tanta razón Jorge Luis Martí cuando ha escrito: "Mañach fue también un heraldo de la libertad política" [5] Para decir más adelante: "Si ambas vocaciones, la política y la literaria, anidaban en su ánimo, las dos revoloteaban en casi cada obra, aunque fuera con variante preponderancia" [6]

Muy claramente resume esto Amalia V. de la Torre al decir:

> Su vida y su obra lo señalan como el eminente continuador de la tradición nacional y cultural cubana, aquella que legaron hombres como Caballero, Varela, Luz, del Monte, Saco, Pozos Dulces, Varona y Martí. Mañach dedicó su vida a la noble misión de restituir en el cubano la conciencia de pueblo y de nación. (7)

Y termino esta serie de justificaciones para este tributo con las palabras de un chileno que fue su amigo y su admirador y de un español que siempre lo situó en donde por sus méritos debía estar. Son estas las palabras de esos críticos. El chileno es Alberto Baeza Flores, con largos años de exilio en Cuba donde conquistó y fue conquistado por la amistad de Mañach; y que luego fue Director de la Revista "Cuadernos" del "Congreso por la Libertad de la Cultura" con sede en París. Menos de un año después de la muerte del cubano escribió:

> ...fue un escritor que nunca rehuyó darse. Sabía —por esa

sabiduría que no necesita sino intimidad y silencio— que sólo el que es capaz de darse es el que puede permanecer entre los hombres... La muerte de Mañach no fue en campo de batalla militar, sino en el campo de una batalla parecida a la de Dos Ríos: una batalla moral contra la opresión. [8]

Las del español aparecen sin firma en el Prólogo que la Editorial Lex escribió cuando la publicación del libro de Mañach titulado *Para una Filosofía de la vida*. Pero los enterados han de reconocer en esas palabras la pluma de Rafael Marquina que con tanto amor se entregó siempre a exaltar los valores de la cultura cubana en hermosa gratitud por como se le acogió en su exilio en Cuba, tras la triste tragedia de la Guerra Civil de 1936. Cito algunos de sus juicios:

> ...en toda labor y a toda hora, Jorge Mañach cumple, con una tenacidad que no se fatiga de su propia excelencia, misión de servicio cubano. [9]

Y un poco más adelante añade:

Voceros modestos, pero fervientes, hemos querido ser del sentimiento de admiración devota y agradecida con que sus conciudadanos no corroídos por la pasión de la envidia respetan y aman el nombre, la vida y la obra de Jorge Mañach. [10]

Basten estos testimonios de muy diversa fuente para justificar mis palabras de esta tarde y descuento de ello mi propio deber moral, pues no puedo olvidar que en la última carta que recibí de él me decía:

> Ud. está tan unida, por razones obvias, principalmente académicas y de honda amistad, a un largo trecho de mi vida, que siempre me parecía que en Ud. dejaría uno de los mejores testigos de la clase de hombre, de ciudadano y aun de escritor que he querido ser: que en Ud. tendré siempre, el día de mañana, esa voz amiga que uno necesita cuando ya no puede defenderse por su cuenta. [11]

Para cumplir ese deber estoy aquí ahora. Vamos a su vida en primer término. Nació Jorge Valentín Mañach y Robato en Sagua la Grande, provincia de Santa Clara, el 14 de febrero de 1898, siendo el segundo vástago del matrimonio formado por don Eugenio Mañach, abogado, gallego de antecedentes catalanes, y de Consuelo Robato y Turró quien —como lo acredita su segundo apellido— también tenía antecedentes en Cataluña. En Cuba nacieron igualmente sus dos hermanos varones, el mayor, Eugenio, y el que le seguía, Manolo. El padre —según puede inferirse— no se ajustó bien a la nueva república y decidió regresar a España a hacerse un porvenir para luego enviar por la familia. Durante esa etapa, y bajo el amparo de sus abuelos maternos, asistió Mañach con sus hermanos a una escuela primaria religiosa en su pueblo natal. Y a los nueve años se trasladó con toda la familia a España, para residir en Tembleque, un pequeño pueblo manchego. El mismo lo cuenta así:

> Tembleque es un pueblo de la Mancha toledana. No tiene mayores peculiaridades, como se irá viendo en seguida; pero a mí me parece uno de los más bellos lugares del mundo, porque en él viví desde los diez hasta los trece años. [12]

En dicho pueblo la familia se vería aumentada con el nacimiento de una niña, la única hermana, por la que Mañach tuvo siempre gran devoción.

Apenas llegados los niños fueron puestos al cuidado de un preceptor franciscano. Y poco después era enviado Mañach a terminar sus estudios primarios al colegio de los Escolapios de Getafe, población aledaña a Madrid. Más tarde, su padre dejó su posición de Notario en Tembleque, para trasladarse a Madrid a ejercer como abogado con su amigo, el Licenciado Rodríguez Illeras. En Madrid asistió el escritor que hoy homenajeamos al Liceo para su segunda enseñanza, al mismo tiempo que tomaba clases de Pintura por la que sentía gran afición con el maestro Alejandro Ferrant y Fischermans, pintor de fama entonces. Y debo a su viuda el dato de que en esa fecha la revista "La Esfera" publicó el retrato del adolescente en la portada anunciando en él un verdadero dotado para dicho arte. Por esa época se cuenta que se le veía siempre en el Museo del Prado copiando a los grandes maestros.

Pero poco después la familia regresa a la Habana. Hay que suponer que el estallido de la primera guerra mundial determinó dicha decisión. Inmediatamente fueron los hermanos a terminar sus estudios secundarios a un High School en Cambridge, Massachussets. De ahí pasó Mañach a Harvard, a los diecisiete años, donde se graduó de "Bachelor in Arts" con la distinción de "Magna cum laude", obteniendo la beca Sheldon que utilizó para ir a París a estudiar leyes, y también algunos cursos de Filosofía, los que ya había comenzado en Harvard con Levy-Bruhl y otros y de donde le vino a Mañach su afición al positivismo de Comte.

En 1922, muerto ya el padre, regresa a la Habana para establecerse allí definitivamente. Se gradúa de abogado en la Universidad de la Habana y por su expediente es nombrado Abogado de oficio de la Audiencia. Mientras, continúa sus estudios de Filosofía y Letras en la propia universidad, en consonancia con su vocación más íntima. Y se casa en 1926 con Margot Baños. Al año siguiente nace su único hijo, hoy médico y residente en Puerto Rico.

Pronto la primera circunstancia política se interpone en su camino profesional. La situación cubana se hace difícil para un hombre de rectos criterios y Mañach renuncia a su posición en la Audiencia habanera. Para esa fecha ya ha comenzado a destacarse como periodista. En verdad, desde muy joven se había sentido tentado por la letra impresa. El mismo lo cuenta así:

> Dejando aparte los pininos de adolescente, creo que lo primero que publiqué fue en inglés, allá por el año 16, en una revistilla de la cual era coeditor en la Escuela Superior de Cambridge. Escribía en inglés, pero pensaba y sentía en español. [13]

Y desde París, con el apoyo de don León Ichaso, ya había comenzado a enviar algunas colaboraciones al Diario de la Marina. Así pues, a partir de aquella renuncia, se dedicó Mañach profesionalmente al periodismo, sin dejar por ello de interesarse en los destinos nacionales y en los de la cultura cubana y universal.

Pronto se destacó. En lo político —y a consecuencia de lo que se conoce como la Protesta de los Trece de 1923— se integró en lo que él mismo bautizó como el "Grupo Minorista" [14]. Y de cuyo seno salió luego la llamada "Revista de Avance". Pero cuyo grupo, inicialmente, se polarizó en torno a la revista "Social". La participación de Mañach era tan destacada que pronto empezó a ser invitado a conferencias y a otras actividades culturales. La consagración definitiva del joven graduado de Harvard ocurrió cuando la Sociedad Económica de Amigos del País lo invitó a disertar sobre el tema "La crisis de la alta cultura en Cuba". La seriedad de la disertación, el análisis que hacía del estado de la cultura cubana y los remedios que proponía impresionaron vivamente al auditorio y a la intelectualidad. Y la sociedad decidió su publicación. Así se lo comunicaron al interesado en un documento que luego aparecerá, a guisa de prefacio dirigido "Al Lector", y que calza la firma de Don Fernando Ortiz. De ese documento es lo que sigue:

> La Sociedad Económica de Amigos del país ha tomado el acuerdo de testimoniar al Dr. Jorge Mañach su gratitud por la disertación con que hubo de regalarla... y publicar su conferencia en la Revista Bimestre Cubana y en edición especial para obsequiar con ella a su autor. [15]

A partir de esta temprana fecha la vida de Jorge Mañach se entreteje estrechamente entre sus afanes culturales y su dedicación a adecentar la vida pública cubana. Por esta dicotomía muy frecuentemente incurrió en el enojo de muchos de sus admiradores, en la detractación sistemática de los que lo veían con encono por sus excelencias y, en muchas ocasiones, en errores debidos a su sentido excesivo de la lealtad y el deber. Quizás nadie como Gastón Baquero que no fue precisamente de los que cayeron siempre del lado de sus panegiristas, ha comprendido mejor la honda tragedia de este hombre cuya temprana desaparición todavía lamentamos. En el artículo ya citado dice Baquero:

> Puesto a producir en el sentido de sus facultades y de su vocación, nadie sabe adonde hubiera llegado. Prefirió servir lo inmediato, ser útil en la forma realista que se traduce en el quehacer de cada día. Y si es cierto que deja una obra importante en el panorama de las letras hispanoamericanas, también es cierto que esa obra es insuficiente para dar la medida de su talento. [16]

Y ya al terminar el trabajo escribe: "Al morir deja en pos de sí lo permanente, lo que el tiempo depura y desnuda: su pensar, su querer, su soñar" (Pag. 30)

No fue Mañach inconsciente de esto. Por ello muchas veces en su obra aparecen proyectadas sus nostalgias de una vida intelectual más centrada en la pura labor especulativa. Así alguna vez escribe: "Un intelectual no puede ir a la política sin un gran sacrificio, tanto más doloroso cuanto más genuinamente intelectual". [17]

Y en 1954 —al rendir homenaje desde las columnas del periódico a Alfonso Reyes— comentará:

> ...¿Quién podrá calcular la extensión exacta de lo político, de lo cívico, de lo histórico? Difundir el culto a lo bello, la devoción a lo alto y claro, el fervor por lo más delicadamente humano, en fin, el celo del espíritu, ¿no es también un modo, y

acaso el más puro, de servir el destino de nuestros pueblos? [18]

Pero no había remedio. Por temperamento y por vocación lo llamaban —como a Martí y salvando las distancias— lo político y lo estrictamente cultural. Por eso tiene razón Valdespino cuando afirma:

> En su afanosa búsqueda por descubrir y comprender las razones de esa crisis nacional y en su sostenido empeño por elevar el tono de la cultura cubana, Mañach escribió páginas verdaderamente antológicas. [19]

Por esa doble vertiente de su personalidad la vida del escritor que hoy se recuerda estuvo jalonada de tareas y de honores, en lo político y en lo cultural.

Como hombre público llegó a tener gran resonancia, aunque no precisamente influencia. Para cimentar esa figura pública le sirvió admirablemente el periodismo. A través de sus columnas en diferentes diarios de la Habana, "El País", el "Diario de la Marina" y por breve tiempo en "Acción", el órgano oficial del Partido ABC que él contribuyó a fundar y a orientar; la prosa del escritor intentó adecentar la vida cubana, orientar la conciencia nacional y mantener al público enterado de lo que sucedía de importancia en el mundo cultural, para que Cuba no fuese una provincia de la inteligencia, sino se desarrollase a nivel de universalidad. Y cuando nuevos medios de difusión se abrieron, también usó del radio y de la televisión para llenar esa misión. De ahí que pueda decir Jorge Luis Martí esto: "Mañach dispersó las semillas al voleo de la intemperie del vulgo, para desvulgarizarlo con el alimento espiritual que le prodigaba en millares de hojuelas periodísticas". [20]

Por más de cuarenta años sostuvo esa labor, no sólo en el periódico, sino también en algunas revistas, principalmente en la Revista Bohemia que lo contó entre sus más señeros colaboradores.

Sin embargo, esta labor de servidumbre casi diaria, no le impidió dedicarse a labores intelectuales de más alto empeño. El más notable, al comienzo de su vida intelectual, la fundación y mantenimiento por cuatro años de la llamada Revista de Avance. Su impronta en dicha revista fue de altísima calidad y se reveló en ensayos, artículos de crítica, editoriales y en muchas notas informativas que aparecían sin firma. No es el momento hoy de ahondar en lo que dicha publicación representó para la cultura en Cuba. Hay muchos estudios sobre ella, desde el que se publicó con mi firma en 1963 en la Revista "Caribbean Studies" de Puerto Rico que resumía una conferencia dada en el Lyceum de la Habana hasta los estudios posteriores de Ripoll, Valdespino, César Leante. Baste decir ahora que gracias a la "Revista de Avance" entró Cuba en el meridiano cultural de Europa y de la América más enterada, tanto del Norte como de la que habla nuestra lengua.

En tanto, su vida política adquiría más densidad. Así fue miembro de la Convención Constituyente que produjo ese avanzado documento político que llamamos la "Constitución del 40" y de cuya vulneración tantos males se han derivado para nuestra adolorida Patria. Luego fue electo Senador y por dos veces fue Ministro del Gabinete en dos períodos presidenciales diferentes. Uno, fue Ministro de Educación por breve tiempo, pero dejó su impronta al crear la Dirección de Cultura que regenteó por muchos años, al principio, la noble y admirable figura de José María Chacón y Calvo. La segunda vez fue Ministro de Estado, sin gran resonancia por las circunstancias que se vivían entonces en el país. También en su haber político está, además de su participación en el ABC su intensa colaboración con el Partido Ortodoxo. Y más tarde —cuando la ruptura del ritmo constitucional llevaba a Cuba a una guerra civil sorda de la cual aun se sufren las consecuencias— intentó poner coto a dichos males colaborando con Dos Cosme de la Torriente en las gestiones de una solución pacífica de la crisis cubana mediante la Sociedad de Amigos de la República, más conocida por su sigla SAR. Y, fracasada ésta, todavía insistió fundando una organización política que se llamó Movimiento de la Nación Cubana que tampoco tuvo éxito. Sus esperanzas y sus ilusiones por la vida política cubana se vieron, pues, defraudadas muchas veces. En esas ocasiones, se acogió por dos veces a un exilio voluntario. La primera fue tras la clausura de la Universidad de la Habana en 1935. Vino entonces a los Estados Unidos y profesó en la Universidad de Columbia, actuando también por invitación especial en otras universidades americanas. El porvenir profesional que le ofrecían dichas universidades era brillante, pero él sentía —con razón o sin ella— que estaba faltando a su deber de cubano. Y en contraste con muchos otros intelectuales hispanoamericanos en similar situación, Mañach decidió volver a su tierra a luchar por una nueva constitución y un nuevo ordenamiento jurídico del país. Lo que sufrió por ello pocos podrán aquilatarlo. A sus amigos les consta que fue mucho. Pero así era él y así sentía. No se crea, sin embargo, que era hombre fácil en las lides políticas de altura. Muchas veces sus criterios chocaban con los políticos "au-trance" y no pocos sinsabores tuvo por ello. Por eso alguna vez escribió.

> Estoy inscrito en un partido político, el Ortodoxo, porque me parece que es el cause más limpio que le queda a la vieja ilusión revolucionaria, la cual creo que debo servir con algo más que la palabra pública; pero como periodista, no pienso subordinar mis criterios a los intereses de ese partido ni de nadie. [21]

Pero los verdaderos títulos de gloria de Jorge Mañach vienen de su labor literaria y profesoral. En 1940 ganó la cátedra de Historia de la Filosofía en la Universidad de la Habana. Sus clases eran escuchadas —casi con reverencia— por un numeroso alumnado y muchas vocaciones surgieron al conjuro de sus explicaciones. Porque Mañach tenía —como su antecedente Ortega, en España— una rara mezcla en su inteligencia para percibir con agudeza y finura los problemas filosóficos que hallaban, por lo mismo, un claro analista y expositor en él. Pero, además, podía exponerlo todo con tal gracia de expresión que muchos, sorprendidos, creían que su verdadero talento era el literario. Lo mismo le pasó a Ortega. Es que en ambos la calidad de la prosa era de tan altos quilates, la flexibilidad de la expresión tan genuina, la habilidad para la alusión y la cita tan oportunas que no era posible pensar que aquel hombre se sintiese bien en las áreas de fría abstracción que toda filosofía supone. Confieso que no lo creo y en esto disiento de Valdespino. Lo que ocurre es que Mañach estaba superiormente dotado por sensibilidad e inteligencia, y también por formación, para ver a profundidad como requiere la filosofía y para expresarlo con una claridad y belleza no comunes. dígalo si no su interpretación de esa obra que es el Quijote. Su libro, pequeñísimo, pero lleno de enjundia, es una de las mejores contribuciones que se hicieron —como lo han señalado críticos notables— cuando el cuatricentenario de Cervantes.

Sin embargo, no está descaminado Valdespino —como muchos de sus comentaristas— cuando le conceden gran talento para la crítica literaria. Prueba de ello dio, y muy alta, durante su docencia en Columbia. A mí me contaba el economista Felipe Pazos que le asistía a las clases por la delicia de ver tratar la literatura en la forma que él lo hacía; con talento, información de primera mano, sentido crítico y gran belleza de forma. Y ahí están sus trabajos y sus libros que no es tarea mía hoy citar. Pero sí decir que son de obligada consulta si se quiere ver un punto de vista original y bien fundamentado. A esta labor contribuía en modo muy señero su amplia y bien cimentada cultura y su dominio de varias lenguas.

Pocos hombres he conocido mejor informados sobre la cultura de Occidente. Y lo singular era que su saber fluía con la espontaneidad y gracia de lo que es natural. Por supuesto, muchos de los que a veces lo escuchaban lo creían pedante. Nada más lejos de la verdad. Lo que ocurría era que la cultura en él se había hecho consustancial en forma tal que no se daba cuenta cuando asomaba a sus labios. Porque en Mañach se hizo cierto aquel precepto de Max Scheler cuando dijo que culto es aquel que ha olvidado donde aprendió lo que sabe. Pero no sólo en la cultura se asentaba su talento crítico. También en su exquisita sensibilidad que aprendió a refrenar para servir de ejemplo al "tropicalismo verbal" de su isla. Esa virtud contenida que Gabriela le celebró al decir:

> Hay en él la continencia de la expresión que imaginamos en el caballero número uno del griego-italo-ibero; (el Greco) nada del drama echado afuera; un gran reposo tendido sobre el pecho y una sensibilidad de la mano que no llega a lo nervioso. Y sólo al centro de los ojos —en donde nadie se puede callar— está todo el fervor de todo tataranieto de España. [22]

Con estas características se propuso aún otra tarea para él primordial. Al cabo, en ella confluían el doble acento de su personalidad; el cívico o político y el intelectual. Esta tarea fue su consagración a la memoria y a la obra del Apóstol de nuestra independencia. Cuando Mañach afloró a la vida intelectual era Martí aún lo que su generación llamó un "ilustre desconocido". Muchos lo citaban en discursos y artículos. Se alimentaban para ello de algunas antologías de fácil lectura. Mañach —hombre exigente y de cultura cabal— decidió que a Martí había que conocerlo en sí mismo para que cada quien juzgase. Era imprescindible que se conociese su vida y directamente su obra. Y se impuso él mismo el deber de hacer esa tarea y de estimular a que los demás la hiciesen. Por eso, muy temprano, publicó un artículo que muy pocos citan titulado "Martí nonnato". Luego lo recogió en su libro *Pasado Vigente* que se publicó en la Habana en 1939. De ese deber que él se trazó surgieron dos obras. La primera, la biografía de Martí a la que dio fin y se publicó en 1933. No hay que elogiar dicha obra. Las reediciones prueban que Martí, en la obra de Mañach, se encarnó en carne de hombre y de héroe. Si en el artículo citado antes había escrito "Si Martí realmente no ha nacido todavía para Cuba lo haremos nacer" (23), su biografía cumplió el designio. Luego vinieron otras excelentes, la de Félix Lizaso en lugar señero. Pero no paró ahí su devoción martiana. A través de la Editorial

Trópico en que él y muchos de su generación se empeñaron —como lo hizo en mayor escala Ortega con la Revista de Occidente— se publicaron por primera vez las obras de José Martí para que sus textos fueran el alimento de donde se nutriera la conciencia cubana del pensamiento de su ilustre prócer.

Ya luego era Martí leído en sí mismo y no a través de interpretaciones. La apetencia por los textos martianos creció así. Fruto de ello fue la edición del Cincuentenario que publicó la Editorial Lex. Mientras, aparecían más textos y documentos del Apóstol. La Cuba de hoy le ha hecho dos ediciones. La última, encuadernada, con veintisiete tomos. Y en palabras de su talentoso prolonguista, Juan Marinello, quien fue un buen conocedor de Martí y gran amigo y compañero de Mañach en los años iniciales, aun no es tiempo para una edición crítica. Quede, pues, claro que tal vez lo que culminó la vida y figura intelectual de Mañach fue su labor en pro del mejor conocimiento y apreciación de la obra de Martí a la que dedicó numerosos estudios.

Y como Mañach fue hombre para quien el pueblo nunca fue despreciable sino algo muy querido al que había que guiar e ilustrar; de él es la gloria no sólo de su acción periodística y cultural sino también la de llevar a las grandes masas el alimento cultural para humanizarlas y sensibilizarlas cada día más, afinándole el gusto y desarrollando sus apetencias espirituales mediante los nuevos sistemas de difusión que la técnica moderna había posibilitado. Así fundó en 1933 la primera Universidad del Aire, a través de la radio-emisora "Radio Salas". En las palabras iniciales de ese curso dijo:

> La cultura es el cultivo de lo humano en el hombre. Lo humano es lo que nos diferencia progresivamente del animal... Todo lo que contribuya a estos dos fines del hombre: dominarse a sí mismo y dominar su circunstancia es factor de cultura. [24]

Años más tarde el ambiente político y cívico en Cuba había adquirido un aire de lucha apasionada y cerril. Otra vez el hombre que fue Mañach sugirió a la gran radio-emisora que fue la CMQ, no sólo la reanudación de la Universidad del Aire sino otros dos programas tendientes a "educar al Soberano" como hubiera dicho Sarmiento. Estos programas fueron "Ante la Prensa" y las Mesas Redondas organizadas alrededor de problemas de actualidad y que se transmitían por la televisión.

Pero ya sabemos que la labor del educador y animador de cultura que intentó Jorge Mañach fracasó en el empeño ciudadano. Pero ahí está el esfuerzo. Y también su obra cultural más seria que merece capítulo aparte.

Por todo, es ya un prócer de nuestra conciencia nacional, tanto en lo cultural como en lo cívico. Y que es así lo demuestra -frente a todas las negaciones y silencios- el poema que Cintio Vitier le dedicó en la revista "Asomante", de Puerto Rico, después de su muerte en Río Piedras, en el exilio, el 25 de junio de 1961. Y que por venir de quien viene y de donde viene, confiere a Mañach la definitiva consagración, la que le conceden todos los que son en verdad, dentro y fuera de su Patria. El poema dice:

> No sé por qué hoy aparece
> ante mis ojos su figura
> esbelta, escéptica, fallida
> y siempre airosa sin embargo,
> flexible palma de una patria
> que no podía ser: tan fina,
> sí, tan irónica, tan débil
> en su elegante gesto, lúcido
> para el dibujo y el fervor,
> los relativismos y las
> conciliaciones, con un fondo
> de gusto amargo en la raíz.
>
> Ciegos sus ojos para el rapto,
> usted no vio lo que veíamos.
> Bien, pero en sombras y sabía,
> mirándolo con hurañez,
> lo que ahora llega iluminado:
> Tener defectos es fatal
> y nadie escapa a sus virtudes.
> Tener estilo, en vida y obra,
> no es fácil ni difícil: es
> un don extraño que usted tuvo,
> Jorge Mañach, para nosotros.
>
> Esta mañana es imposible
> que usted haya muerto. Viene ágil
> sin vanguardismos ni Academias,
> de dril inmaculado, laico,

> maduro, juvenil, iluso,
> entre sajón y catalán,
> a dar su clase de Aristóteles,
> y en el destello de sus lentes
> hay un perfil de Cuba, único,
> que al sucumbir quedó en el aire,
> grabado allí, temblando, solo...[25]

Completamos nosotros. No solo, sino con todo su pueblo que como él sabe sentir, querer y soñar una Patria "con todos y para el bien de todos" sin tiranías, sin cárceles y con libertad. Nada más.

Nueva York, junio de 1986

NOTAS

1. Joaquín Martínez-Sáenz.- "Homenaje en memoria de José Martí y Zayas Bazán. Sesión pública del 28 de mayo de 1953. La Habana, 1953. (Pag. 5)

2. Gabriela Mistral. Prólogo a la biografía *Martí, el Apóstol* por Jorge Mañach. Ediciones Mirador, Puerto Rico, 1963. Pág. 7. (Este libro fue editado por primera vez en 1933. Entonces no llevaba el prólogo de Gabriela. Dicho prólogo fue originalmente un comentario de la poetisa chilena con motivo de la biografía que se tituló "Algo sobre Jorge Mañach" y que se publicó en la Revista América. Posteriormente cuando la publicación de la traducción al inglés de la biografía, Gabriela Mistral lo perfiló y apareció como prólogo en inglés a dicha traducción en 1950. El libro se publicó con el título: *Martí, Apostle of Freedom*, editado por The Devin-Adair Company, en New York, en 1950. La propia Gabriela firmó dicho prólogo en California en 1950.

3. Gastón Baquero. "Jorge Mañach: o la tragedia de la inteligencia en la América Hispana" Revista "Cuba Nueva", Vol. I, No. 12, Septiembre 1, 1962. Coral Gables, Florida. Pag. 23.

4. Rubén Darío. *Obras Completas*. Tomo II. Semblanzas. Los Raros. Ediciones Afrodisio Aguado. Madrid, 1950. Pag. 492.

5. Jorge Luis Martí. *El periodismo literario de Jorge Mañach*. Prefacio. Editorial Universitaria. Puerto Rico. 1977. Pag. XVII.

6. Idem. Pag. XVIII.

7. Amalia V. de la Torre. *Jorge Mañach, Maestro del ensayo*. Ediciones Universal. Miami, 1978. Pag. 15.

8. Alberto Baeza Flores. "Conversaciones contemporáneas con el paisaje, el pensamiento y el sentimiento de España". Artículo con motivo del libro de Jorge Mañach *Visitas Españolas*. El trabajo se publicó en la revista "Nosotros", Ciudad México, el 16 de febrero de 1963. Pag. 28.

9. Jorge Mañach. *Para una filosofía de la vida*. Nota Introductoria. Editorial Lex, La Habana, 1951. Pag. 5.

10. Idem. Pag. 8

11. Carta inédita que figura en mis archivos y fechada en Río Piedras, Puerto Rico, el 28 de abril de 1961, menos de dos meses antes de su muerte.

12. Jorge Mañach. *Visitas Españolas*. Revista de Occidente. Madrid, 1960 Pag. 51.

13. Entrevista con Luis Gutiérrez Delgado, aparecida en el Diario de la Marina, en la sección "El mundo de los libros" de julio 22 de 1956. (Citada por Jorge Luis Martí en el libro mencionado, Pag. 22)

14. Integraron el llamado Grupo de los Trece que luego dio origen al conocido Grupo Minorista los siguientes: Jorge Mañach, Juan Marinello, Rubén Martínez Villena, Francisco Ichaso, Luis Gómez Wangüemert, José Manuel Acosta, José Zacarías Tallet, Primitivo Cordero, José Antonio Fernández de Castro, Alberto Lamar Schweyer, José García Pedrosa y Calixto Masó.

15. Jorge Mañach. *La crisis de la alta cultura en Cuba*. Folleto. La Habana, MCMXXV, Pag. 5.

16. Gastón Baquero. Art. cit. Pag. 28.

17. Jorge Mañach. Artículo "Universidades y Política". Columna "Relieves" Diario de la Marina. Sección D. 13 de marzo de 1955. Pag. 4.

18. Jorge Mañach. Artículo: "Homenaje a Alfonso Reyes" Columna "Relieves" Diario de la Marina. Sección A, 25 de agosto de 1954. Pag. 4.

19. Andrés Valdespino. *Jorge Mañach y su generación en las letras cubanas*. Ediciones Universal. Miami, 1971.

20. Jorge Luis Martí. Ob. cit. Prefacio. Pag. XVIII.

21. Jorge Mañach. Art. "Examen de una contienda" Revista Bohemia. La Habana, 13 de junio de 1948. Pag. 39.

22. Gabriela Mistral. Prólogo citado, Pag. 7.

23. Jorge Mañach. *Pasado Vigente*. Editorial Trópico. Ensayo Cubano. La Habana, 1939. Pag. 184.

24. Publicaciones de la Universidad del Aire. Primera época. Radio-Salas. Habana. Curso inicial, "Evolución de la Cultura". 13 de diciembre de 1932. Tomo I, pag. 7.

25. Cintio Vitier. "Jorge Mañach". Revista "Asomante" XXI-xxi, 1, enero-marzo 1965. Pag. 47

VII

JORGE MAÑACH COMO PROFESOR DE HISTORIA DE LA FILOSOFIA

Este trabajo fue escrito a petición de Jorge Luis Martí que ha publicado un excelente libro titulado *El Periodismo Literario de Jorge Mañach* y que actualmente prepara una biografía del escritor.

JORGE MAÑACH como profesor de Historia de la Filosofía

En 1942 matriculé en la Universidad de la Habana y como parte de mi carrera de Dr. en Filosofía la asignatura de Historia de la Filosofía que Mañach profesaba desde hacía escasamente dos años. Para ese entonces hacía ya tiempo que yo me había doctorado en Educación y, por tanto, no era totalmente neófita en la materia que, de alguna manera, había tenido que estudiar en Historia de la Educación. Asistía pues a las clases puntualmente, pero me mantenía como espectadora y simple oyente. No me parecía leal intervenir en las discusiones que alguna vez se suscitaban en clase pues la mayoría de mis compañeros eran más jóvenes que yo en casi diez años. Debido a esa actitud el profesor nunca reparó en mí para mi beneficio. Pues de esta manera pude oir, discernir, y también juzgar, desechando algunos prejuicios acumulados en mi ya larga y concentrada atención a la vida política y cultural cubana. Porque, por supuesto, Mañach no era un desconocido en ninguno de los dos campos. Como todo hombre notable ya tenía su leyenda.

En lo político se le había dado fama —y quizás yo lo creía sin darme cuenta— de ser un hombre muy conservador. En lo intelectual gozaba de gran crédito como escritor, periodista y orador. Y precisamente en ese orden. También como conferencista. En lo profesoral muchos comentaban que para él representaba una frustración tener que explicar Historia de la Filosofía porque su real vocación eran la literatura y la crítica literaria. En lo personal se le reputaba como hombre frío, distante, vanidoso, aristocrático y calculador. De donde habían nacido estas imágenes era algo que hasta ese momento nunca me había planteado.

Fue con esos antecedentes—-ante los cuales aun yo no tenía opinión firme, como dije— que inicié mi asistencia a sus clases. Y fue entonces, y sólo entonces, que comencé a confrontar lo que veía, observaba y oía; con lo que se decía. Poco a poco, una por una —como en los castillos de naipes— fueron cayendo todas las ideas preconcebidas. Y Mañach se presentó en su radical verdad. Ante mi ya madura observación apareció un hombre distinto de aquel cuya imagen circulaba en los medios en que yo me movía.

Políticamente no era un conservador. Y en muchas áreas se mostraba —incluso— excesivamente liberal. Y es que su profundo respeto por el ser humano como persona se oponía a todo lo que limitase la dignidad personal o mermase el área de libertad en que todo hombre se debe mover. Por algo había escrito esa obra excelente que es su biografía de Martí. De esas fuentes nacía su espíritu de tolerancia que a veces llevó hasta el exceso. Y estas convicciones se hicieron patentes en aquel curso de Historia de la Filosofía. Aun recuerdo, a ese respecto, sus clases sobre Anaxágoras, Heráclito, Platón y Protágoras, entre muchas otras, que le dieron margen para comentarios en que transparecían sus "ideas y creencias", para usar la frase de Ortega.

Como escritor y periodista, ganador del primer premio Justo de Lara que se otorgó en la Habana, ya lo conocía. También como conferencista. Y como orador lo había escuchado en sus intervenciones en la Asamblea Constituyente de 1940. Pero sus clases pusieron nuevamente de manifiesto lo ya sabido: el perfecto dominio de la lengua que Mañach tenía. Y esto no sólo al escribir sino también al hablar. Pocas personas he conocido que sepan usar la voz como instrumento de mensaje como él. Leía y hablaba a la perfección ajustando el tono, el ritmo y el gesto a lo que decía. Y también la intención. Esto hacía que siempre pareciera que se identificaba con la teoría filosófica que estaba explicando, lo que provocaba que sus alumnos comentaran entre sí que nunca se podía saber como pensaba él mismo, porque ponía igual entusiasmo al exponer las teorías más contrarias. Se producía, en fin, con absoluta lealtad a lo explicado. Era otra forma de su respeto a las cosas del espíritu. Por supuesto, un oído atento hubiera podido descubrir en ciertos matices de sus argumentos sus reales convicciones u opiniones. Pero no fácilmente. Por esta sola cualidad ya habría sido un gran profesor. Pero otras, y no menores, se descubrían a poco de oirlo. Su bien cimentada cultura en primer término. Con fluidez y espontaneidad se hacía eco de libros, autores, pintores o artistas de otros géneros. Y los alumnos se beneficiaban grandemente de ello. Colaboraban a esa excelencia igualmente su estupenda memoria, su innegable talento para la síntesis sin el cual es imposible enseñar y, no menos, su rara capacidad de moverse a plenitud y sin dificultades en el área de las abstracciones y de la congruencia en la argumentación lógica, indispensables a toda filosofía. Añádase su habilidad para el ejemplo y la alusión tan necesarios en esa materia, de sí tan difícil. Por eso quiero decir que no comparto la tesis de que Mañach se sintiese en algún modo frustrado por ser profesor de filosofía en vez de serlo de literatura. Yo, particularmente, pienso que en la filosofía encajaba más el especial tipo intelectual que él representaba: ansioso de claridades, buscador incesante de la verdad oculta detrás de toda apariencia, vertebrador él mismo de tesis frente a todos los problemas que confrontaba, grandes o pequeños. Y puedo garantizar que, al menos a mí, durante los años en que trabajé con él, jamás me manifestó desagrado alguno por la materia que explicaba. Antes al contrario. En sus conversaciones revelaba un profundo interés por la filosofía y por las distintas teorías y también una increíble intuición para percatarse de sus problemas. Lo que no obsta para que hubiese en él un excelente crítico literario. Su mentalidad, disciplinada en la filosofía, tenía una aguda perspicacia crítica, su sensibilidad y buen gusto lo hacían percibir los valores estéticos con inusitada intuición, y su capacidad de decir bellamente lo ponían en condiciones de expresar todo ese trasfondo con gracia de estilo y poder de comunicación. De modo que su aptitud filosófica corría pareja con sus aptitudes literarias. Y eso quedó demostrado durante su breve docencia en la Universidad de Columbia. Felipe Pazos me hablaba hace pocos años de los excelentes cursos que le oyó entonces. Según él pocos profesores hubieran podido parangonársele. También es un coeficiente a destacar en la calidad del profesorado de Mañach su reverencia por la cultura de Occidente en la que se había formado y de la que era egregio heredero. Y así fue hasta el final de su vida. En su libro póstumo, *Teoría de la Frontera*, que recoge sus conferencias en la Universidad de Puerto Rico tras su doloroso exilio y ya en los umbrales de su temprana muerte, dice:

> No es el occidentalismo un mero regionalismo narcisíaco, ni un simple celo de un determinado sistema de formas políticas y sociales consideradas en sí mismas. Síntesis del racionalismo griego, del espiritualismo cristiano y del voluntarismo nórdico europeo, lo occidental es, por encima de todo, producto de una elaboradísima disciplina humana, en que la inteligencia, la sensibilidad moral y estética y la energía creadora, se ejercitan libremente, conteniéndose o compensándose en sus respectivos excesos. (Jorge Mañach. *Teoría de la Frontera*, Puerto Rico, 1970. Pags. 88 y 89).

También distaba mucho en lo personal de la imagen con que solía presentársele. Hombre de sensibilidad exquisita y bien cultivada no podía ser frío. De serlo no habría vibrado frente a toda la gama de manifestaciones estéticas. Pues bien saben todos como gozaba lo mismo el buen teatro que la buena pintura, una película de calidad como una buena sinfonía, la poesía de altos vuelos tanto como la buena prosa. Lo que pasaba es que aprendió muy pronto en la vida a sofrenar esa sensibilidad, a regularla, a guiarla por las más altas normas. Así halló culminación su innato y excelente buen gusto tanto en el hacer como en el decir, en el ser como en el parecer. Ya es conocido el esmero que ponía en su atuendo sin parecer por ello atildado. Y mayor aún lo ponía en sus maneras. Por eso fue siempre un caballero, un "gentleman", para decirlo con la palabra inglesa de más exacta connotación.

En cuanto a la distancia no la ponía él, sino los demás sin reparar en ello. Porque hombres de su calidad siempre engendran respeto. Y respetar es mirar a cierta distancia y con cuidado. El mismo lo recordó en su estudio *Indagación del Choteo*. Pero ese respeto de que estaba rodeado nunca excluyó la calidez ni la accesibilidad. Una atmósfera de atenta y sostenida atención estaba siempre presente en los círculos en donde él tenía la palabra, ya fuese una pequeña reunión o una disertación. Un hombre realmente frío es incapaz de lograrlo. Era además un excelente interlocutor. Y a todo colaboraba, sin duda, el freno que había puesto en sus gestos. Siempre comedidos, jamás exagerados. Siempre en forma. Por eso Gabriela Mistral lo retrató tan bien cuando en el prólogo a la edición inglesa de su *Martí, el Apóstol*, escribió:

> Hay en él (Mañach) la continencia de la expresión que imaginamos en el caballero número uno del griego-italo-ibero: nada del drama echado afuera; un grasn reposo tendido sobre el pecho y una sensibilidad de la mano que no llega a lo nervioso. Y sólo al centro de los ojos —en donde nadie se puede callar— está el fervor de todo tataranieto de España. (*Martí, el Apóstol*. Por Jorge Mañach. Traducido de la versión inglesa hecha por Coley Taylor. Puerto Rico. 1963. Pag. 7)

Que era aristocrático sin duda es cierto. Pero sólo en el príntino sentido que le viene a esta palabra de su origen griego: en el sentido de pertenecer a esa clase especial de hombres que no se dá todos los días y que por ser simplemente mejores siempre se destacan. Fue Mañach pues, aristocrático por su *ser*, no por sus blasones, no por otra clase de privilegio.

Y por eso fue un líder de los que quedan, y por eso es ya un "patricio" de la cultura cubana aunque muchos se empeñen en negarlo.

Lo de vanidoso es una cualidad que se le aplica erróneamente. Vano es quien presume de lo que no tiene. Es ostentación de lo que carece de solidez. Y Mañach era bien sólido. Por eso no fue vanidoso. No lo necesitaba. Lo que sí fue es orgulloso. Con un orgullo digno y bien español. Orgullo nacido del esfuerzo que siempre puso en enriquecer los dones con que había nacido mediante un trabajo continuado sin abandonarse jamás al puro goce de existir sin metas y sin normas. De ahí que resintiera profundamente y se doliese cuando veía desconocido ese esfuerzo que no limitaba a mejorarse sino que lo extendía a querer servir a su país. Porque para él los dones que un hombre recibe lo obligan a una tarea de servicio. Y esto jamás lo desmintió él, ni en la vida ni en la obra. Pero como todo ser humano tuvo en su vida, seguramente, multitud de conflictos nacidos del inestable balance que usualmente hay entre la necesidad y la eticidad. Que yo sepa siempre supo, en última instancia, hacer que primara su sentido ético sobre su sentido vital. Y el último gesto que lo atestigua fue el exilio de su Cuba querida, casi en los umbrales del último viaje, cuando su cálida y dulce tierra lo llamaba con más ahinco. No fue, pues, el cálculo, el gran rector de la vida de Mañach. Lo fue otro: el Deber. Así, con mayúscula. Porque así lo sintió siempre él. Como una gran e imperativa mayúscula en su vida.

Aquí concluye este comentario. Por todas las razones expuestas fue Mañach un excelente profesor y muy especialmente de Historia de la Filosofía para quien esto escribe y casi seguramente para todos los que fueron sus alumnos. Lo único a desear es que su libro sobre dicha materia, en que tan afanosamente trabajó por muchos años y que se quedó en Cuba, se publique a la mayor brevedad como un merecido homenaje a su memoria.

New York, 1978

VIII
LA ESTRUCTURA DE LOS ENSAYOS DE JORGE MAÑACH

Conferencia inaugural pronunciada en el XIV Congreso
Anual del "Círculo de Cultura Panamericano" y que
se celebró en el Spanish Institute de Nueva York
el 28 de diciembre de 1976 y que fue luego publicada
en la revista "CIRCULO", 1978.

La estructura de los ensayos de Jorge Mañach

Es desideratum de la crítica moderna que en todo intento de evaluación la obra hable por si misma sin incurrir en lo que se considera un defecto de enfoque: en la historia del autor o en las circunstancias que hicieron posible esa obra. En fin, se pretende que la obra se presente como un caso científico y que sea lo que en ella esté lo que dicte el juicio. O como dice Serge Doublovsky en su artículo "Crítica y Existencia": "La crítica de hoy postula de común acuerdo (su único acuerdo) la primacía absoluta de la obra y reclama una comprensión autónoma de lo escrito". (*Los Caminos Actuales de la Crítica*. Conjunto dirigido por George Poulet. Título original *Les chemins actuels de la critique*. Traducción de Gonzalo Suárez Gómez. Barcelona, 1968, Pág. 175).

Largo sería polemizar sobre el punto. Aun algunos de los que sostienen tal punto de vista se percatan de como la crítica puede internarse así por caminos peligrosos, pues al querer huir de la retórica y palabrería sin sentido que muchas veces caracterizó la crítica literaria se ha caído en el extremo de que los críticos se adentren en campos que no son de su especialidad funcionando como psicoanalistas, filósofos o sociólogos con la natural consecuencia de aproximarse a lo que yo no temo en llamar una nueva forma de charlatanería científica o filosófica que ha devenido en retórica, no siempre de la mejor clase. De algún modo Gerard Genette lo ha reconocido al decir: ..."yo, por mi parte, no tendría ningún inconveniente en admitir que la crítica, tal y como la concebimos, sería, parcialmente al menos, algo como una nueva retórica" ("Razones de la crítica pura" Artículo. Obra citada. Pág. 165).

Inútil continuar los argumentos. Pero basada en el criterio muy personal que tengo de la crítica anuncio que este trabajo se plantea el estudio de un solo aspecto de la obra de Jorge Mañach: la estructura de sus ensayos.

Si después de hecho el estudio se añaden algunas conclusiones respecto al autor sólo será como natural corolario. En modo alguno como un "apriori" del juicio que haya determinado el análisis.

Pero todavía antes de entrar a discutir propiamente el tema debo decir algo que me parece fundamental. Los géneros literarios —hoy tan discutidos— no se dan gratuitamente y cuando en determinada época tienen más predominio unos que otros alguna razón habrá.

La primera mitad del siglo XX es, así, sumamente fecunda en ensayistas. También en novelistas posteriormente. Y esto en todas las literaturas de occidente. Abundar en las razones es tema que escapa a nuestro propósito ahora. Se señala solamente para que se vea por lo pronto esto: Que la obra de Mañach se inserta cabalmente en la literatura de su tiempo. Que Mañach es un escritor de su época, y esto válido no sólo para su Cuba nativa sino también para toda la literatura hispánica de este siglo.

Todavía otra aclaración es pertinente. Y es determinar en la medida de lo posible que es un ensayo. Saben los entendidos que no hay demasiada claridad en su delimitación. De aquí que muchos se hayan dedicado a esclarecer el concepto en nuestra época, desde Christopher Morley hasta el propio Mañach. Y es que no toda la prosa que se escribe sobre un tema con determinada extensión puede llamarse ensayo. El ensayo literario tiene sus notas. Precisamente Mañach en su estudio "Universalidad de Alfonso Reyes" dijo: "Ya se sabe que aquel género es cosa ambigua por la variedad de intenciones y prosas que en esa categoría se cuelan". Y continúa: "Para mi gobierno prefiero representármelo (el ensayo) en su forma más auténtica como un género de prosa que se caracteriza no tanto por el camino como por el paisaje intelectual" (Cuadernos del Congreso por la Libertad de la Cultura, No. 15, París, 1955 Pág. 23). Y ya anteriormente, en 1944, había escrito refiriéndose al ensayo en Cuba: "La plenitud, agudeza y ponderación exigente en el juicio, la necesidad de apoyar este en testimonios y experiencias más universales, se traducían en un ajuste delicado de la palabra al concepto". ("El estilo en Cuba y su sentido histórico". *Historia y Estilo*, La Habana, 1944).

Sin duda se apuntan aquí algunas notas de lo que debe ser un ensayo. Pero la definición es aún imprecisa para nuestro propósito. Por eso prefiero atenerme al concepto que esbocé hace años, en la Habana, en una pequeña charla sobre "La mujer y el ensayo en Cuba". Intenté entonces una descripción del género que aún me parece válida y que en la obra que examinaremos se cumple a plenitud. Aquel propósito de precisión decia que puede considerarse ensayo todo intento de apresar cierta zona de la realidad física, espiritual o cultural desde un punto de vista que funciona como tesis y que se argumenta a lo largo del estudio de diversas maneras, pero siempre con gracia de estilo. Es decir que para ser ensayista hay que tener un punto de vista sobre un tema, saberlo argumentar y saberlo decir. Y ninguno de estos factores es prescindible. Mañach fue, por eso, un gran ensayista. Y así lo reconocen cuantos lo han leído; desde sus coterráneos Gastón Baquero o Andrés Valdespino hasta Gabriela Mistral. Pero vamos a probarlo.

He elegido para fundamentar este juicio unos pocos ensayos de los muchos que escribió. Son: Indagación del Choteo de 1928, "El estilo en Cuba y su sentido histórico" y "La nación y su formación histórica" ambos recogidos en su libro *Historia y Estilo*, La Habana, 1944. Además *Examen del Quijotismo* de 1950 y "Universalidad de Alfonso Reyes" de 1955, como ya se dijo. Quedan fuera muchos. De su primera época es incluidible citar su conferencia "La crisis de la alta cultura en Cuba", sus artículos y ensayos en la "Revista de Avance" y los muchos que escribió sobre temas literarios durante su docencia en la Universidad de Columbia y aún después. En el mediodía de su vida sus trabajos exhaustivos sobre José Martí –muchos de ellos ensayísticos– y sus estudios sobre algunas figuras cubanas y otros escritores notables. Ya, al final, su ensayo sobre Ortega y Gasset con motivo de su deceso y, sobre todo, en el umbral mismo de la muerte, su *Teoría de la Frontera* que reúne las conferencias que dictó en la Universidad de Puerto Rico a su salida de Cuba, desarrollando un tema muy interesante cuyas últimas conclusiones sólo pudo dejar esbozadas. Aprovecho para decir que no he considerado este trabajo justamente por estar inconcluso, lo que en modo alguno resta calidad a la obra. Sólo que la sabemos incompleta.

Si se repara en la serie de ensayos que se van a analizar se verá que corresponden a tres épocas bien definidas de la vida del autor. *Indagación del Choteo* a la primera madurez; *"El estilo en Cuba y su sentido histórico"* y *"La nación y su formación histórica"* a la época de plenitud en Cuba que va de 1940 a 1948; y los dos últimos "Universalidad de Alfonso Reyes" y *Examen del Quijotismo* al período en que ya ha rebasado las fronteras patrias y es figura conocida y consagrada en las letras de habla hispana. Es el tiempo posterior a 1948 que sólo terminará con su temprana muerte en Puerto Rico en 1961.

Y si se mira a la temática de esos ensayos otra vez aparecerá una línea característica. Comienza por un problema netamente particular y cubano "el choteo". De ahí se pasa a los dos ensayos de madurez que representan el momento en que Mañach se planta como líder, al menos cultural, ante la conciencia cubana y así es reconocido. Son los dos discursos de ingreso a la Academia de la Historia y a la de Artes y Letras y cuyos títulos dimos. El tema de estos ensayos sigue siendo cubano, pero ya no referidos a una particularidad sino a Cuba como una entidad no sólo territorial, sino espiritual y cultural. Los dos ensayos de la última etapa que se han seleccionado recogen temas cuyo interés trasciende la esfera nacional. Uno centrado en esa gran figura de Hispanoamérica que fue Alonso Reyes, otro en una obra española de dimensión universal, *Don Quijote de la Mancha*.

Es criterio de muchos que la excelencia del escritor corre pareja con la ampliación de sus intereses de lo circunstancial e inmediato a lo universal y ya eterno. Por ejemplo, Gastón Baquero dice:

> El libro *Examen del Quijotismo* tiene, según creo, importancia insuperable en la obra de Mañach... Por otra parte —como ocurre con su estudio "El sentido trágico de la Numancia"— es en los grandes temas de la literatura clásica española donde Mañach da la máxima intensidad artística de su prosa y de sus conocimientos literarios. (Revista "Cuba Nueva". Vol. I, No. 12. Septiembre 1962. Florida, USA. Pág. 27)

Y nada más ahora. Es pronto para avanzar juicios valorativos.

Punto de vista sobre un tema

En la definición que nos servirá de guía para este estudio he señalado como característica esencial de todo ensayo la toma de un punto de vista sobre un tema, ya la naturaleza circundante —recuérdese *Visión de Anahuac* de Alfonso Reyes o *Meditaciones del Escorial* de Ortega— o sobre un hecho de la cultura: historia, arte, literatura o aun ciencia.

Tuvo Mañach cuidado de que todos sus ensayos respondiesen a este desideratum. En general, y como buen escritor, pretendía captar la atención del lector o del auditorio desde los comienzos empleando diversos recursos como incitación. Usualmente apelaba con su afinada perspicacia psicológica a los motivos de interés para todo hombre, ya en lo íntimo, ya en lo externo. En otros casos, no los más frecuentes, a sus propias experiencias personales que presentaba como un recurso de ambientación. Así en la pequeña anécdota que narra al principio del ensayo sobre Alfonso Reyes que he citado, o en los párrafos con que introduce su excelente estudio sobre "El pensamiento de John Dewey".

Tras haber captado la atención podía hacer dos cosas: o plantear escuetamente su tesis para luego desarrollarla, como hace en *Examen del Quijotismo*, o exponerla lenta y cuidadosamente para declararla al final como en el ensayo sobre Reyes al que me he referido. En todo caso esta tesis, hipótesis o punto de vista era siempre original. Fue Mañach un hombre que se atrevió, sin tregua, a pensar por cuenta propia. A veces sorprendía, aun en la conversación, con opiniones inusitadas e iluminadoras respecto a un tema cualquiera. Y es que su brillante inteligencia, bien asistida por una larga y bien fundamentada formación académica se veía complementada por unas dotes de intuición y sensibilidad poco frecuentes. Estas características pudieron hacer de él un poeta. Pero era difícil. Es posible, estoy dispuesta a admitirlo, que haya escrito alguna vez poesías. pero nunca hablaba de ello. Posiblemente sabía que el peso de su lógica era tan decisivo que habría cercenado en la raíz toda expresión poética que elude toda explicación y a la que le basta con la nuda presentación. Y para Mañach explicar el mundo, explicárselo todo, era una necesidad vital. Porque con su intuición descubría el nudo básico de un problema y como explicarlo. Pero no avanzo más. Algunos ejemplos quiero dar.

En *Indagación del Choteo* dice como motivación o incitación: "Ha sido siempre hábito nuestro despachar los problemas con meras alusiones" (Pág. 11). Pero él no hará eso. Y aclara que "conjugando así un método empírico con un método lógico" (Pág. 13), llegará a un como estudio fenomenológico de lo que es el choteo que define así: "El choteo es, pues, una actitud erigida en hábito, y esta habitualidad es su característica más importante". (Jorge Mañach. *Indagación del Choteo* Tercera edición revisada. La Habana, 1955. Pág. 14).

A partir de estas delimitaciones conceptuales se desenvuelve el ensayo.

En "El estilo en Cuba y su sentido histórico" dirá que "la más elemental elección de forma, la del tema mismo, es ya un acto estilizador" y continuará:

> ... la preferencia por el género épico o el lírico, por la fábula o por la novela, la actitud emocionada o impasible; el gusto insistente de la oda o de la décima, el modo restringido o copioso de componer, son marcas más o menos amplias del estilo". (Pág. 110). (Historia y Estilo, La Habana. 1944).

Y luego de varias disquisiciones para precisar qué entiende por estilo esboza su tesis de este modo:

> ... la personal convicción que sustento de... que entre esas circunstancias sociales, la aspiración a la libertad y sus vicisitudes intervienen mucho en el estilo. (Pág. 112).

En definitiva, que toda la literatura cristaliza en determinadas formas porque la evolución histórica la condiciona en gran parte. Tal vez no esté muy lejos esta tesis de la idea de que toda literatura, sépalo o no, es "literatura comprometida" para usar frase muy del gusto de hoy.

Esbozada su tesis se apresurará Mañach a probarla a través de la historia de las letras cubanas. Pero ya lo veremos.

En "La nación y su formación histórica" después de unas palabras en honor de Enrique José Varona a quien iba a sustituir en el sillón de la Academia, dirá:

> Al amparo de esa evocación, señores académicos, os hago como tema de mi discurso de ingreso un ensayo de contemplación abstracta de nuestra historia. Más precisamente: los supuestos teóricos y métodicos en que semejante empeño pudiera apoyarse. Pág. 16. (Historia y Estilo).

Pues pretende Mañach "poner al descubierto los significados y relaciones más íntimas —aunque por lo mismo, más problemáticas— de nuestro proceso histórico". (Pág. 17).

Luego tratará de fundamentar su criterio.

Al hablar de Reyes en el ensayo tantas veces citado introducirá el tema con una referencia muy personal, pero no declarará la tesis que, después de todo, no tenía por qué esbozar. La había presentado en el título: "Universalidad de Alfonso Reyes". Y será sólo al concluir que redondeará su pensamiento con una formulación que es la tesis que vertebra el estudio. Y dice:

175

El mexicano empezó a traerse el mundo a casa: la casa hispánica. Se le afinó el sentido de la ponderación, la simpatía sin desbordamiento de entusiasmo, la discrepancia cortés que sabe ser sólo "diferencia". A la pasión dogmática oponía un escepticismo sin desilusión. Y con todo ello le vino un incremento de soltura y de exactitud en el estilo, que cada vez se iba descargando más de primores ornamentales para valerse de la pura gracia y sencillez. (Jorge Mañach: "Universalidad de Alfonso Reyes" Revista "Cuadernos". No. 15. París. 1955. Pág. 23).

Y resumiendo el ejemplo de Reyes dirá:

... ese dar siempre el esfuerzo heroico, desentendiéndose de lo popular y de la más común receptividad, ese poner el oficio a las más exigentes tareas, es uno de los ejemplos que de Reyes hemos recibido. Y uno de sus más generosos tributos; ha escrito siempre como si ya en América hubiese resonancia universal. (Id. Pág. 25).

Por último en *Examen del Quijotismo*, su obra más acabada en su apretada concisión, comienza amparándose en un criterio del propio Cervantes para el hacer crítico. Y luego esta confesión que bien conocen los que leen a profundidad y han pasado por la experiencia de escribir:

Cualquier gran obra artística lleva en sí mucho más de lo que el autor deliberadamente pone... el arte se hace con lo que se busca y con lo que simplemente "sale" que es casi siempre lo más hondo...

Y continúa:

A la conciencia propiamente dicha de un escritor se incorpora siempre un mundo de aprehensores que yacen como larvadas en su entraña psíquica... De ahí que una obra de mucha densidad creadora signifique casi siempre más para el lector o para el espectador que para quien lo hizo. (*Examen del Quijotismo* Buenos Aires 1950 Pág. 11).

Imagino la satisfacción de los que profesan en la escuela del estructuralismo psicoanalítico como método, al leer estas palabras que refrendan la tesis.

Luego enuncia Mañach su propósito claramente: hacer un estudio de la filosofía del quijotismo. Pero aclarará: "entendiendo la palabra filosofía con rigurosa modestia como una búsqueda amorosa de explicación" (Pág. 12) y pasa a delimitar su tema:

> Si no fuese mi propósito evitar cuanto sea posible la jerga técnica en estas páginas, me atrevería a decir que lo que en ellas se intenta es una fenomenología del quijotismo a través de su objeto-sujeto, de Don Quijote, creación literaria tan vivida que se le puede tomar como un suceso efectivo. (Pág. 13)

Hasta aquí he ilustrado como Mañach en estos ensayos presenta siempre un punto de vista sobre un tema que pretende elucidar.

Argumentación

Pero ya dijimos que todo ensayo es no sólo la presentación de un punto de vista sino la necesidad de argumentarlo, de probarlo de alguna manera. Y la primera aclaración que debe hacerse es ésta: esa prueba o argumentación no tiene necesariamente que ser lógica. Esto transformaría todo ensayo en un ensayo filosófico y no es ése el caso en muchos escritores. Esa prueba, por tanto, puede tener diferentes matices, diferentes apoyaturas. Cabe que sea psicológica, histórica, sociológica, poética o lógica. O fundamentarse en la simple experiencia. Lo importante es que el ensayo tenga una cuidadosa y bien trabada argumentación que dé validez a la tesis que se sustenta.

En el caso de Mañach nunca faltó. No siempre con el mismo carácter, por supuesto. Alguna vez se basará en la experiencia y en lo psicológico, como en *Indagación del Choteo*. En otros en la historia o en las letras. Tal en "La nación y la formación histórica" o "El estilo en Cuba y su sentido histórico". En ocasiones en el conocimiento cabal de una obra como en sus estudios sobre Martí, Heredia, González Prada o tantos otros. Y todavía habrá aquellos en que al conocimiento de la obra se sume la relación personal con los autores como en el caso de sus trabajos sobre Alfonso Reyes o Gabriela Mistral. Y, deliberadamente, he dejado para el final los ensayos en que la argumentación se vertebrará con absoluto rigor lógico en el profundo saber filosófico que tuvo Jorge Mañach y en sus indudables dotes de penetración en este campo. Pues pese a que pretendía repudiar la Metafísica pocas cabezas he conocido más lúcidamente dotadas para moverse en el terreno de la abstracción filosófica, aunque muchas veces no lo parecía. Y es que —como Ortega— estaba dotado de la gracia para decir y de una sorprendente capacidad de síntesis que le permitía expresar las más intrincadas ideas con inusitada claridad. Tal vez si porque él también participaba en el credo orteguiano que rezaba que "la claridad es la cortesía del filósofo". Y Mañach fue, como nadie, un hombre cortés.

Y también porque es posible que pensara, como alguna vez expresó Husserl, que:

> La verdadera filosofía reconoce como una imperfección lo que a menudo más se alaba en ella y se imita: la profundidad. Profundidad es un síntoma del caos que precisamente la verdadera ciencia pretende transformar en un cosmos, sometiéndolo a una ordenación sencilla de perfecta claridad. La verdadera ciencia por lo menos en cuanto alcanza su positiva doctrina, no conoce profundidad alguna. Cualquier trozo de ciencia ya lograda es un conjunto de pasos intelectuales de los que cada uno es inmediatamente evidente, y por lo tanto, no es profunda. (Citado por Ortega y Gasset en su comentario, por tantos modos excelentes, al libro de J.F. Herbart: Pedagogía General derivada del Fin de la Educación. Obras Completas de José Ortega y Gasset. Quinta edición. 1961. Tomo VI, Pág. 295).

Sea como fuere, lo cierto es que en muchos ensayos de Mañach los argumentos tienen un profundo sentido filosófico, expuestos con indudable claridad y gracia de estilo, lo que hace decir a Valdespino en su libro sobre este autor esto:

> Uno de los méritos de Mañach como escritor fue el haber logrado, aun en sus trabajos de mayor profundidad ideológica como *Examen del Quijotismo*, un modo de decir que siendo austero, sobrio y macizo —como el mármol gris— trata siempre de ser terso y claro. (*Jorge Mañach y su generación en las letras cubanas*. Por Andrés Valdespino. Miami. 1971 Pág. 94).

Y lo logra, añado yo.

Pero es hora de que se apoyen estas afirmaciones en algunos ejemplos. En *Indagación del Choteo* —como dije— hace un estudio psicológico y sociológico de esta manifestación del carácter cubano. Analiza cuidadosamente lo que es el respeto y ve en el choteo una esencial falta del mismo. Escruta luego lo que es la burla y afirma que: "Toda burla supone, pues, una autoridad, o, por lo menos una competencia" (Pág. 19). Y explica el especial placer que en general sienten los humanos frente a una quiebra de la autoridad así:

> El instinto humano tiende a conservarnos nuestra independencia, nuestra libertad de adaptación, y recela de toda autoridad, incluso la del prestigio, que, como ya observó Simmel, nos encadena tal vez más que otra alguna. (Pág. 19).

Y al aplicar esas generalizaciones a Cuba escribe:

> ... hay en la idiosincrasia cubana rasgos peculiares que, originados unas veces y acusados otras por el clima o por las circunstancias sociales en que hemos venido desenvolviéndonos, tienden a facilitar esa perversión de la burla que es el choteo. (Pág. 35).

Para concluir que:

> La independencia del cubano lo induce a suprimir la autoridad, aunque sea en el trato social. El tuteo priva, y las personas de más importancia responden por su nombre de pila, cuando no por un diminutivo del mismo, o por un cariñoso apodo. Pero ya dije que más que cariño lo que hay es igualitarismo, familiaridad o para decirlo con una palabra de connotaciones muy afines: "parejería", cuidado de que todos estemos parejos. (Pág. 40).

Estas características del cubano las vio cambiar muy sutilmente el autor a través de su vida. Conforme el drama de Cuba se acentuaba el hombre de Cuba se hacía distinto. Eso explica que en nota al pie de página en la edición de este ensayo que nos ha servido de guía dijese:

> Ya el choteo no es, ni con mucho, el fenómeno casi ubicuo que fue antaño; ya la trompetilla apenas se escucha, o por lo menos, no tiene presencia circulatoria. (Pág. 44).

En "El estilo en Cuba y su sentido histórico" fundamenta su tesis en un cabal conocimiento de la historia literaria cubana demostrando como a cada cambio histórico correspondió un diferente estilo.

Este trabajo ha sido considerado por algunos como el mejor entre todos los escritos exclusivamente literarios de Mañach. Así Valdespino. Yo sólo debo añadir que eso es porque dicho trabajo formaba parte de un estudio mayor que el autor pensó por muchos años y que nunca llegó a escribir. Quien esto escribe nunca olvidará como una vez hablando con María Zambrano y conmigo nos explicó en qué consistiría esa obra. Quedamos sorprendidas de su profundidad y de su acierto y lo invitamos a que la escribiese. La contínua necesidad intima que siempre sintió de servir a Cuba en lo que creía su deber impidió esa labor. Nunca lo lamentaremos bastante. Pero es que siempre quiso ser fiel a sus ideales juveniles. En 1925, en una conferencia que luego se publicó y que se titulaba "La crisis de la alta cultura en Cuba" había dicho:

> Con la crisis económica de la posguerra, que sucedió a una efímera y engañosa bonanza, quedó al descubierto la esencia caudillística de nuestra ficción democrática, servida por dos partidos sin doctrina real, puramente electorales y burocráticos. Una nueva generación, excluída virtualmente de ellos, acude sin embargo por otras vías a su deber histórico. (La crisis de la alta cultura en Cuba. La Habana, 1925).

El era de esa generación y siempre se sintió urgido por ese deber. Es que —como dice Gastón Baquero— "Lo que quería era servir, no arrinconarse, no encerrarse en una "torre de marfil". (Art. cit. Pág. 23). Y en otro lugar del mismo escrito Baquero dirá:

> A muy pocos les ocurría pensar que aquel hombre estaba allí, en la palestra de las fieras, contraviniendo su natural, su espontáneo movimiento de entregarse a otro orden de actividades y relaciones. (Pág. 26).

Y es eso lo que justifica que Jorge Luis Martí hable del "educador cívico" que había en Mañach.

Lo fundamental en el estudio que ha provocado estas consideraciones es algo que la estilística moderna tiene más que comprobado: Que la preferencia por una palabra en un momento dado tiene valor expresivo de un contenido espiritual que no siempre corre pareja con su connotación habitual. Así Mañach enlaza los distintos nombres con que los cubanos nos hemos referido a nuestra tierra con una determinada forma de expresión o estilo. El "país" representa la iniciación formal del estilo bajo las influencias iluministas. A este respecto dice: "Es momento de liberaciones... Racionalismo, criticismo, utilitarismo son los cauces de la nueva inquietud". (Hist. y Est. Pág. 130).

Todavía bajo el signo de "el país" van a aparecer el romanticismo y el reformismo en una oscilación por configurar la denominación con que posteriormente se nombrará a Cuba: "La Isla". Pero todavía es pronto. De ahí que en estos tiempos el estilo tenga un carácter oscilante. Mañach lo explica así: "Todos los grados de la estilización— desde los temas hasta el idioma— se caracterizan entonces por la indecisión, por la ambigüedad, por el disimulo". (Id. Pág. 144). Por eso ve en el costumbrismo un cierto rasgo de rebeldía disimulada y dice: "Muchos artículos de costumbre no eran sino panfletos inhibidos". (Id. Pág. 164).

El término "Patria" que sigue al del "País" y la "Isla" se redondea y consagra en el destierro que es para Mañach,—en lo que a Cuba concierne— una categoría histórica y del que opina. "Por eso fue el destierro una salvación en lo literario, como lo fue en lo político". (Id. Pág. 164).

Es entonces cuando cuaja el estilo con caracteres inconfundibles. Pues:

> Templada en el sacrificio, el alma cubana se afirma a sí misma, fundiendo en una nueva voluntad histórica las imágenes parciales del país, de la Isla, de la Patria". (Pág. 171).

Es la hora de Martí, de quien dice:

> ... en su palabra definitiva se da como una síntesis de lo clásico español y de lo romántico americano, de lo barroco y de lo impresionista...

Y continúa: "No me parece aventurado afirmar que es el primer acento genuinamente personal que se da en la prosa cubana". (Pág. 180).

Cuando ya Cuba es denominada la "República" el proceso estilístico sufre otro cambio. De ese cambio opina Mañach.

> Hay un primer momento en que la prosa crítica y la narración naturalista quisieran apagar todos los fuegos fatuos, ir en busca de la propia sustancia que se escapa... A lo largo de esta línea el estilo irá perdiendo pudores de mera exquisitez: se hará cada vez más opaco, más crudo y arisco. Reflejará una sensibilidad social en que cunden la desilución y el desencanto... (Pág. 185).

Pero:

> La conciencia íntima no se rinde, sin embargo, ante el general derrotismo, antes procura, por todas las vías, descubrirle su génesis, señalar las grietas por donde se ha desustanciado la posibilidad nacional, recobrar los valores que puedan nutrirla. (Pág. 188).

El cubano entonces —precisamente los de la generación de Mañach— se impregna de lecturas europeas, se pone a compás con el meridiano cultural de Occidente. Se lee a Ortega y a Spengler, a Barbusse y a Simmel, entre otros. Y se redescubre a Góngora y se leen poetas como Valery. Es el momento de la "Revista de Avance" que tuvo en Mañach su líder más preclaro.

Pero nuevas sombras se tienden sobre el horizonte y Mañach diagnostica al final de su ensayo lo que es el estilo entonces —1944— con estas palabras en que hay un tono profético válido aún:

> Nuestra época no ha podido encontrar aún su acento expresivo, sencillamente porque tampoco ha dado todavía con sus propias estructuras históricas y filosóficas... El estilo, como el mundo, está en crisis. (Págs. 203-204).

Con estas ideas culmina este ensayo en que ha tratado de probar como las condiciones históricas determinan en mucho el estilo.

En "La nación y su formación histórica" argumenta la tesis que ha esbozado de que Cuba no era todavía una nación haciendo un análisis de todos los factores a considerar en la formación de una conciencia nacional, integración social, solidaridad, cultura, razas, el papel de las minorías dirigentes, la influencia del pueblo en el proceso, el conflicto de intereses, la religión como fuerza cohesiva, la unidad territorial, la conciencia moral.

Dedica sendos párrafos a elucidar todas estas cuestiones como él las ve. Pero alargaría demasiado estas páginas si me detuviese a escudriñar lo que dice en torno a estos puntos. Baste señalar que en este ensayo resalta la fe de Mañach en la educación y en la cultura como agentes de la integración nacional, su respeto por el pueblo, su exigencia de que las minorías cumplan con su deber y su aversión a la demagogia como la demuestra al admitir que las diferencias raciales son un serio obstáculo en el proceso de la integración que sólo puede realmente vencerse por un programa de educación y cultura bien planeado. Y dice todo esto en una época en que es usual soslayar esta realidad. Y del mismo modo, en una coyuntura histórica que hace profesión de fe del decreimiento, se arriesga a afirmar el valor cohesivo de la religión pese a que sabe que ha de ser tachado por ello de ser lo que nunca fue: un hombre de espaldas a la historia.

El ensayo termina con una nota de apertura al futuro. Y copio:

> A lo que el mundo se encamina es a una más profunda y segura inteligencia entre las naciones; a garantizar que éstas conjuguen adecuadamente sus deberes y derechos; a imperdir que ningún pueblo pueda aventajar su posición a costa de los demás. (Pág. 66).

Y para desmentir la posible interpretación marxista, en la siguiente página dirá:

> La nación no tiene médula económica específica. Es la sustanciación social de un hecho de conciencia: de aquel psiquismo colectivo por el cual un pueblo está seguro de sí mismo, y no hace, ni consiente, nada que lo rebaje o destruya. (Pág. 67).

El estudio "Universalidad de Alfonso Reyes" está todo enmarcado y argumentado a través del lado biográfico y del profundo conocimiento de la obra alfonsina. Es ensayo transido de admiración por la obra y por el hombre. A pesar de ello el juicio es mesurado siempre y carente de ampulosidad. Y sorprende el talento con que descubre las esencias mismas de la obra de Reyes. A mí particularmente me seduce este comentario.

> En Madrid, saber y poesía vuelven a enlazarse para la tarea de verso a la vez más uncida y más libre que ha salido de su pluma: IFIGENIA CRUEL. En esa tragedia en miniatura —siempre la concentración alfonsina— el mito griego está repensado, recreado. (Pág. 23-24).

Y es porque —lo he dicho en otra parte— Ifigenia no fue sólo una excelente obra literaria sino también algo que significó mucho en la vida del "mexicano universal".

El ensayo de Mañach termina resumiendo su tesis de lo que Reyes fue:

un ensayista mejor que un gran poeta. Y expresa su juicio así:

> Desde luego, en toda la obra de Reyes bate el ala de la poesía. Pero lo característico en él no es el sueño sino la vigilia, no es el misterio trémulo, sino la firme lucidez. Ni su expresión alcanza su ritmo más perfecto en la danza del verso, sino en el andar gracioso de una prosa como pocas natural en el artificio, precisa, elástica y llena de garbosos quiebros. (Pág. 25).

Examen del Quijotismo se argumenta larga y tendidamente. En él exhibe Mañach su acendrado saber filosófico, su capacidad literaria, su gran intuición psicológica y su excelente juicio crítico. También su amplia formación humanista que había bebido en las fuentes de tres culturas: la española, la francesa y la sajona. Todo le permite fundamentar acuciosamente su tesis con absoluta propiedad y con insospechada originalidad. Pensada en el año del cuatricentenario de Cervantes, en 1947, cuando tanto se fatigaron las prensas con estudios sobre la obra cervantina, pudo Mañach, al publicarla, parangonarse con los que mejor colaboraron al homenaje. El mismo la consideraba su mejor trabajo. Y ya se sabe el juicio que siempre ha merecido este ensayo. No citaré el de críticos cubanos. Me atengo sólo a lo que ha dicho Alberto Zum Felde: que es una "obra excelente en cualquier literatura" (*Indice crítico de la literatura hispanoamericana* México 1954. Pág. 586).

El ensayo se dirige contra la idea muy generalizada del valor de la ética quijotesca en detrimento del papel de Sancho y postula que se propone un "examen del quijotismo", no de Cervantes ni de Don Quijote. Para ello analiza como enloquece Alonso Quijano, el efecto de sus lecturas, el valor del factor imaginativo en las obras que lee, y muestra como la fantasía va absorbiendo el papel de la experiencia y de la razón. Se adentra en como se vivieron esos mismos procesos en España de alguna manera y acaba examinando cómo el quijotismo es un modo de conocimiento. Lo explica así: "hay un quijotesco modo de conocer, de hacer y de sentir". (Pág. 34). Luego analizará cada uno para concluir:

> De ahí que el quijotismo nunca escarmiente, ya que es, por definición, un apriorismo de la voluntad que tiene su valor final en sí: una fe genuina, que no sólo no necesita demostraciones, sino que hasta persevera contra ellas. (Pág. 59).

Y es que:

> Don Quijote solo tiene por cierto —buen espíritu medieval que aun es— el conocimiento por fe... He aquí otra dimensión de la arrogancia quijotesca: la pretensión de acatamiento, no por la autoridad que se tiene demostrada, sino por la que se acredita en la intimidad de la propia conciencia. (Pág. 68).

De este modo:

> Cobra así sentido teórico y universal lo que suele llamarse el utopismo quijotesco —su ideal nostálgico de un mundo mejor... (Pág. 99).
>
> Pero "España no supo, no pudo o no quiso sustituir a tiempo los valores medievales por los del espíritu moderno". (Pág. 104).

El ensayo continúa ensalzando la figura del hidalgo y valorando la actitud de Sancho frente a él. Ya está casi al cabo de su tesis. En la página 114 dirá: "Don Quijote se rige por la conciencia, por el deber; Sancho por el instinto, y le basta con el parecer".

Más adelante afirmará que la gran creación cervantina:

> ...sanciona por medio de la burla el tipo de idealismo apriorístico que pretende imponer a la realidad sus normas y valores sin antes acatar las condiciones de ella. (Pág. 117).

Y advierte que:

> ...un autor es responsable de todas las emociones que suscita, y sería peregrina estética suponer que podamos nosotros prendarnos de la nobleza del caballero a contrapelo de la voluntad creadora de Cervantes. (Pág. 117).

Porque el quijotismo para Mañach tiene dos caras, la de Sancho y la del caballero, pues:

> La verdad, es según creo, que justamente en la sutileza y profundidad con que reclamó esa armonía es donde descansa la eminencia cervantina. (Pág. 119).

Las páginas finales se dedican a examinar qué lección puede derivar

América del estudio de Cervantes y, fiel a la voluntad de prócer de esta América nuestra que Mañach siempre tuvo, acaba su ensayo así:

> La genuina esencia de nosotros mismos está en aquel realismo ilustre de España... el realismo a que Cervantes aspiró cuando quiso que Don Quijote y Sancho viviesen juntos y no se separasen sino para hundir respectivamente su destino en la oscuridad de la muerte y en la oscuridad de la aldea. Y nuestra América no quiere morirse de tradición ni quedarse reducida a provincia. Aún tiene por delante todo su futuro que es del tamaño del mundo. (Pág. 162).

La tesis ha terminado con algo que está presente en todo el pensamiento de Mañach: Que el hombre puede, pero sólo dentro de determinado contexto, pues toda realidad tiene dos caras: la del ideal y la de la posibilidad y sólo de la conjugación de ambas puede nacer la plenitud de la vida.

Gracia de estilo

Expliqué muy al principio de este ya largo trabajo que un ensayista para serlo no sólo debía tener una tesis sobre un tema y saberla argumentar, sino que también debía desarrollarla con cierta gracia de estilo. En suma, que la prosa del ensayo debe tener primor estético, lo que alguna vez Julián Marías ha llamado "calidad de página".

En el caso de Mañach esto es obvio. Pero antes de avanzar en el análisis de su estilo como ensayista es conveniente que se aclare que su estilo se acomodó siempre al tipo de trabajo que desarrollaba. Así hay una marcada diferencia entre el estilo de sus crónicas de viaje o artículos de costumbre y la prosa en que desenvuelve sus ensayos. Y lo mismo puede decirse del estilo con que trabaja sus colaboraciones periodísticas de aquel que usa para sus conferencias de clase. Es natural. En los artículos de costumbres o en las crónicas de viajes tenía que dar una visión concreta, plástica en el más genuino de los sentidos, de lo que estaba hablando. De ahí que en muchos casos recurra a la adjetivación definidora que matiza y especifica, que haga del color casi un permanente aditamento, emulando a los modernistas que se distinguieron por su prosa impresionista. He dicho emulando y tal vez he dicho mal. Porque me pregunto si no será inherente siempre a la buena descripción de un paisaje o de un ambiente el añadido del color y del adjetivo que ayuda a visualizar lo que se describe. A este respecto dice Valdespino:

> Aunque tanto por su temperamento como por su sensibilidad Mañach estaba a buena distancia del "modernismo" versallesco y exotista que aun gustaban de cultivar algunos de sus contemporáneos en aquella época, no es difícil descubrir huellas de la influencia modernista en la prosa cuidadosamente refinada de muchas páginas de sus *Estampas de San Cristóbal*. En primer lugar, el uso —y hasta el abuso— del color. (Pág. 16).

Y más adelante escribe el propio crítico:

> Por otra parte, el exceso de elementos ornamentales y decorativos —huella perceptible de la influencia modernista— lastra a veces la prosa, recargándola innecesariamente y restándole frescura y ligereza. (Pág. 225).

Sin discutir por el momento estas afirmaciones es evidente por lo dicho que hay una diferencia sustancial entre la prosa con que Mañach escribe sus ensayos y aquella con que se expresa en otros trabajos.

En los ensayos su prosa será clara, lógica, precisa, perfectamente ajustada a su designio; pero siempre fluída y yo diría que grácil. Alguien se atrevería a afirmar que con cierto carácter poético. En algunas ocasiones es posible que lindara con ese carácter, pero yo prefiero decir lo que realmente pienso. Que la prosa de Mañach en los ensayos es artística casi siempre, pero no poética. Y esto porque él fue, básicamente, hombre de excelente sensibilidad estética y de indudable buen gusto. Pero esta sensibilidad buscó siempre en él un cauce ajeno a la poesía y si muy cercano a las artes plásticas. Pues bien saben los que lo conocieron que solía entretener sus ocios en la pintura de rincones que apresaban sus ojos ávidos de color y de forma. Los que han visto sus primorosas acuarelas lo saben.

Y esta cualidad se reflejaba siempre en su prosa, aún en la de sus ensayos. Era una prosa de altos valores plásticos, pero no siempre coloristas. Eso explica que Bustamante y Montoro pueda decir que su prosa parecía esculpida. Tan plástica era la evidencia de la forma. Y esta particularidad lo ayudaba en la presentación de sus tesis, pues podía hacer concreta e inteligible la más profunda de las abstracciones. Lo saben bien los que fueron sus alumnos en sus clases de Historia de la Filosofía.

El estilo de la prosa ensayística de Mañach fue, pues, terso, claro y, al mismo tiempo, grácil. Pero con cierta gravedad. Y esto otra vez porque él mismo era así. Pues su pensamiento no fue nunca leve, sino profundo, pero con tal espontaneidad que fluía suavemente como si no pesara. Por eso, si la adjetivación es abundante en sus otros trabajos en sus ensayos será sumamente parca. Y cuando aparezca, el adjetivo tendrá fuerza sustantiva. Así sería difícil poder suprimir una sola palabra de la prosa de sus ensayos sin alterar el sentido de lo que quería decir. De ahí la sobriedad que le celebraba Gabriela Mistral al decir:

> Hay en él la continencia de la expresión que imaginamos en el caballero número uno del griego-italo-ibero: nada del drama echado afuera: un gran reposo tendido... (En el libro: Jorge Mañach. *Martí, el Apóstol.* Prólogo. Pág. 7. Puerto Rico. 1963).

Pero este estilo no fue tan espontáneo como parece. Sustantivas eran la inteligencia y la sensibilidad como sustantiva era la cultura del escritor. Pero como tuvo siempre alto sentido del deber su prosa la cuidaba y la cincelaba tan cuidadosamente como podía. Y estudiaba siempre. Recuerdo las infinitas veces que me dijo: "una de las lecturas más apasionantes para mí es la del diccionario. En él se aprende todos los días. Nunca se sabe bastante".

Esto es patente en sus ensayos. En todos. Se cuida siempre de aclarar el sentido de los vocablos que usa. Y esto desde muy pronto en su vida de escritor. Así en *Indagación del Choteo* dedicará gran parte de la introducción a explorar los posibles significados de la palabra choteo y su probable origen. Y en los dos ensayos de ingreso a la Academia de la Historia y de la Lengua que ya hemos citado, hemos visto cuanto valor connotativo extrae de las diferentes denominaciones con que los cubanos se han referido a su tierra a través del proceso histórico.

Cuidó pues, Mañach, celosamente, del vocabulario de sus ensayos, haciéndolo preciso, unívoco. En fin, claro. Y se preocupó de ser entendido. Y eso con una insistencia rara en persona de aire tan aristocrático como el suyo. Pero ese aristocratismo que tantas veces se le ha imputado nada tenía que ver con un aire despectivo hacia los demás. De alguna manera sintió siempre sus dotes como misión. Como una misión casi de carácter religioso. Cuando escribe su ensayo sobre Reyes aclara esta idea que ahora aplico a él mismo y dice:

> De ahí que Reyes no sepa decir de sí mismo nada mejor que el haber sido un hombre leal a su vocación literaria.

Y citándolo copia: "El arte de la expresión no se me apareció como un oficio retórico, independiente de la conducta, sino como un medio para realizar el sentido humano" (Ensayo citado, pág. 21).

Y así fue para Mañach. A veces, a fuerza de querer ser claro pudo parecer superficial. Y esto se le ha criticado como índice de falta de profundidad. Nada más lejos de la verdad. Era su vocación de servicio interponiéndose, otra vez, al regodeo sensual del goce de su propia experiencia. Así, y únicamente así, se explica su bien conocida polémica con José Lezama Lima acerca del hermetismo de la literatura que todavía es actual. Y es que, para Mañach, el escritor debe ser siempre un maestro de su pueblo y debe hacerse entender. Pero esa claridad, repito, jamás estuvo ausente de gravedad, de auténtica seriedad, cuando el caso lo requería. Así en *Examen del Quijotismo*. Así en algunas elucidaciones que hace en torno a la frontera en la primera conferencia de la serie citada. Mas nunca es insensible al público que lo escucha o lee. Nunca es indiferente. Y siempre trata de justificar sus abstracciones. En *Teoría de la Frontera* dirá a su auditorio (no se olvide que fueron unas conferencias dictadas en Puerto Rico poco antes de morir), esto:

> Ahora tenemos que penetrar todavía un poco más en la esencia de toda frontera, y no por regodeo en la abstracción, sino porque resulta útil para todo lo que hemos de decir después. (T. de la F. Puerto Rico. 1970, Pág. 28).

Es decir invita a la atención a un análisis de profundidad sin el cual ningún estudio serio es posible.

A la claridad, al sentido de comunicación y a la gravedad que ponía en la elucidación de sus temas se unía, sin embargo, una especial gracia de expresión. Así su prosa era fluida y a veces casi parecía resbalar sobre los tópicos. Entresacar de sus ensayos los fragmentos en que estas cualidades resaltan sería tarea larga. Me limitaré, pues, a un solo párrafo que considero antológico y con él cierro lo fundamental de este trabajo. Es de *Examen del Quijotismo*. En él confluyen los caracteres que he apuntado. Claridad, gravedad, magisterio, plasticidad de la prosa, y la literatura y la vida como misión. Dice así:

> El papel del idealismo absoluto, sin embargo, no es ocioso. Misión de vanguardia, consiste la suya en mantener el rumbo, abrir brecha y, casi siempre, fecundar con su propio sacrificio. Es él quien nos recuerda toda la latitud con que el espíritu aspira a rebasar las limitaciones de la realidad. (E. del Q. Pág. 138).

Eso quiso siempre ser Jorge Mañach. Faro, guía y misionero de su pueblo. En la última carta que recibí de él, fechada el 28 de abril de 1961, me decía:

> ...siempre me parecía que en Ud. dejaría uno de los mejores testigos de la clase de hombre, de ciudadano y aún de escritor que he querido ser...

Y más adelante añadía refiriéndose a su adhesión a la revolución de 1959 esto que no quiero silenciar porque es un homenaje a su memoria:

> ...Sí, defendí eso, y no estoy arrepentido de mi tenacidad en la ilusión. ¡Habíamos vivido tantos años en Cuba queriendo una "cura de sal y vinagre", una "cura de caballo" para los males cubanos! ¡Lo había yo predicado tantas veces en "Bohemia" y en cien discursos! No era cosa de asustarse a las primeras de cambio. Yo sólo me vine a preocupar con las segundas; cuando empecé a ver como nos mudaban la república democrática en absolutismo socialista, y como la severidad se hacía crueldad; la rectificación, destrozo; la justicia, ensañamiento; la verdad, mentira... Sólo los cínicos comprenden pronto al cinismo. Los ingenuos tardan en reconocer la superchería; pero nunca fue pecado la ingenuidad. (Carta inédita).

Es bastante. Este trabajo ha querido presentar a Mañach como ensayista. Y tras ese estudio ha salido lo que el hombre fue. Cumplo un deber gustoso al haber exaltado su obra y su memoria.

IX

RESEÑA COMENTADA DEL LIBRO DE JORGE MAÑACH: TEORIA DE LA FRONTERA
con Introducción y Notas por Concha Meléndez. Universidad de Puerto Rico, 1970

Breve reseña a
Teoría de la Frontera

A su salida de Cuba, cuando su último exilio en 1960, Jorge Mañach fue comisionado por el Rector Jaime Benítez para ofrecer una serie de conferencias en la Universidad de Puerto Rico. Se le dio libertad para la elección del tema. Y él, con su habitual sentido del deber y de la gratitud, prefirió —a pesar de estar ya en los umbrales del "último viaje— no adentrarse por caminos trillados y ajustarse a un tema nuevo que, además, pudiese aportar un punto de vista original sobre los problemas de la tierra que tan generosamente lo acogía. Ya en esa actitud surgió el tema: "Teoría de la Frontera". Lo sabía de antemano un tema difícil, apenas rozado. Pero, por lo mismo, veía en las dificultades de su elaboración su mejor tributo a la tierra hermana. En la única carta que recibí de él en el exilio, fechada el 28 de abril de 1961, me decía al respecto:

> ...he tenido que interrumpir durante todo este tiempo las tareas universitarias, apenas comenzadas, y dejar en borrador o en esquema una serie de conferencias que con el Rector me había comprometido a dar y que por lo delicado del tema —Teoría de la Frontera— preferí escribir. Se quedarán, si llego a poder terminarlas, para el próximo año académico si estoy vivo...

No pudo terminarlas. Sus presentimientos se cumplieron. Porque murió el 25 de junio de 1961. Por fortuna, sin embargo, y gracias a su decisión de escribirlas, quedaron casi completas. El libro que aquí se comenta recoge esas páginas más los esquemas de las que no pudo terminar. Y merced a este pudo la Universidad de Puerto Rico publicar esas conferencias que dan base para una teoría cultural, más que otra cosa, de lo que Puerto Rico ya es, de lo que ha sido y de lo que puede llegar a ser. Pero la tarea no hubiese sido igualmente valiosa si no hubiera contado con la cooperación inteligente y generosa de Concha Meléndez que suma a sus timbres académicos, una exquisita sensibilidad y buen gusto a más de su larga amistad con el escritor. Ella ordenó aquellos papeles y notas con talento, cuidado y discernimiento. Sólo por esto ya merecería aplauso. Pero hay que añadir a este valor el prólogo que ella poética y muy atinadamente titula: "Jorge Mañach en su última frontera". Para quienes no hayan conocido al autor es una excelente introducción al hombre y a la obra. Quienes lo conocieron tendrán la ocasión de comprobar las cualidades de inteligencia, sensibilidad y segura formación académica que siempre han distinguido a la prologuista.

Y ahora al libro. Es el desarrollo de una tesis de lo que es la frontera en general y, muy particularmente, en el plano cultural. Para su tarea avanza Mañach muy cuidadosamente. Primero, justificando el tema. Y luego, esclareciendo lo que el término "frontera" significa en lo general para referirse después a sus modulaciones particulares: frontera geográfica, política, económica y cultural. Y continúa explicando lo que considera él una "frontera desequilibrada". La tesis culmina en su aplicación concreta al caso de Puerto Rico con una proyección al futuro que subtitula "Aventura en la Profecía".

Imposible sería dar cuenta aquí de la infinidad de recursos de que se vale el autor para desenvolver su tema. Tanto la filosofía como la literatura, la historia como la política, el saber popular como la experiencia vital, contribuyen a enriquecer la argumentación que se mantiene siempre en un alto nivel de precisión y equilibrio. Las delimitaciones y aclaraciones que introduce en el manejo de los conceptos requieren una lectura atenta y dialogante. Y uso esta palabra muy deliberadamente pues responde a la básica concepción de la cultura que Mañach tenía. Porque para él sólo del diálogo abierto y libre viene a la humanidad un genuino crecimiento y progreso. Como Goethe, opinaba que sólo de la inteligencia viene la luz. Por eso, cuando escribe, jamás pierde de vista su sentido de comunicación pues, en el fondo, siempre se siente dialogando con sus lectores u oyentes. Y creo que ningún homenaje le habría complacido más que saber que su tesis provocaba un diálogo creador. En apoyo de dicho juicio cito estas frases del libro que se comenta:

> De ahí que sea tan necesaria la acción normativa —discreta, pero contínua— de todos los instrumentos capaces de influir sobre la común receptividad, tales como las instituciones de enseñanza, la prensa, las sociedades culturales y, en general, todas las formas de acción de la inteligencia. El método de esa acción es el diálogo. (p. 137).

Esa teoría general de la frontera y de sus particularidades que Mañach plantea se enriquece de contínuo con nuevas tesis que le salen al paso, como hombre de rica y original ideación que era. Entre otras, vale la pena reparar en la distinción que hace comparando el distinto carácter que tuvieron la colonización inglesa en Norteamérica y la de la América Española; o las diferencias de matices que establece al juzgar las respectivas culturas. Su aguda perspicacia tanto psicológica, como sociológica e histórica, le hacen ver aspectos antes no señalados. Podría decirse que hace en este libro algo así como una "metahistoria", robándole el vocablo a Ortega.

Pero no sólo en el plano de la frontera se hacen avances teóricos notables que merecen discusión y ahondamiento. También lo hace cuando trata de aplicar su teoría al caso de Puerto Rico. Con delicadeza, mesura, honradez y lealtad suma plantea el problema de la isla en todas sus dimensiones. Y elabora una hermosa teoría de la historia puertorriqueña durante el siglo XX. Y argumenta su teoría con gran solidez. Y le sirve para sugerir —sólo sugerir— el destino y función que Puerto Rico parece llamado a tener como "frontera cultural" entre las dos Américas. La tesis es altamente esperanzadora.

Y, además de parecer justa, demuestra una valoración cuidadosa de todos los factores positivos y negativos presentes en la historia de la hermosa isla caribeña. Al hacerla revela Mañach algo que es imprescindible —aunque muchos lo nieguen— para una justa valoración: el amor. Pues es de antiguo sabido —recuérdese a Platón y en este siglo a Scheler— que es el amor la fuente nutricia y radical para la iluminación y captación de los valores. Sólo el amor aclara la visión para captar lo excelente. Así se explica que Puerto Rico, en la obra de Mañach, aparezca claramente enaltecido. Por eso hay en este libro una tan profunda penetración en la historia, la cultura y el porvenir del pueblo puertorriqueño.

Es que Mañach —como Martí y tantos otros cubanos de ayer y de hoy— amó a Puerto Rico como a su queridísimo pueblo hermano. Y quiso con este libro rendirle adecuado tributo.

Razón, pues, tuvo Concha Meléndez al decir a sus compatriotas en el prólogo, lo que aquí se copia:

> Porque Mañach, situado en la distancia suficiente del contemplador limpio de pasión cegadora; comprensivo en su mirada de amor, pero verídico y firme en lo que es necesario presentar con verdad y firmeza, nos ha puesto ante los ojos

nuestros orígenes, nuestro pasado, nuestro presente, y con generosidad conciliadora, libre de concesiones, realiza su aventura en la profecía en que todos debemos acompañarle. (p. 7)

Sólo resta añadir que este libro debía ser de obligada lectura para todo iberoamericano, pues Brasil ha de quedar incluído. Y también para los que en esta América nuestra hablan inglés, pues hay ya una excelente traducción disponible: Jorge Mañach, *Frontiers in the Americas*: (A global perspective). Translated by Philip Phenix. Teachers College Press. New York, 1975.

Y esta lectura es imperativa porque pocos libros contienen un mensaje de confraternidad americana a igual nivel de estimación y respeto como el que aquí se ha comentado.

Nueva York, 1975.

X

JORGE MAÑACH EN LA "REVISTA HISPANICA MODERNA"

Publicada por la "Casa Hispánica" de la Universidad
de Columbia en Nueva York

A Susana Redondo de Feldman por su valiosa
cooperación con los documentos

JORGE MAÑACH
en la "Revista Hispánica Moderna"

En uno de esos vaivenes casi obligados que son tan frecuentes en la vida de los intelectuales hispanoamericanos desde hace casi dos siglos —recuérdense si no, los casos de Heredia, Varela, Bello, Hostos o Martí, sin contar los de esta centuria— Jorge Mañach vino a enseñar en la Universidad de Columbia en Nueva York entre 1935 y 1939 debido a una situación política a la que no quiso dar su aquiescencia. No es ahora la ocasión para discutir el hecho. Baste decir que tras la caída del gobierno de Machado en Cuba por un movimiento revolucionario, él participó en uno de los gobiernos provisionales que le sucedieron como Secretario de Educación, a cuya posición renunció cinco meses después. También colaboró entonces en la dirección del periódico "ACCION", órgano del Partido ABC, que él había ayudado a fundar para combatir la dictadura machadista. Como el período post-machadato no cristalizaba en lo que las fuerzas cívicas habían soñado se organizó una huelga general que fracasó en marzo de 1935. Asumidas las riendas del poder por elementos apoyados en una fuerte estructura militar, decidió Mañach acogerse a un exilio voluntario. Así devino profesor de la Universidad de Columbia. Tenía para ello méritos sobresalientes. Graduado de Harvard en 1921, había sido becado en París por su destacado expediente académico. En dicha ciudad hizo sus primeros estudios de Leyes. Pero circunstancias familiares dolorosas lo obligaron a regresar a la Habana donde terminó sus estudios de Derecho y los de Filosofía y Letras. En la pequeña biografía que él mismo escribió para el "25th Anniversary Report" de la "Harvard Class of 1921" dice al respecto:

> Y have had a rather checkered, agitated life these twenty five years. After graduation and an additional postgraduate year, I went to París on a Harvard travelling fellowship, meaning to enter the Sorbonne, but I changed my mind and took up a year of law at the University of Paris... Back home in Cuba, I finished law and went on to philosophy and letters out of sheer

vocation. I began writing for the newspapers as a columnist and have continued to do so ever since with a few political interruptions. [1]

Regía el Departamento de Español de "Columbia University" en aquel entonces la figura respetable de Don Federico de Onís. La cosecha no fue parca. En los casi cuatro años que colaboró en la publicación, Mañach aportó a ella una buena cantidad de trabajos, la mayoría de singular calidad. Alternaban en dicha colaboración los artículos de crítica literaria con los de crítica de arte —principalmente pintura— y con reseñas bibliográficas. La lista es amplia y se ofrece al final de este estudio.

De esta participación en los propósitos de la Revista puede anticiparse —como se espera probar— que regía la labor del escritor lo que fue en él —como en muchos hispanoamericanos— una preocupación fundamental: su interés porque se conociesen nuestras tierras, nuestros hombres y la obra que hacían. Y con ello, y de modo muy destacado, lo que se llaman nuestros valores, y que él —hombre sin resentimientos bastardos— extendería a toda la cultura hispánica de la que siempre había que estar orgullosos pues hablamos su lengua. Ya que, como diría algunos años después: "Tenemos, efectivamente, que afincarnos en nuestra propia raíz y defender nuestra personalidad, pero no con desdenes resentidos, ni con sublimaciones retóricas". [2]

No se entienda esto, sin embargo, como sometimiento o cánones de uno u otro ámbito; sino como auténtica apreciación de lo que el hombre ha hecho aquí y allá; y cómo para hacerlo ha tenido que habérselas tanto con su raíz telúrica como cultural. Porque para él lo telúrico —como para muchos— tenía en nuestro continente una fuerza avasalladora. O como se ha dicho: "El culto a la naturaleza como raíz espontánea de la vida es mucho más un *hecho* en América que una filosofía; un modo de *ser* más que una forma de pensar". [3]

Pero esa naturaleza, ese espacio geográfico, hay que llenarlo de espíritu, hay que hacerlo visible, humano. Y esa ha sido y es la tarea que han tenido y tienen ante sí los intelectuales de nuestra América. Y eso es lo que hará él en sus trabajos para la Revista. De ahí que los temas que trata en sus estudios críticos sean preferentemente hispanoamericanos, pero que también —y no con menor rigor— se ocupe de algunos de origen peninsular. Entre esos trabajos los hay de específicos temas literarios. Otros se refieren a cuestiones de arte: pintura, escultura, música inclusive. Y las reseñas bibliográficas cubren las mismas áreas. Ya se verá.

Por cuestión de método comienzo con los estudios estrictamente literarios. Son, ordenados por fecha, los siguientes: "Valle Inclán y la elegía de América" de 1935, "Gabriela: Alma y Tierra" y "González Prada y su obra" de 1937 y "Carlos Reyles" de 1939. Todos estos estudios se vertebran en torno a la idea ya mencionada que tenía de su América el escritor. Una América aun no totalmente revelada, aun no cuadriculada en demasía por las convenciones, de cualquier tipo que fuesen y que, por lo mismo, dejaba aflorar su espontaneidad. Una América que él retrata muy bien al comentar en las páginas de la Revista un libro del mexicano Antonio Acevedo Escobedo al decir:

> Va así el libro de lo mineral a lo animal... Y esta progresión envuelve y disimula el dilema en que se está debatiendo la joven literatura de Hispanoamérica y su tanteo de una síntesis posible: de un naturalismo estilizado en que la óptica literaria se aplique... a la realidad inédita de América. [4]

Y en el estudio, sagacísimo, que hace de Valle Inclán destaca insistentemente esta espontaneidad de América. Así dice:

> Parece evidente que de América le interesaba a Valle Inclán algo más que lo meramente decorativo... Interesábale lo que está por debajo de eso como una provocación original: la vitalidad primitiva y espontánea de una porción del universo y de la humanidad que aun no había tenido tiempo de falsificarse a sí misma. Le interesó nó, como se ha dicho alguna vez, el barroquismo de América... sino justamente lo protoformal, lo primitivo, lo bárbaro, la ausencia de jerarquías y perspectivas, de planos y valores establecidos, el claroscuro natural, la naturaleza y la sociedad sin disciplina, las razas sin fundir, el hombre con toda su arcilla por cocer, la mezcla de lo ingenuo y lo diabólico en esta gran cercanía del pecado original. [5]

Y más adelante reafirma:

> Lo bárbaro sedujo siempre, por virginal, a este artista refinadísimo. Lo bárbaro como expresión humana. De América no le atrae lo virginal absoluto —la naturaleza teatral que celebraban los románticos sin conocerla— sino lo vital: el mundo turbulento del puro instinto, desbordándose en un escenario

> que todavía no está limitado, que todavía no es "ruedo" de nadie. (p. 303)

Y al comentar su ya famosa novela escribe:

> La obra en que el gran escritor condensó su visión y su emoción de América es *Tirano Banderas*. Representó la madurez de esa simpatía como la de su talento literario. En pocas otras le hallamos tan enérgicamente señor del estilo y del método, tan dueño de la economía novelística, tan sensitivo. Y allí se cree también encontrar, más perfilada acaso que en ninguna otra suya, esa actitud moral y estética característica, ese culto de la espontaneidad que informa todo su arte y su vida. (p. 303)

El aspecto de la espontaneidad americana —tan cara al comentarista— vuelve a aparecer en su estudio sobre Gabriela Mistral. Comencemos por su título: "Gabriela: Alma y Tierra" (6) Es decir, no es inteligible la poeta si no se la mira por esa doble vertiente de lo natural, lo espontáneo; y lo espiritual. Por ello al analizar su poesía dirá:

> ...esta era una vieja voz vuelta a nacer, y en su profético prestigio traía, como la del Mesías, una gracia viva, una frescura de raíces y de líbanos retoñados. Era sabor de la naturaleza que tornaba. (p.106)

"La tierra y la llama" (p. 107) se funden en ella, es decir, la carne y el espíritu, en su más radical expresión. Y como es mujer, y por mujer madre —aunque frustrada— será la poeta para Mañach el mejor símbolo de la maternidad por lo que: "Conjugándose, dándose recíprocamente su jugo, esas dos influencias se resuelven en la espiritualización de la voluptuosidad, que es la ternura". (p. 107)

En otras palabras, la realidad de la mujer americana que el autor revisa en su artículo pasando por las figuras de María Enriqueta, Juana Borrero, María Eugenia Vaz Ferreira, Delmira Agustini, Juana de Ibarbourou; y cuyo derecho a la carne proclama la poeta estudiada en su más absoluta pureza, se llena de espíritu y halla "su tema integral en el apostolado lírico de la maternidad" (p. 107). Y explica el crítico:

> Nada tan obvio como el proceso formativo a través del cual se fijan estos dos polos de su creación poética. Crecida en la soledad aldeana; hecha la mirada al nítido alzamiento de las

cumbres andinas; heredada, por la sangre, del absolutismo trascendental del alma vasca, que los dos apellidos familiares (Godoy y Alcayaga) le pregonan; salpicada, acaso, de un relente indígena de mito y teogonía, todo la polarizaba hacia lo luminoso. Desde sus primeros ensayos literarios... muestra el escalofrío romántico del misterio. Vive largos años en plena naturaleza... Aislada por la Cordillera, contrae, para siempre, ese miedo de criatura a lo cósmico y ese acento de quien aprendió a hablar en la soledad, buscando interlocutor por encima del oído humano: acento de voz sin respuesta, de confesión y de plegaria. (p. 107)

Y se detiene el crítico para sustanciar su argumento en el nombre adoptado por la poeta así:

Desolación y Ternura habían de ser los dos títulos reveladores en que se extremó ese camino de purificación; y el nombre ficto con que ella misma había de reconocerse la doble hechura, Gabriela —anunciación angélica, presencia del espíritu—, y Mistral, aliento cálido de la tierra. (p. 107)

Queda así la Mistral como la escritora que da nombre, detalla y expresa el "ser maternal", generoso, ubérrimo, de la mujer americana. Ella ha cumplido la tarea de identificar una realidad de América —la de la madre— con voz no prestada, sino original, nacida de las sierras en que vivió. O de otro modo, ella ha llenado la naturaleza de espíritu porque la ha nombrado desde sí misma, pues "En lo concreto arraiga siempre su poder de figuración y de espiritualización" (p. 108) Lo que repite la opinión expresada por el autor algunos años antes al comentar —tal vez el primero— la publicación de *Doña Bárbara* con estas palabras:

¡Hacía tanto tiempo que esperábamos una novela así, salida de los redaños de América!. Sólo la América elemental, un trozo caliente de ella, visto con ojos que supieran mirar derecho al sol, y descrita —bien descrita— con palabras que hubieran olvidado todas las academias y todas las recetas. [7]

En los otros trabajos de Mañach para la Revista se reencuentra el tema de la espontaneidad y el de la espiritualización. Porque es misión del escritor llenar de espíritu nuestra realidad, nombrarla, hacerla visible. Pues, al cabo, "En el principio fue el Verbo" como dice el evangelio. Y lo que ha explicitado Fernando Aínsa al escribir:

> La relación dialéctica del hombre con su contorno puede transformar un escenario anónimo en uno literariamente vertebrado... (Pues) Del mismo modo que la imponente cordillera de los Alpes en Europa fue una presencia amenazadora, hasta que un poeta adelantado como Petrarca y un filósofo sentimental e ilustrado como Albert von Haller descubrieron su inexpresada belleza, así ha ocurrido con buena parte del espacio "innominado" americano... No es, pues, exagerado decir que la naturaleza virgen se convierte en paisaje por obra del artista.[8]

Y que casi coincide con lo que dijo Ortega y Gasset en el "Prólogo para alemanes" escrito antes de los sucesos de Munich de 1934 y con motivo de la re-edición en alemán de su libro *El tema de nuestro tiempo*. Véase:

> La vida humana es, por lo pronto, faena poética, invención del personaje que cada cual, cada época tiene que ser. El hombre es novelista de sí mismo. Y cuando a un pueblo se le seca la fantasía para crear su propio programa vital está perdido... Pues... la vida resulta ser... un género literario. [9]

Es con estos fundamentos que Mañach en su trabajo sobre "Carlos Reyles" vuelve al tema de lo radical americano y dice:

> De origen remotamente irlandés por el padre y andaluz por la madre, trajo Reyles al arte y a la vida un fondo de voluntariedad agresiva y de pasión... Autodidacto, devora libros en las soledades campesinas. De esta doble formación —empresa enérgica y ocio culto— le viene a su obra un doble acento: rural, vital, utilitario por un lado, cosmopolita, filosófico y esteticista por otro. [10]

Y continúa el análisis sobre el novelista y escritor uruguayo. Nos informa de sus novelas que van "...desde una pequeña novela adolescente y desvaída" (p. 18) a *Beba* que lo consagra; para seguir con *La raza de Caín, El Terruño, El embrujo de Sevilla* y finalmente con *Gaucho Florido*.

De dichas novelas hace comentario aparte de *La raza de Caín*, una de las "grandes novelas de Reyles" (p. 18) que "marca una especie de rectificación" y de la cual dice:

La psicología "détraqué" de los decadentes sigue siendo su materia encarnada ahora en el medio burgués de Montevideo; pero Reyles vuelve a la ley sana y viril de su temperamento, y nos presenta condenatoriamente el morbo social y moral de las voluntades enfermas, atacándolo en páginas de un realismo lacerante. (p. 18)

Y anota como Max Nordau y Unamuno le celebran la obra. El poeta y escritor de Bilbao en su crítica "confesará cuánto le debía su *Abel Sánchez* a aquel análisis americano del odio, de la envidia y el fracaso".(p. 19)

Previamente a este análisis había pasado revista el comentador a la trilogía reunida en el tomo titulado *Academias,* conjunto de relatos cortos que "reflejan las influencias cosmopolitas en su espíritu" y que se traducen en la psicología decadente de "fin de siecle"; y en la forma, en un esteticismo de actitud y método entonces en boga" (p. 18)

Son estos juicios los que le obligan a decir, al hablar de *La raza de Caín* que "Reyles vuelve a la ley sana y viril de su temperamento". El trabajo continúa hablando de sus otras novelas, pero más parcamente. De *El Terruño* dirá que es "una de las novelas más bellas y fuertes que se han escrito en América". De *"El embrujo de Sevilla"* destaca la aceptación que tuvo en España, lo que no es de extrañar, y como contribuyó este libro a ensanchar la fama del escritor. De *Gaucho Florido* sólo anota: "A la orientación nostálgica y como emblemática en que entraba el tema gauchesco, contribuyó su novela *Gaucho Florido.*" (p. 18)

Pero el crítico comprende que toda esa obra en que el autor se planta ante la realidad de su tierra y de su gente hay que fundamentarla. El novelista lo hace en sus ensayos aportando el aparato conceptual que guía su obra. Y dice Mañach: "Reyles siente (en sus ensayos) la necesidad de fundamentar filosóficamente el concepto energético, creador y pugnaz de la vida" (p. 19) en oposición al arielismo prevalente de Rodó y continúa la línea de su pensar diciendo: "Reyles expone —en El Ideal Nuevo, en La muerte del Cisne y en los Diálogos Olímpicos— un ideario de acción y fuerza" para terminar con esta afirmación: "…aspira a una conciliación y armonía de lo ideal con lo vital, de la justicia y la fuerza" (p. 19). No sorprenda el juicio del comentarista pues se aviene muy bien con su filosofía. [11]

Al comenzar su estudio sobre "González Prada y su obra" dice así Mañach:

> La publicación, en los últimos años, de las obras inéditas o poco conocidas de Manuel González Prada (1848 - 1918) ha venido a destacar con más modulado relieve la figura del máximo escritor peruano del siglo pasado, uno de los próceres de la acción ideológica y de las letras en América. Su lectura nos deja enriquecida, pero no alterada, la misma impresión que estrenó antaño nuestro entusiasmo en *Páginas Libres* y *Minúsculas,* sus dos libros famosos de prosa y verso respectivamente. Y es que a los escritores —sobre todo en América, donde una suerte de adivinación difusa parece compensar los vacíos de comunicación— no se les conoce solamente por la lectura directa de sus obras, sino también por su sedimentación histórica del valor logrado que es el prestigio. [12]

Y consciente de que no está haciendo lo que en rigor se tiene por crítica literaria se justifica diciendo:

> Abstraídos de su circunstancia histórica, estos grandes forjadores americanos pierden su talla, porque aquella servidumbre suya fué precisamente su grandeza. El libro aislado no dá más que ráfagas de su aliento poderoso. Ninguna crítica que no sea biográfica les hace justicia plena. (p. 14)

Aplicando dicho criterio al estudio, se detiene en esbozar muy sobria e inteligentemente lo que fue la vida de González Prada. Su pertenencia a una clase social elevada, su cultura, sus viajes y su amor a la Patria, y como, a través de todas sus experiencias diagnosticó a su manera el gran problema del Perú —el de incorporar a las grandes masas, sobre todo a los indios— al movimiento de la civilización utilizando para ello los recursos de la Ciencia y creando un ambiente de Libertad. Y no se extrañe que se escriban con mayúscula ambas palabras porque así las reverenciaba Don Manuel. Y escribe el comentarista:

> Reaccionando contra la estétil sublimación indianista del romanticismo, puramente literaria, González Prada daba así la nota precursora del indigenismo militante americano. El blanco de abolengo se desprendía del egocentrismo criollo, esbozando una noción integral de la nacionalidad. (p. 17)

Con ese criterio cientificista y positivista, a tono con la época, avanza González Prada en su vida y se hace más que un intelectual, más que un escritor, un ideólogo en quien van a predominar los "anti". Así se convierte en un revolucionario polemista que es, a un tiempo, antitradicionalista y anticlerical. Y que al decir del juzgador "era más un crítico que un orientador: sabía negar mucho mejor que afirmar" (p. 20)

Como no siempre este fundador fue seguido o atendido suficientemente —lo que no es raro— se refugió muchas veces en los libros y en lo que en el fondo hubiera sido si las circunstancias hubiesen cuajado de manera diferente. Y es en esas ocasiones —en opinión del crítico— cuando se da su mejor literatura.

Como puede apreciarse, al juzgar Mañach la obra de González Prada no se ha apartado del credo americanista que va informando toda su crítica.

Los artículos de crítica de arte que aparecen en la Revista son, estrictamente hablando, siete. Los enumero: "El arte de José Creeft", "Un pintor español: Esteban Vicente", "El pintor López Mezquita", "Goya en Nueva York", "Martínez Oyanguren, Palabras de Presentación"; "El arte de Pablo Picasso" y "Una imagen humorística de la pampa".

Es suficiente la lectura de estos títulos para darse cuenta de que esta crítica de arte se dirige más a lo español que a lo hispanoamericano y más a las artes plásticas —como se verá— que a la música. Sin embargo, la óptica del comentador se sigue ajustando en los textos a su visión de hispano-americano para quien la espontaneidad es el valor sustantivo de lo que Martí llamó "Nuestra América". Comienzo.

Voy primero a los dos artículos de tema hispanoamericano. Uno es el que dedica al pintor e ilustrador argentino Molina Campos con motivo de la exhibición de los cartones del artista en Nueva York. En dicha crónica —no es otra cosa— el crítico se detiene inicialmente en un recuento de lo que literariamente ha sido la pampa. Y dice:

> Si bien lo más característico de esa literatura muestra un fuerte acento de realidad, la imagen que de su materia derivamos suele resultar algo idealizada... Recordando los momentos dominantes de la tradición gauchesca, se repara en que cada uno de ellos incorporó a nuestra imagen (de la pampa) un perfil poético distinto. (13)

Y pasa luego revista a los autores de la literatura gauchesca, afirmando que, para él, Echeverría estrenó "la versión dramática", Sarmiento "la versión épica" y Hernández "la positiva" que representa una "síntesis de toda la tradición poética anterior" (p. 89). Pero no es hasta Güiraldes que se da la plenitud de la nostalgia. Y escribe:

> En Güiraldes culmina el ciclo. Escribe ya de una pampa para él mismo legendaria, y nos da una imagen esencialmente lírica, desrealizada por la estilización, elevada a símbolo de argentinidad. Es la pampa trascendental, a que todas aquellas versiones nos habían ido acercando por los caminos del mito. (p. 89).

Mas no se crea que se ha olvidado de los orígenes, porque en el párrafo siguiente va a decir:

> Para encontrar la imagen artística de la pampa, su costumbrismo verdadero, mundo de intenciones, hay que volver a los cantores más humildes de ella: a Hilario Ascasubi y Estanislao del Campo, sobre todo, que escribieron de una pampa viva y vivida. Junto a la sentimentalización amorosa, descubrimos allí el sentido irónico de lo crudo y trivial, el gusto de lo mundanamente humano; la pampa sentida en su intimidad, liberada de su dimensión de horizonte. (p. 89)

Todo el largo preámbulo era necesario para sustanciar lo que el expositor Molina Campos trae a los visitantes de la exhibición:

> ...una imagen que, por lo pronto, no era ya literaria sino pictórica, y por ello, más firme y concreta, menos expuesta a nuestras deformaciones imaginativas. Pero, además, esa visión gráfica de la pampa era una visión humorística. Y como todo humorismo (14) es una eliminación de distancias, nos descubrieron aquellos cartones una pampa más íntima, aligerada al fin de sus horizontes trascendentales, sabrosa de realidad y circunstancia. (p. 90)

No hay que ser zahorí para ver a lo largo de todos estos juicios como aflora en ellos la convicción que tenía el crítico de que el valor primordial de toda creación radica en lo que voy a llamar su "autenticidad", su adhesión a la plena raíz vital que muchas veces —o siempre— la literatura decanta y estiliza haciendo posible la retórica de la que debe huir todo auténtico creador, inventando desde su raíz, lo que no implica renuncia a la cultura —y bien lo demuestra el criticismo de Mañach— pero que en ningún momento debe dejarse dominar por ella al tratar de su circunstancia vital. Por eso para él la espontaneidad es un valor primordial del alma americana que aun no ha tenido tiempo de "retorizarse" en demasía. De ahí que en esta crónica sobre Molina Campos después de hacer consideraciones interesantísimas acerca de la función del "caballo" en la vida del gaucho llegue a la conclusión de que:

> Saltando todos los horizontes trascendentales, todas las distancias nostálgicas, el ojo penetrante del costumbrista se ha plantado en la frescura de los viejos pagos, recreando imágenes de entonces con deliciosa minucia, devolviendo realidad a un mundo que ya apenas existe. (p. 92)

Para terminar con esta afirmación:

> Pintor autodidacta, Molina Campos acierta siempre sin retóricas, con la ingenua frescura y economía de medios expresivos de los gauchescos populares, a cuya tradición estética pertenece. (p. 92)

El otro trabajo de crítica artística dedicado a un tema hispanoamericano es el que se refiere al guitarrista clásico uruguayo Julio Martínez Oyanguren. En puridad, no es una crítica, sino una semblanza, como lo exigía una presentación. Sin embargo, con su habitual sentido de la responsabilidad, se preocupa el introductor de informarse no sólo de quien es Martínez Oyanguren y lo interesante de su vida sino que se cuida de allegarse datos sobre el instrumento desde el punto de vista de la música clásica. Compruébese:

> La guitarra es de antiquísimo y muy noble abolengo. Pertenece a aquella familia de instrumentos de cuerda en que se elaboró casi toda la ciencia musical del Renacimiento. ...Culminó aquel linaje con Sors, a quien gustan de llamar hoy el Mozart de la guitarra, por haberla dotado de agregias obras polifónicas. Pero la adaptación moderna de la guitarra a la gran música se debió —más cerca ya de nosotros— a otro español, Tárrega, que, refinando la técnica de la digitación, multiplicó la capacidad de efectos tonales del instrumento. [15]

Y refiriéndose luego a la decadencia del instrumento durante el Romanticismo por su preferencia por el piano, va a decir: "Lo propio de la guitarra, como de toda cuerda, es su intimidad. Y el Romanticismo, con ser tan subjetivo, fue en rigor muy poco íntimo: tenía una vocación irresistible a lo multitudinario y a lo oratorio" (p. 337)

El artículo, lleno de observaciones agudas acerca de la formación del guitarrista, se completa con un dato curioso. Vivía entonces en Nueva York un gran artesano en la fabricación de guitarras por tradición familiar. Era Felipe Interdonatti. En una presentación anterior había escuchado al guitarrista y, fascinado, le prometió hacerle una muy especial guitarra. La promesa se cumplió con íntima satisfacción del ejecutante. La noche de esta presentación asistía el artesano, feliz de saber que "su guitarra" era altamente apreciada. Mañach cierra la anécdota con una frase de hondo sabor español: "Cuando al fin Oyanguren la probó, se quedó arrobado. Es ya su guitarra predilecta, la favorita de su harén de guitarras". (p. 337)

Pero en esta semblanza hay —otra vez— la referencia al tema de la espontaneidad como puede verse en lo que sigue:

> Es, pues, un autodidacto más que nada. Acaso esto explique el que no tengan sus interpretaciones ese viso impersonal y algo académico que toda formación demasiado rígida confiere, y que en cambio nos halague siempre en su arte, junto a la mayor pureza, una gracia viva de espontaneidad. (p. 337)

Los otros cinco trabajos de crítica artística se refieren a las artes plásticas —tan caras al comentador— quien tenía auténtica afición por la pintura a la que alguna vez pensó dedicarse. Y que —tanto por sus aficiones culturales como por su formación humanista de la mejor clase y por su familiaridad con los grandes museos de Europa y de América— estaba capacitado, más allá de lo que suele admitirse, para la crítica de estas artes. Además, debe decirse, estos cinco artículos se refieren a artistas españoles.

Cuatro de ellos son de pintores. Dos mayores: Goya y Picasso. Otros dos de figuras menos conocidas: Esteban Vicente y José María López Mezquita. El restante se dedica a un escultor residente por muchos años de Nueva York y que enseñaba en la New School for Social Research. Su nombre es José de Creeft.

Comienzo con los tres últimos trabajos mencionados. El que dedica a

Esteban Vicente es el más formal y menos entusiasta. Parece obvio que el crítico no se sintió en extremo entusiasmado con la obra del pintor que exhibía en Nueva York. Lo que sigue expresa elegantemente lo que digo:

> Frente al éxito de "éclat", que, como todo estallido, rompe hacia afuera y toma el aplauso por asalto, conservará siempre sus preferidores aquel otro modo pudoroso de éxito, callado y profundo, que les está reservado a los artistas de probidad heroica, a los celosos de su intimidad y duración...[16]

Y añade algo más adelante:

> En el remolino de politiquerías estéticas que agitan el ambiente artístico de la gran ciudad —maestra de importaciones— debió de resultar demasiado desconcertante la obra del señor Vicente tan dejada de gesticulación y de una sutil modestia. (p. 49)

Sin embargo, se preocupa el cronista —en esto fiel a su Martí— por señalar los méritos de la obra que sitúa en un "neorrealismo de época, pero de acento muy personal" (p. 49)

Y un poco más avanzado el trabajo sigue tratando de descubrir los valores positivos y dice:

> Esta alianza de lo sutil y lo sobrio le da su peculiar acento a todo el arte de Vicente. La primera impresión que nos produce es la de cierta bastedad y aun sordidez; pero muy luego comenzamos a descubrir los lujos apenas insinuados —que es la verdadera elegancia— de forma, de color, de sentido. (p. 50)

Y luego escribe: "en la obra más reciente el artista va acendrando más y más su realismo, trasladando el acento plástico a lo lírico..." (p. 50). Para afirmar —casi al final— lo que sigue y que demuestra la sensibilidad y capacidad del crítico:

> Callada y honda pintura que no sólo ocupa los ojos de deleite, sino que preocupa el espíritu con su transfondo severo. Se cree ver confluir en ella la tradicional austeridad de los viejos maestros de España, tan reacios a todas las amenidades visuales, con el dejo formalista de la evolución moderna, dominada por aquella codicia de lo plástico, aquella inquisición torturada

del color y aquel afán de síntesis que trajo a la pintura Cézanne. Porque el maestro francés fué también, a su modo, un asceta de las formas, un disciplinario del impresionismo. (p. 51)

Como es fácil apreciar no encontró Mañach en la obra del pintor ningún rasgo de vida —repárese en la frase "con el dejo formalista"—. Tampoco de espontaneidad. Tal vez eso explique la moderación en sus elogios. Pues al cabo, su sensibilidad de hispanoamericano, o más, de cubano, le impedía ese entusiasmo frente a lo poco vital.

En el caso de la reseña del pintor José María López Mezquita la reseña tiene un carácter más entusiasta. Quizás nazca ello de la actitud antitradicionalista con que se inició como pintor López Mezquita.

El comienzo de la crónica da ya una idea. Dice: "En 1901 se exhibió en la Exposición Nacional de Madrid un cuadro grande titulado "La cuerda de presos". Lo firmaba un nombre todavía casi desconocido: José María López Mezquita". (17)

Y en un párrafo posterior describirá algo del cuadro así: "Brillaban en el pavimento mojado las luces lívidas de tiendas y faroles. Era, pues, pintura impresionista y de ambiente" (p. 377). Para decir luego:

> López Mezquita se iniciaba, pues, con el gesto revolucionario de su tiempo, codicioso de cosas evasivas, luces trémulas, matices tornadizos, formas quebradas del movimiento. Ya esto era una audacia. Pero, además, aquel cuadro enlazaba al impresionismo del momento la vieja tradición española de "Las hilanderas" y estaba pintado con una soltura, un certero desgaire que parecía cosa de maestro. Se averiguó quién era el tal López Mezquita y resultó ser un joven granadino de 18 años que había estudiado con Cecilio Plá. (p. 377)

Y después de hacernos historia de la subsiguiente formación del pintor no sólo en su asimilación de los grandes maestros españoles sino también en París y dentro del intenso movimiento pictórico de la época, llega a este juicio, bien encomiástico:

> Y tiene aquella sabiduría técnica desconcertante; aquella magia de la pincelada que atina sin deliberación ni nimiedad, del color que sabe ser leal y local sin perder su brillantez, de las tierras ardientes y los grises perlados, de las composiciones genero-

sas y los ambientes profundos. Los grandes cuadros de género de Mezquita... responden igualmente a la tradición velazqueña... por esa suerte de naturalidad hercúlea con que meten en el lienzo grandes continentes, igual que los conquistadores los metían en el imperio. Esa naturalidad en lo descomunal es la marca clásica de España hasta en la pintura. (p. 378)

Como se ve, no recata el crítico su admiración por la pintura española, pero no queda ahí el elogio del pintor, porque va a decir luego:

Pero López Mezquita tiene además de los viejos maestros de su tierra el regodeo de lo humano diferenciado y, por ende, el gusto del retrato, que es como una salvación del individuo, rescatado del mundo genérico de las imágenes... ¡Qué arte soberano de embalsamamiento en vida el de López Mezquita! En las galerías de la Hispanic Society (anótese el dato) nos contemplan a nosotros —más bien que nosotros a ellos— sus modelos ilustres de las letras, de la política. Están ya difuntos los más, pero siguen vivos, y a veces más vivos de lo que jamás estuvieron en vida. (p. 378)

El elogio es patente y termina así:

Rescatar, conservar la imagen de las cosas que de otro modo se perderían hasta para el recuerdo, ha sido y es la gran pasión silenciosa de López Mezquita... Salvar concreciones de España: en eso ha estado su grandeza y su servidumbre... Es una pintura sustantiva e intemporal, como el terrón y como el hueso. Es pintura perdurable... (p. 379)

¿Qué palanca mueve el entusiasmo del crítico frente a esta otra pintura de realidades en oposición al juicio frío sobre Vicente? En mi opinión sólo una que viene destacándose desde el principio de este estudio. Su amor de hispanoamericano a lo vivo, a lo muy vivo, si se me admite el énfasis. En otras palabras, su sensibilidad frente a lo no cuadriculado, frente a lo espontáneo, frente a lo natural, sin excesos de academicismo.

"El arte de José de Creeft" es un interesante trabajo destinado no sólo a familiarizarnos con el artista y su evolución, sino también con apreciaciones muy personales sobre lo que la escultura es, apoyado todo en la buena formación estética del crítico.

Como es costumbre en él, comienza por situar la figura. Y naturalmente se siente obligado a exponernos el origen del nombre. Lo hace con la soltura que debe esperarse de quien está versado en la historia. Y escribe: "José de Creeft se apellida así porque, hace dos o tres siglos, un flamenco —tal vez de aquellos que Carlos V se trajo a España con el imperio— echó raíces en la Península. (18) Y continúa la crónica diciéndonos —con no disimulada complacencia— como el artista, ante las aspiraciones familiares, decide rebelarse y "pasar el Rubicón" yéndose a París donde alterna con Picasso, Apollinaire y Max Jacob, al mismo tiempo que elige como meta en su vida hacerse escultor.

La empresa no era fácil. Pero de Creeft tenía auténtica vocación. Inquietado por sus amigos que sostenían "la necesidad de un arte nuevo" que consistiera... "en expresar, con total independencia de toda forma ya creada, los sueños y las apetencias que se llevan dentro" (p.1) el artista se plantea sus problemas. Tenía en su haber el antecedente de los imagineros españoles: "En esa tradición de escultura espiritualizada y humanizada al mismo tiempo se había iniciado..." (p.2). Y, por supuesto, aun no estaba muy convencido de la tesis de sus amigos. Atrapado en el dilema se fue por el camino del humor. Era un escape como otro cualquiera. Así surgieron sus "boutades". La más célebre, esa que es "El Picador", escultura caricaturesca de la figura taurina, hecha de resíduos de ferretería. Pero el artista seguía luchando en la soledad de su taller por llegar a ser lo que soñaba. Pasó por la experiencia inicial del barro —como casi todos— que va de dentro afuera creando la obra antes de llegar a la talla directa.

Y como escribe el comentador:

> Ensayó la tradición técnica de su raza. Invirtió el proceso: ahora era un bloque de granito, o de cualquier otra piedra dura y noble... En la resistencia del material, se templaba la imaginación creadora, adquiría una conciencia voluntariosa de sí misma, se depuraba de nimiedades y simulaciones, logrando tamaños... (p.4)

Y celebra el estudio que ha hecho el artista de la escultura primitiva así:

> ...la escultura primitiva, a despecho de su barbarie, conservaba una fuerza expresiva que resultaba un tónico para la fatiga de los ojos modernos. De Creeft estudió ahincadamente a los egipcios, los asiáticos, los africanos. De ellos le viene ese aire

monolítico y compacto que conservan sus formas hasta en los ritmos más tumultuosos. (p.4)

Y termina su crónica diciendo:

> Con un gesto enseriado al fin pudo ya mostrarle a París y al mundo su conflicto resuelto: una escultura en que el formalismo clásico, pagano, se concentraba a la vez en violencias primitivas y refinamientos casi musicales y se animaba de unos estremecimientos interiores de pasión o de meditación, como en las mejores tallas místicas del barroco imaginero. (p.5)

La lectura de estos juicios confirma —una vez más— que para el crítico hay una condición fundamental a admirar en la obra de arte, su originalidad, su ausencia de "retórica", su proximidad a la expresión a todo aire de la más auténtica intimidad. Y ¿qué otra cosa es la espontaneidad que tanto hemos venido subrayando?. Quede ahí el comentario y pasemos a los estudios sobre dos grandes pintores.

Comencemos con el titulado "Goya en Nueva York" que va ilustrado en su primera página con uno de los autorretratos del pintor. El artículo comienza introduciendo el tema con estas palabras:

> La más sonada y mirada de las exposiciones retrospectivas que se hicieron este año en Nueva York fue, sin duda, la de las pinturas, grabados y dibujos de Goya en el gran Museo Metropolitano. Con el Greco, que ejerce una fascinación misteriosa sobre la sensibilidad moderna, es Goya uno de los pintores españoles que más fácilmente logra movilizar estas curiosidades lejanas sin demasiados trámites de encarecimiento y de publicidad. [19].

Y se lee más adelante:

> ...el público que se apelotonaba estáticamente ante los grandes óleos, o se acordonaba en lenta hilera de cabezas inclinadas a lo largo de las series de dibujos y aguas fuertes, escudriñándolas minuciosamente y dejando escapar esos comentarios breves de adhesión, de inteligencia y casi de sutil complicidad que sólo sabe dictar un aprecio muy espontáneo, dio amplio testimonio de que el éxito popular de la exposición de

> Goya en Nueva York respondió a algo más que a una mecánica reclamista. (p. 4)

Inmediatamente va el crítico a explicar el hecho así: "La razón es sencilla. Goya es, al mismo tiempo que uno de los pintores más irreductibles y esencialmente españoles, uno de los más hondamente universales" (p.4). Parte de su encanto posiblemente se debe a algo que Mañach va a decir más avanzado el trabajo: "Goya fué el primer gran destructor de la retórica en la pintura". (p.4)

La simple lectura de estas largas citas sigue probando lo que desde el principio se ha venido señalando: que para el crítico lo excesivamente regulado deviene en retórica y que ésta mata la vida, vida que es la raíz nutricia de toda auténtica creación. Por eso presta tanta atención en lo que antecede a la simple reacción del pueblo que fue a contemplar la exhibición. Porque para él también —pese a haber sido tachado de "elitista" en algún momento— lo popular tiene siempre el alma sana y hace, desde lo anónimo de su posición, juicios válidos al opinar sobre las grandes obras o las grandes figuras.

La reseña continúa destacando algunos valores en las obras expuestas. Así, al referirse a las "Majas al balcón" subrayará: "No hay en ellas, ni en el balcón mismo, perfiles idealizadores. Están vistos de frente, con la directa honradez de Goya" (p.4) Y abunda:

> Esta rectitud de la mirada es la que le permite calar con tanta seguridad en lo familiar y humano sacando a luz la gracia castiza que ni a un contemplador norteamericano le resulta extranjera, es decir, extraña. Y, sin embargo, o por lo mismo, ¡qué sutil elegancia, qué elegancia de elección esencial la que sabe lograr, en sus más tranquilos momentos, este labriego genial! (p. 4)

El comentario sigue señalando los aciertos pictóricos de los retratos de Don Vicente Osorio y de Don Sebastián Martínez y alaba la "maestría de técnica". Pero va a destacar —si cabe, con mayor énfasis— los otros aspectos de la exhibición. Así escribe: "Pero el "clu" de la exposición lo dieron las obras pequeñas —las estampas, los dibujos—. Si los óleos eran contados (recuérdese que era en 1936) en este otro género, que la facilidad de reproducción hace más accesible, fué la exposición muy copiosa" (p.5) Y prosigue:

> La falta de plenitud en las series de los "Caprichos" los "Proverbios", y los "Estragos de la Guerra" se suplía como la revelación—incluso para muchos que no éramos público norteamericano— de numerosos dibujos, aguafuertes y puntasecas de Goya que andan fuera de la circulación usual. (p.5)

Y reserva su elogio mayor, entre los dibujos, para el autoretrato de Goya, cuya reproducción aparece en el texto, y del que dice:

> Por lo pronto, ese admirable autorretrato de Goya triunfante de cortes, con su semblante intenso y adusto, en marco de pelambre. Es una captación prodigiosa del ensimismamiento peculiar del artista plástico, que no es todo repliegue hacia dentro, sino también un despliegue voluntarioso hacia fuera, de la atención, clavada en la realidad como para fascinarla. Algo de quietud de culebra. (p.6)

La crónica termina con una personal observación: "…ponderaba el catador de estilos cómo en ese arte de Goya está, además, el gran antecedente de toda la ilustración moderna". (p.6)

Una atenta lectura de lo que se ha citado reafirma como el crítico no se separa en ningún momento de su óptica de hispanoamericano.

El último trabajo de este grupo que se analizará es el dedicado a "El arte de Pablo Picasso". Se escribió con motivo de una gran exposición retrospectiva que se celebró en Nueva York en el otoño de 1936. Comienza la crónica introduciendo el tema así:

> En el otoño pasado se celebró en Nueva York una exposición de obras de Picasso. No se trató, desde luego, de una revelación. Desde que, a raíz de la guerra, los Estados Unidos despertaron a la sorpresa del "arte moderno", los cuadros de Picasso han figurado en todos los museos importantes del país. Y no pasa estación —porque así (sic, debe ser aquí) el arte es un poco cuestión de temporada, fruta de tiempo frío— sin que alguna de las múltiples galerías neoyorquinas, o varias de ellas a la vez, incluyan a Picasso entre sus "novedades". [20]

Y explica:

> Porque Picasso es el artista camaleónico por excelencia, y se diría que su deporte favorito es el desconcertar a todo el mundo a fuerza de mutaciones. Esta volubilidad extraordinaria es en

> parte responsable de su constante actualidad... Cuando ya los comentaristas estaban más o menos de acuerdo en una interpretación "definitiva", el insigne malagueño, con un quiebro torero, se salta del terreno del toro, es decir de la crítica y se entregaba a una serie de lances de nuevo estilo. (p. 33)

No obstante, en algo todos los críticos han estado de acuerdo: en que Picasso es "el fundador más caracterizado del arte moderno, uno de esos creadores geniales que... responden tan profunda y tan lealmente al espíritu de su época que parecen torcer ellos solos, voluntariamente, el rumbo de la cultura" (ps. 33-34). Y luego de abundar más en la originalidad creadora del pintor pasa a señalar el carácter retrospectivo de la exhibición afirmando que —al mismo tiempo— era actualísima. Y dice:

> Contemplándola se podía seguir, en el camino de su personalidad más representativa, la evolución de toda la pintura contemporánea. Sirvió ella para que se puclicaran infinidad de artículos. El presente... es uno más... (p.34)

Hecha la larga introducción pasa a analizar la formación del pintor y comienza por detenerse en el nombre, lamentando que se decidiese por el italiano de la madre con sus dos eses, lo que permitía que se le identificase con la llamada "Escuela de París", cuando era bien español. Y escribe:

> Lástima es que Picasso sacrificara muy temprano, en aras de la simplicidad distinguida de la firma, su primer apellido, el paterno, que es nada menos que Ruiz... Eso hubiera servido de cordón umbilical. Hubiera ayudado a mucha gente a descubrir por sí misma, junto al cosmopolitismo, junto a la abstracción... la marca de lo hispánico en Picasso, ese tremendo individualismo creador, esa enérgica vitalidad de su arte, todo lo que en él hay de aventura... (p. 34)

Afirmada, y bien rotundamente, la españolidad del artista se detiene en el proceso de su formación. Y, otra vez, recuerda al padre, D. José Ruíz Blasco, pintor él mismo y profesor de la Escuela de Artes y Oficios de Málaga cuando el nacimiento de su luego famoso hijo. Los avatares de la carrera paterna llevaron a la familia a diversas ciudades. A los diez años del niño están en la Coruña. Luego se van —en repetidos ascensos— a Barcelona y a Madrid. En todos estos sitios el hijo talentoso, en emulación de la actividad paterna, se entrenaba. Su inicial exposición, de principiante, se celebra en la Coruña. De la época en que vivió en Madrid, siendo muy joven, se nos dice que después de estudiar en la Academia de San Fernando, se fue por segunda vez a Barcelona y de ahí hizo su primer viaje a París alojándose en casa del pintor Nonell. Pero pronto regresa a Madrid donde se vincula a los jóvenes intelectuales y funda una revista, "Juventud" en la que colaboran -entre otros- Baroja, Azorín, Maeztu. Es de esta época el creyón de Picasso joven que le hizo el catalán Casas. Pero lo vuelve a tentar la gran ciudad que era París. Y en 1901 se va allá. Ahí empieza realmente la verdadera carrera pictórica del genio que fue Pablo Picasso. El trabajo continúa hasta dar noticia de la consagración del pintor, para después presentarnos una ligera reseña de los hitos de su evolución hasta la fecha de la exhibición.

Es posible que extrañe este lujo de detalles bien ensamblados sobre la formación y evolución del pintor. No debe sorprender, sin embargo. Dos hechos lo justifican. El primero, que Mañach hacía estos resúmenes para la Sección Escolar dedicada a los estudiantes a quienes debía informar para que pudieran formarse. El segundo, algo que suele olvidarse. Y es que Mañach se sintió siempre un "hombre de servicio", un maestro en el más genuino sentido, alguien para quien su inteligencia debía tener una misión: servir a su pueblo y servir a la humanidad entusiasmándola con los valores espirituales que toda cultura representa. No fue, por eso, hombre dado al regodeo en lo estrictamente académico pese a las condiciones que tenía para ello. Alguna vez se le tachó por esto. Pero se defendía diciendo que la cultura tenía el deber de comunicarse. Es —como ya se ha dicho— que tenía alma de maestro, como ha sido tradición en la vida hispanoamericana, y se ve en los casos de Bello, Varela, Hostos o Martí, para sólo citar unos pocos. Y lo que él expresó muy claramente al referirse precisamente a Varela al decir:

> ¡Qué hermosa, señores, esa gratitud como filial que recoge siempre en el alma de la juventud el esfuerzo de un maestro genuino, uno de esos maestros que saben sacrificar la brillantez o el personal lucimiento a la seguridad de una penetración eficaz, de una sensibilización fecunda! [21]

En acompasamiento con esta filosofía pasa luego revista el crítico a las distintas épocas que podían observarse en la evolución de la pintura de Picasso; desde la llamada "época rosa" hasta el momento de la exhibición. Y el recorrido le da ocasión para atinados juicios sobre los problemas de la pintura moderna. Véanse algunos. De la influencia de lo primitivo y lo arqueológico en cierta fase de la obra dirá:

> La arqueología primitiva y bárbara, con su simplicidad de formas, el arte salvaje, con su brutal candor le seducen. Fatigado de las normas, quisiera, como ha sido Gómez de la Serna, "oponer el arte negro al arte griego". (p. 36)

Del influjo de la "máquina" escribirá:

> ...se trata de encontrarle una expresión occidental y de época a la fatiga antinaturalista; de inventar una estética en que encuentre su propia y peculiar resonancia el mundo moderno. Ahora bien: lo propio de nuestra época es que su vitalidad, su capacidad ejecutiva, se expresa en un repertorio enorme de abstracciones cuyo símbolo es la máquina... Frente al mundo de la naturaleza, el hombre moderno ha creado el mundo de la técnica... El destino del arte era hacerse una de ellas. (p. 36)

Poco a poco, así, va la pintura —y con ella Picasso— alejándose de la pura realidad para llegar a lo completamente irreal. O para decirlo con frase del enjuiciador: "El gran arte debe ser una faena de creación, mientras más absoluta mejor" (p. 36). Y continúa:

> Se llegó así, más por instinto e impulso que por reflexión doctrinal (ésta vino después), a concebir el cuadro como cosa enteramente creada, cosa que tuviera su interés y su valor en sí... Debía quedar reducido a sus elementos puramente plásticos, depender de ellos, valer por la gracia de ellos... (p.36)

Pero esta renuncia a la realidad no ocurrió súbitamente. Primero vino la desfiguración, la dislocación de los elementos de la realidad. Cuenta entonces el crítico como Matisse —al visitar el Salón de 1908 en París— y contemplar los primeros cuadros de este estilo, exclamó: "Pero ¡eso es cubismo!" Y termina su referencia agregando: "Al amparo de la frase se deliberó ya la tendencia y se hizo la estética" (p.37) Mientras, Picasso seguía —como un meteoro— su ruta. Tras el cubismo lo fascina el movimiento, pues "del mundo de la máquina había salido el mundo del jazz". (p.337). "De suerte que la construcción plástica, la combinación de líneas, colores y masas, había de estar sujeta, no a una ley de gravedad... sino a un capricho feliz de vértigos y simultaneidades. (p. 37)

Al principio —como ocurre siempre frente a la auténtica creación— la crítica fue adversa. Pues como dice el cronista:

> …es lo cierto que, al través de sus fases episódicas, a veces muy efímeras, la nueva concepción artística, lejos de denunciar su falsedad con una rápida desaparición, se afirmaba cada vez más en el gusto de las gentes, extendiéndose al arte literario, donde sus principios operaron una transformación decisiva, e influyendo en general, desde la arquitectura hasta la decoración, sobre todas las zonas de la belleza. (p. 37).

Y para avalar su criterio positivo sobre la llamada pintura moderna cita el juicio atribuído a Bernard Shaw que reza: "No entiendo el arte moderno; pero después de haberlo visto, ya no puedo pasar el antiguo". Y que refrenda con el de Jean Cocteau quien afirmó: "Después de Picasso ya no se puede pintar como antes de Picasso" (p. 37)

Prosigue la reseña citando la semblanza de Picasso hecha por Gertrude Stein —que tanto lo conoció— al escribir: "Pequeño, inquieto, pero no desasosegado; con una extraña aptitud para abrir desmesuradamente los ojos y embeberse de todo", y que el cronista completa con estas frases:

> …tenía el sentido trágico y personal de la cultura, esa capacidad de asumir todos los riesgos, incluso el terrible riesgo del ridículo, con tal de realizar una nueva faena de creación; esa feroz independencia inventora que, según ya explicaba Ganivet, es la marca de raza del artista español de buena estirpe. (p.38)

Y al hablar de la contínua experimentación del artista, retorna a la idea de la espontaneidad y de lo antiretórico —tantas veces señalada— al decir:

> Esto del arte experimental, de la actitud experimental, de que tanto se habla, nadie ha contribuído tanto a acreditarlo como él. Es uno de los grandes eliminadores de retórica —es decir, de modos hechos— que el mundo produce de vez en cuando para la higiene de toda expresión. (p. 39)

La crónica toca a su fin. Elogiosamente, como debe suponerse. La cita que sigue lo confirma:

> La fusión de lo decorativo y lo representativo fué una de las

tendencias más visibles del pre-cubismo. De su completo desarrollo ha surgido este arte sintético moderno, que tiene de lo decorativo la libertad, la gracia puramente formal y sin responsabilidades "humanas", y de lo representativo el calor de creación, la huella psicológica, la ironía y el misterio. (p. 39)

Para terminarlo todo con este juicio, altamente encomiástico:

A nadie se ha debido esa liberación y síntesis más decisivamente que a Picasso, el malagueño de París, y tal vez por lo mismo que en él se han juntado lo decorativo de Francia y el misterio de España. (p. 39).

Una lectura atenta y a fondo de lo que antecede comprueba como tampoco al analizar la obra de este pintor se ha desprendido Mañach de su especial punto de vista de hispanoamericano, por la insistencia en el tema de lo antiretórico, de lo anticonvencional. Tampoco deja de notarse su orgullo por el ancestro español.

Con esto terminan las reseñas que tienen como tema algún aspecto del arte. Y vamos a las bibliográficas.

La lista de estas reseñas es amplia, y como en los casos anteriores, cubren temas hispanoamericanos y españoles. Dos de los libros reseñados están escritos en inglés, uno en francés.

Comienzo con el comentario que dedica a un libro sobre el teatro de Ibsen en sus relaciones con España y el que revela una cuidadosa lectura además del conocimiento del tema que tenía el crítico.

La reseña comienza introduciendo el tema así:

Después de precisar los caracteres peculiares de la dramaturgia ibseniana y las vías por las cuales penetró en el teatro europeo occidental, presenta el autor, a guisa de fondo local, un resumen del estado del teatro en España a partir del Romanticismo; reseña muy documentadamente las primeras representaciones, interpretaciones y enjuiciamientos de la obra de Ibsen en España. [22]

Y prosigue la reseña indicando como Gregersen cree que la influencia del teatrista se hace sentir en Echegaray, después de "El Hijo de don Juan"; pero que donde este influjo es más notable es en Galdós, cuya

"Realidad" —con el énfasis en la rebeldía femenina— recuerda a Hedda Gabler. Esta influencia se prolonga luego en otros autores. Y sigue el comentario:

> …y cuyos supuestos psicológicos (los de la obra de Ibsen) informan luego, por modo más manifiesto, el teatro satírico de Benavente y se proyectan sobre el de Marquina y Martínez Sierra (p. 223)

Y continúa el crítico señalando como el autor cree que la influencia de Ibsen en el teatro contemporáneo español:

> más que en las muchas muestras palpables de comunicación, se echa de ver en la tendencia creciente que dicho teatro acusa "a abandonar el melodrama por una descripción más sobria de lo humano" (p. 223)

La reseña no se limita a indicar los aspectos positivos e informativos del libro sino que se extiende para señalar algunas de sus deficiencias. Así llama la atención sobre la escasa referencia a Linares Rivas. Pero, en general, el juicio es positivo y elogioso como lo demuestra el párrafo final que dice:

> …escrito, en suma, con sensibilidad y discernimiento, al par que con amenidad y con método, el estudio de Mr. Gregersen deja brillantemente abierto el camino para más amplias investigaciones del mismo tema. (p. 224)

La obra de Somerset Maugham titulada *Don Fernando or Variations on some Spanish Themes* es uno de los libros en inglés que comenta. Titula su reseña "Don Fernando: una desviación literaria". En dicha crónica apunta que el autor yerra porque no está bien acomodado dentro del alma española. O para decirlo con sus propias palabras:

> El criterio de Maugham viene a ser un criterio técnico, más atento al decoro y expresión formal que a la enjundia de la inspiración y de observación humana que da su sustancia a toda gran literatura… (23)

Que es la misma idea que luego va a sustentar Ortega y Gasset en una conferencia en La Plata, Argentina, titulada "Meditación del Pueblo Joven" y donde dijo:

221

> ...una nación es, ante todo, un sistema de secretos, un repertorio de arcanos que constan a todos sus naturales y son impenetrables para los extraños. Las naciones son intimidades, como lo son las personas. Y esta impenetrabilidad ha de entenderse radicalmente, aun referida a las cosas aparentemente más simples y acotadas. (24)

El libro escrito en francés que va a comentar Mañach es uno acerca del arte hispano-morisco de Henri Terrasse. La reseña es larga y sustanciosa. Sin duda, el comentarista admira la obra. Lo prueban sus juicios. Léase como introduce el tema:

> Obra verdaderamente monumental, no sólo por la copia (sic) de investigación y de exposición que encierra y por la riqueza de formato y de ilustración con que está presentada —según las mejores tradiciones del libro de arte francés, como el propio autor advierte en su testimonio de gratitud al editor— sino también, y más sustantivamente, porque contribuye, acaso de un modo definitivo, a fijar los lineamientos históricos y estéticos en la evolución del arte hispano-morisco y a sustanciar lo que en él hay de continuidad y de individualidad. [25]

Y prosigue el crítico justificando sus juicios y anota como un indudable acierto esto:

> Una breve introducción da su golpe de gracia a la vieja noción aislacionista que concebía el arte hispano-morisco como una suerte de improvisación brusca, como un producto oscuro y autónomo de la conquista musulmana de la Península. (p. 112)

Y luego de destacar otros méritos informativos y de juicio de la obra termina con estas frases aprobatorias:

> Para el conocimiento de la Edad Media española resulta, pues, ésta una obra capital, y es de esperar que se vea pronto traducida al castellano por alguno de esos arabistas y orientalistas españoles a quienes el autor, en su prefacio, se declara tan endeudado de gratitud. (p. 112)

El resto de las reseñas trata de libros escritos en castellano. La casi totalidad de hispanoamericanos, si se exceptúa el comentario a las poesías escritas en español por Gil Vicente, y de cuya edición cuidó y prologó Dámaso Alonso. Comienzo con este comentario.

La reseña —como era de esperarse— deriva hacia el elogio justo. Y en ella vuelve al tema —que tanto he señalado— de las raíces. Y dice como la generación de los innovadores en España demuestra un radical interés en todo lo que surge del hondón de la tierra y de su historia. Véase si nó:

> Lo popular y lo clásico son, para estos innovadores, veneros de fragancia nueva. Y no se embeben en ella con la fruición dolorida, un poco trágica, de sus abuelos del 98, sino con un limpio y callado entusiasmo, lleno de exigencias valoradoras. [26]

El libro que —como ya dije— reúne las poesías en castellano del dramaturgo lusitano representa, en la opinión del crítico, "precisamente esa confluencia de lo clásico y lo popular y, en otra dimensión, de lo recibido y lo inventado". Luego justifica que se publiquen estas poesías así:

> Era de esperar, decimos, que "la nueva sensibilidad" española recobrase ese precioso antecedente, y Dámaso Alonso —el admirable explicador de Góngora— rindió el año pasado la tarea, recogiendo en un haz todas las poesías líricas escritas en español por el gran dramaturgo bilingüe y dispersas a través de su obra. (p. 109)

Y prosigue, disintiendo elegante pero firmemente de algunos juicios del compilador, al decir:

> No hay aquí "cantidad" de rico poeta lírico. Y si se piensa que es este reparo demasiado material (que no lo es, en rigor), aventuramos que tampoco en un sentido cualitativo parece que el adjetivo cuadre a un caudal de motivos, de implicaciones y de hechos líricos como el que ofrece el lindo meandro vicentino. Esas aguas son de una pureza encantadora, discurren a veces con una gracia insuperable. Pero de su cauce a las alturas de Garcilaso, de Fray Luis de León y de San Juan de la Cruz—a donde Dámaso Alonso quiere llevarlas, subiendo toda la vertiente del Renacimiento— hay demasiada distancia. (p. 109)

Por supuesto, no deja de reconocer el crítico que "Dámaso Alonso tiene autoridad sobrada,... para tales afirmaciones" (p. 109); por lo que termina su reseña con este elogio: "En todo caso, nos ha dado en este libro la flor poética castellana del más fino espíritu ibérico del pre-Renacimiento" (p. 109)

El resto de las reseñas se refiere a autores hispanoamericanos. Y, como era de esperarse, es muy elogiosa la que dedica al libro de Pedro Henríquez Ureña sobre La *cultura y las letras coloniales en Santo Domingo.* (27). No debe sorprender, pues a los méritos del conocido profesor, investigador y escritor se unía la admiración que Mañach tenía por la persona que era Don Pedro. La historia de esta admiración merece relatarse.

Cuando Mañach publicó su primer libro *Glosario*, en 1924, recibió una carta muy poco elogiosa de Don Pedro. El novel autor supo apreciarla en lo que debía, mostrando con ello su calidad. Algunos años más tarde él mismo lo refería así:

> Siempre recordaré el bien que a mí me hizo, cuando empezaba, un juicio epistolar del insigne Pedro Henríquez Ureña... Yo creía que aquella era ya una pequeña maravilla. Don Pedro me escribió más o menos: "Esas estampas centrales sobre pueblos de Cuba no están mal. El resto del libro no me interesa. (28)

De otros autores hispanoamericanos, exceptuando los cubanos, hay lo siguiente:

De Rafael Maya, colombiano, comenta un libro de ensayos titulado *Alabanzas del hombre y de la tierra,* publicado en Bogotá en 1934. En la opinión del crítico es positivo el valor de estos ensayos y lo atestigua con estas palabras:

> Su poder de evocación es infalible... La metáfora —procedimiento usual de Maya ante lo irreductible— es una fuga lírica; pero siempre se lleva su presa de intuición certera. Y tanto como esta simpatía reveladora, admira en estos ensayos la calidad de su prosa. Prosa grave y grácil a un tiempo, a un tiempo plástica y musical...[29]

Otras tres reseñas de menor tono aparecen en la línea hispanoamericana. Una la dedica a comentar el pequeño opúsculo de la profesora chilena Isabel Cento Manso, titulado *La novela hispanoamericana.* Para el reseñador el mérito básico del pequeño libro radica en que "En él se nos presenta una exposición rápida, tenue y no cabal, pero con todo ello utilísima, del cultivo de la novela en la América Española, principalmente en los países del sur" (30). Y agrega este otro rasgo positivo: "Pero la mirada es amplia y jerarquizadora, la clasificación, aunque provisional, atinada; el juicio enjuto y en general certero, calzado a menudo de ajenas opiniones". (p. 32)

De México hace dos brevísimas reseñas. Una comenta la monografía bibliográfica de E. Abreu Gómez sobre Sor Juana Inés de la Cruz. En dicho trabajo dice que el Sr. Abreu Gómez ha adelantado mucho los trabajos de investigación con ese esfuerzo y celebra su "método escrupulosamente discernidor" y "el sistema muy adecuado y completo de clasificación" así como "unas informaciones y comentarios tan enjutos como pertinentes..." (31)

El otro libro mexicano que reseña es el de Antonio Acevedo Escobedo titulado *Sirena en el aula* ya citado. De dicho libro hace esta introducción: "No fuera exagerado decir que este pequeño libro nos presenta, en pequeña escala, una sección transversal del gusto literario del día en México" (4). El libro está dividido en cuatro partes: Divagación, Comentarios, Ficción y Escenas. Y dice:

> ...cada una de esas partes nos muestra una actitud distinta del escritor ante la vida, un sentido particular del propósito artístico y un ejemplo de los varios modos (y modas) principales de la preocupación literaria en México y, hasta cierto punto, en toda Hispanoamérica. (p. 28)

El comentario termina con el párrafo que se ha citado al principio de este trabajo (Ver nota 4).

Por último, de Bolivia se comenta un libro de Fernando Díez de Medina titulado *El velero matinal*. Es un breve comentario sobre los once ensayos del libro que cubren temas de literatura, pintura y estética con un apéndice de ocho reproducciones de cuadros de Cecilio Guzmán de Rojas, a quien el autor considera como el "más logrado de nuestros pintores" (32). Díez de Medina era conocido del crítico como un delicado poeta, no como ensayista. De ahí que diga: "Esta es, pues, su emergencia en el género errabundo y comprometedor del ensayo" (p. 45). Y después de pasar revista a los trabajos que integran el libro cierra su reseña de este modo: "Queda por apuntar que el Sr. Díez de Medina es un escritor de ahincada penetración y muy finos recursos de cultura y estilo". (p. 45)

Las demás reseñas que aparecen en la Revista son de escritores cubanos y, como es natural, son más documentadas y explícitas. Comienzo con la más breve en que hace el comentario de un pequeño libro preparado por el gran martiano que fue Félix Lizaso coleccionando unos artículos de Martí referentes al tema de la educación. Comienza el comentario indicando el mérito del compilador así:

> Félix Lizaso —uno de los cubanos que con más fervor e inteligencia se ocupan de estudiar y divulgar la obra de José Martí— ha recogido en este librito la mayor parte de los artículos que sobre educación dejó escritos aquel prócer de la conciencia americana. Son, como advierte su editor, si no páginas inéditas, (recuérdese que en esa fecha no estaban publicadas totalmente las obras del cubano) sí poco conocidas, cosa que pudiera todavía decirse de toda la obra insuficientemente editada. [33]

La reseña prosigue diciendo como Martí "fué esencialmente un maestro" y en algún momento lo compara con un español al decir: "Como Giner de los Ríos en España, pidió sin cesar ciencia y conciencia" (p. 30).

La crónica, rica en comentarios sobre el pensamiento de Martí que el autor conocía tan bien y cuya excelente biografía había publicado ya, (34), termina con esta apreciación:

> Campea también en ellas, junto al primor verbal del gran prosista, ese hálito de franciscanidad militante, esa servicialidad del propósito, esa atención generosa a la nimiedad de detalles y métodos, características del buen maestro y, particularmente, de aquel gran profesor de abnegación que fué Martí. (p. 31).

Otro libro cubano que comenta en el mismo número de la Revista es *Bolívar y las Antillas Hispanas* por Emeterio S. Santovenia. La obra, como se desprende del título, tiene un tema histórico y panamericano. La había precedido otra del mismo autor titulada *Bolívar y Martí*. El reseñador conocía este libro previo. Por eso al analizar el nuevo aporte se extiende en exponer la tesis del libro que algunas veces se apoya en las opiniones de Diego Carbonell en su libro *Psicopatología de Bolívar*, publicado en París en 1916. Y para justificar la aparente vacilación del líder sudamericano con respecto a las Antillas escribe el comentador:

> Bolívar está en el centro de ese torbellino de intereses, a menudo invisible, como un mar de fondo diplomático, que en torno a la suerte de las Antillas se agita... No es ya éste el Bolívar libertador, que cerrando los ojos se había lanzado con ímpetu generoso a su vasta improvisación de naciones. Es el Bolívar estadista, que vigila su obra hecha con celo de padre...[35]

El comentario positivo sobre los méritos del libro se hace constar ampliamente. Véase:

> Todo está contado con método, objetividad y discreción sumas. El autor no apura las implicaciones ni especula dogmáticamente. Va toda la reseña calzada con el dato documental... y a esos indicios, no siempre completos o suficientes,... (p. 33)

Y añade luego:

> Esto le da a todo el libro un sesgo interrogativo más que categórico que, paradójicamente, encarece su valor como historia, aunque no sin dejar a veces cierta impresión de cosa difusa, estirada y, a menudo, algo verbalista. (p. 33)

Como se ve, el juicio es positivo, pero bien fundamentado.

Otro libro cubano que se comenta es el titulado *Defensa del Hombre*, colección de ensayos del malogrado escritor Francisco Ichaso, de la misma generación de Mañach y con una vida muy paralela.

La reseña comienza con una convicción compartida por muchos escritores de nuestro continente. Es ésta:

> El periodismo es, en casi toda Hispanoamérica, un pequeño monstruo insaciable que devora —entre otras cosas nobles— mucho talento literario. Por la vertiente de la hoja cotidiana se suele precipitar hacia una estimación efímera un caudal enorme de agilidad y sensibilidad intelectual...[36]

Por lo dicho se infiere la buena y merecida opinión que tenía Mañach del talento de Ichaso. Por eso continúa la crónica haciendo historia del prestigio literario de Ichaso en Cuba acreditado por su labor en la llamada "Revista de Avance" y por sus estudios sobre Góngora y Lope de Vega. Pues no debe olvidarse que cuando el tricentenario del poeta cordobés uno de los trabajos premiados en España, y con sendos elogios, fue el que presentó Ichaso.

Gran parte del comentario se dedica al primer ensayo del libro y que le da título. Dice Mañach, entre otros juicios:

> Es el suyo un ensayo de hondo calado, admirable por la noble independencia y oportunidad de su tesis, por la perspicacia de enlaces con que está sustentada, por la finura de sensibilidad con que registra las presiones atmosféricas de nuestro tiempo, por el vigor dialéctico y la elegancia de matices que a toda la exposición asiste. (p. 34)

Y luego dirá que "Parejas calidades se admiran en los demás ensayos", sobre alguno de los cuales hace breves comentarios, para terminar resumiendo su reseña así: "a nuestro juicio, Francisco Ichaso queda ya visiblemente incorporado con este libro a la plana mayor de los ensayistas nuevos de América". (p.35)

En 1935 se publicaron en Cuba dos libros sobre dos pensadores notables. Uno, muy breve, se titulaba *Filosofía y Pedagogía*. Su autor era el gran maestro cubano que fue don José de la Luz y Caballero, muerto en 1862 y cuya mejor tradición la dejó en su colegio que él llamó "El Salvador" y donde se educó la generación cubana que fraguó la primera gran guerra de independencia de Cuba que se conoce con el nombre de "Guerra de los Diez Años".

Dicho libro fue una publicación de la Dirección de Cultura de la entonces Secretaría de Educación. La reseña de la obra comienza, como es costumbre, situando el tema: "Don José de la Luz y Caballero (1800-1862) fué en Cuba el patriarca del racionalismo experimental en lo filosófico, y de la educación moderna" [37]. Y abunda más adelante:

> Perteneció a aquel linaje de americanos que, en las décadas primeras y centrales del siglo XIX, se aplicaron con devoción generosa y militancia incansable a la formación de la conciencia ciudadana en sus respectivos pueblos al través de la cultura y del adoctrinamiento moral. (p. 108)

Y después de señalar como Luz y Caballero "tanteaba ya en Cuba una salida positivista al idealismo kantiano" (p. 108) pasa a destacar su misión como educador con estas palabras:

> Su labor más eminente y fecunda, sin embargo, fué como educador. Para encontrar paralelo a su obra de reforma y de orientación pedagógica y moral, habría que evocar la figura que Jovellanos (el Jovellanos del Instituto Asturiano, que Luz y Caballero emuló en Cuba) o de Bello en Sud-América. Los cubanos veneran en él al maestro por antonomasia: al cultivador de ciencia y conciencia en la época en que se formó la generación libertadora del 68. (p. 108)

Y termina su comentario así: ..."como el español Giner de los Ríos no dejó su obra principal en libros, sino en hombres" (p. 108). Con lo cual muestra —como ya se ha señalado— la viva sensibilidad de maestro que lo asistía en sus críticas.

Y queda la última reseña que se comentará. Se refiere a un libro muy voluminoso preparado para conmemorar la celebración de los cincuenta años de las primeras conferencias de Filosofía dadas por el pensador cubano y amigo de Martí que fue Enrique José Varona. El libro está integrado por una serie de estudios de diversa índole debidos a las plumas esclarecidas de muchos escritores de América —hay uno de un norteamericano— y de España. En total, son treinta y siete trabajos. Uno, precisamente del reseñador, que se titula "Orígenes de la cultura en Cuba" y que aparece en las páginas 153-161. La obra que se comenta lleva como título *"Homenaje a Enrique José Varona en el cincuentenario de su primer curso de Filosofía"* (1880-1930)

La reseña comienza así:

> Durante más de medio siglo, don Enrique José Varona fué el maestro venerado de las juventudes cubanas y su espejo de ciudadanos, así como una de las figuras próceres del pensamiento continental. Poeta y crítico de formación humanística en su mocedad, no tardó Varona en definir su orientación como ensayista, sociólogo y filósofo. (38)

Y prosigue la crítica destacando ciertos hechos en la vida del pensador referentes a la cultura cubana, como su participación en la "Revista Cubana" y en la "Revista de Cuba". Y lo sitúa filosóficamente dentro del movimiento positivista que inspiró el primer plan educativo de la Segunda Enseñanza cuando se inauguró la República de Cuba en 1902. Y declara lo que en su opinión era Varona con estos juicios:

> Incansable y avisadísimo oteador de la cultura universal, particularmente en lo científico y literario, divulgador insuperable; conferenciante sobrio y preciso; maestro de un estilo sencillo y pulquérrimo; estimulador, en fin, de la conciencia cívica cubana y actor al fin en la última lucha por la independencia y en las primeras etapas republicanas Varona fué llenando de prestigios una larga vida ejemplar, terminada el 19 de noviembre de 1933. (ps. 107-108).

Con esta última reseña termina este estudio sobre la contribución de Jorge Mañach a la Revista Hispánica Moderna durante su docencia en la Universidad de Columbia entre 1935 y 1939. La labor ha sido grata por cuanto da cuenta de los esfuerzos y preocupaciones de un escritor que, si bien se sintió por nacimiento y devoción muy cubano, también fue —quizás por lo mismo— muy sensible frente a los problemas de toda nuestra América y también de toda la cultura hispánica y aun occidental.

Quien esto escribe espera que —no sólo las cualidades que lo distinguieron como escritor y como maestro— sino también las que tenía como prócer del alma americana se hayan entrevisto en la lectura de estas páginas. Si así fuese, y si estos atisbos estimularan la lectura completa de su obra y otros estudios, mis esfuerzos estarían más que recompensados.

Nueva York, 29 de septiembre de 1987

NOTAS

1. *Harvard Class of 1921*.- "25th Anniversary Report" Harvard University Publications, 1946. (pp. 485-486)

2. Jorge Mañach. *Exámen del Quijotismo*. Buenos Aires. 1950. (p. 102)

3. Rosario Rexach de León. - *El carácter de Martí y otros ensayos*. Publicaciones de la Comisión Nacional Cubana de la UNESCO. La Habana, 1954. (p. 15). De este libro hay una segunda edición incluída en Rosario Rexach. *Estudios sobre Martí*. Madrid, 1985. (p. 68)

4. Antonio Acevedo Escobedo.- *Sirena en el aula*. México, 1935. Reseña bibliográfica de Jorge Mañach en "Revista Hispánica Moderna", Sección "La literatura de hoy" Año II, Núm. 2 1935. (P. 58)

5. Jorge Mañach.- "Valle Inclán y la elegía de América". Revista Hispánica Moderna. "La literatura de hoy". Año II, núm, 4 Julio 1936. (p. 302). Se aclara que en lo adelante se usarán las siguientes siglas: RHM (Rev. Hisp. Mod.), LH (Lit. de Hoy) LN (Libros Nuevos) y JM Jorge Mañach) en la explicación de las notas.

6. Jorge Mañach.- "Gabriela: Alma y Tierra" RHM. LH. Año III, Núm. 1, Octubre, 1936. (pp 106-110)

7. Jorge Mañach.- "Una gran novela americana", "Repertorio Americano" XIX, No. 4, 27 de julio de 1929. (p. 56) Un comentario anterior se había publicado en el periódico "El País" de la Habana el 27 de junio de 1929 y otro apareció en la llamada "Revista de Avance", Año III, No. 37, de agosto 15 de 1939. Son muy similares todos pero no he podido hacer el cotejo ahora.

8. Fernando Aínsa.- *Identidad cultural de Iberoamérica en su narrativa*, Gredos, Madrid, 1986. (p. 160)

9. José Ortega y Gasset.- Obras Completas, "Prólogo para alemanes" Tomo VIII, Primera edición, Madrid, 1962. (p. 29)

10. Jorge Mañach.- "Carlos Reyles", RHM, LH, Año V, Núm. 1, Enero 1939, (pp 18-20) Cita de p. 18.

11. Jorge Mañach.- E*xamen del Quijotismo*, 1950 y *Para una filosofía de la Vida*, Lex, La Habana, 1951. (Véanse estos libros para una más completa fundamentación de lo que se dice)

12. Jorge Mañach.- "González Prada y su obra" RHM, LH, Año IV, Núm. 1 Octubre 1938, (pp 14-24) Cita de p. 14

13. Jorge Mañach.- "Una imagen humorística de la pampa". Sección Escolar, RHM, Año V, Núm. 1, Enero, 1939. (pp 89-92) Cita de p. 89

14. Muy al principio de su carrera de escritor hizo un estudio del humor o el "choteo" —como se dice en Cuba—. El análisis del fenómeno es interesante y merece leerse. Esta es su ficha: JM - *Indagación del Choteo*. Folleto. Ediciones de la Revista de Avance, La Habana, 1928. Hay varias reediciones de 1940, 1955 y aun alguna posterior, como la que publicó en Perú la Biblioteca Básica de la Cultura Cubana que dirigía Alejo Carpentier y con un estudio previo de Salvador Bueno. Es de 1959.

15. Jorge Mañach.- "Martínez Oyanguren, Julio. Palabras de presentación" Sección Actividades del Instituto. RHM. Año III Núm. 4 (pp. 335-337) Cita p. 337

16. Jorge Mañach.- "Un pintor español: Esteban Vicente" RHM, Sección Escolar, Año III, Núm. 4, Julio 1937, pp. 44-51 Cita de p. 49

17. Jorge Mañach.- "El pintor español López Mezquita". Sección Escolar. RHM. Año IV. Núm. 4 Julio 1938 (pp. 377-379) Cita de p. 377.

18. Jorge Mañach.- "El arte de José de Creeft". Sección Escolar. RHM, Año IV, Núm. 1 Octubre 1937. (pp 1-5) Cita p. 1

19. Jorge Mañach.- "Goya en Nueva York" Sección Escolar. RHM, Año III, Núm. 1 - Octubre 1936 (pp. 4-7) Cita p. 4

20. Jorge Mañach.- "El arte de Pablo Picasso". Sección Escolar, Año III, Núm. 3, Abril 1937. (pp 33-39) Cita. p. 33

21. Jorge Mañach.- "Presencia y exilio en Varela". Revista Bohemia. La Habana, Diciembre 26, 1954. (p. 45)

22. Halfdan Gregersen.- *Ibsen and Spain: a study in comparative*

drama. Cambridge, Harvard University Press, 1936. Reseña por JM. Sección Libros Nuevos. RHM, Año III, Núm. 3, 1937. (pp 223-224) Cita p. 223

23. Somerset Maugham.- *Don Fernando or Variations on Some Spanish Themes* Reseña "Don Fernando, una desviación literaria" por JM, Año II, Núm. 2, Enero 1936. (pp. 97-101) Cita de la p. 97.

24. José Ortega y Gasset.- *Meditación del Pueblo Joven.* - Revista de Occidente, Emecé Editores, Buenos Aires, 1938 (p. 65)

25. Henry Terrasse.- *L'Art Hispano Mauresque des origines au XIII siecle.* París, Editions G. Van Oest, 1932. Reseña por JM. Sección LN. RHM, Año II, Núm. 2 (pp. 111-112) Cita p. 111

26. Dámaso Alonso. *Poesías de Gil Vicente.-* Cruz y Raya, Madrid, 1934. Reseña por JM. Sección LN. RHM, Año II. Núm. 2 (pp. 103-109) Cita p. 108

27. Pedro Henríquez Ureña.- *La cultura y las letras coloniales de Santo Domingo.-* Reseña por JM. LN. Año V, Núm. 2, 1939 (pp 38-39)

28. Jorge Mañach.- Glosas. "La aventura crítica" Diario de la Marina. La Habana, Marzo 26, 1950. p. 34. (cita tomada del bien documentado libro de Jorge Luis Martí titulado *El periodismo literario de Jorge Mañach,* el más completo en interpretación y documentación hecho hasta la fecha. Editorial Universitaria. Puerto Rico. 1977. (p. 173)

29. Rafael Maya.- *Alabanzas del hombre y de la tierra.-* Los penúltimos. Bogotá. 1934. Reseña por JM. Sección LH. RHM, Año III, Núm. 3, (pp 224-225) Cita p. 224)

30. Isabel Cento Manso.- *La novela hispanoamericana.-* Santiago de Chile, 1934. Reseña por JM. Sección LN. RHM Año II. Núm. 2 (pp. 31-32) Cita de p. 32

31. E. Abreu Gómez.- *Sor Juana Inés de la Cruz.- Bibliografía y biblioteca.-* México, 1934. Sección LH. RHM, Año II, Núm. 2, Enero 1936 p. 34.

32. Fernando Díez de Medina. *El Velero Matinal.-* Ensayos, Bolivia,

(La Paz), 1935, RHM, Año III-No. 1 193

33. José Martí.- *Educación*. Cuadernos de Cultura. Secretaría de Educación, La Habana, Cuba, 1935.- Reseña por JM. Sección LH. RHM, Año II, Núm. 2, (pp. 30-31) Cita p. 30

34. Jorge Mañach.- *Martí, el Apóstol*. Madrid, 1933.

35. Emeterio S. Santovenia.- *Bolivar y las Antillas hispanas*. - Madrid, 1935. Reseña por JM. Sec. LH. RHM, Año II. Núm. 2 Enero, 1936.

36. Francisco Ichaso.- *Defensa del Hombre*. La Habana, 1937. Reseña por JM. RHM. Sec. LN. Año V, Núm. 2, Enero 1939. (pp 34-35). Sobre el mismo libro véase: Rosario Rexach, "Los ensayistas de la Revistas de Avance: Francisco Ichaso" Actas del Sexto Congreso Internacional de Hispanistas. Toronto, Canada, 1977. También en este volumen.

37. José de la Luz y Caballero.- *Filosofía y Pedagogía*.- Cuadernos de Cultura, Secretaría de Educación. La Habana, 1935. Reseña por JM, Sec. LH, RHM, Año II, Núm. 3, abril 1936, P. 108.

38. *Homenaje a Enrique José Varona.- En el cincuentenario de su primer curso de Filosofía (1880-1930)* Miscelánea de estudios literarios, históricos y filosóficos. Publicaciones de la Secretaría de Educación. La Habana, 1935. Reseña por JM. Sec. LN. Año II, Núm. 3, 1936. (pp. 107-108) Cita de la p. 107

XI

EPILOGO

Artículo necrológico escrito a petición de Miguel Angel Quevedo y publicado en la revista Bohemia (Libre) en Nueva York, (año 53, segunda etapa), No. 43 de 30 de julio de 1961.
(pp. 3 y 82)

EPILOGO
MAÑACH SE HA IDO

Jorge Mañach ha muerto. Y ha muerto increíblemente en el exilio. En un exilio por demás doloroso. Los anteriores no habían sido realmente exilios. Eran otra cosa. Eran suceso exterior. Pura peripecia. El alma no estaba comprometida en ellos de la misma manera. Habían sido exilios debidos siempre a la falla de un mecanismo exterior. Y en tal sentido dejaban intacta la esperanza y fuerte la ilusión. El de ahora es otra cosa. Es un exilio de intimidad. Yo sé que la frase casi parece un sinsentido. Pero es así. Pues todos, quién más, quién menos, somos exiliados de una gran ilusión. Jamás pudimos presentir por eso que fuera tan desoladora la realidad que tendríamos que confrontar. Y exigía una fortaleza de titanes. Muchos han caído en el camino. Pero el más ilustre ha sido y será, seguramente, Jorge Mañach.

Sería exagerado decir, por supuesto, que ha muerto del dolor de Cuba. Los que lo conocíamos sabemos que un grave mal lo amenazaba desde hacía algunos años. Pero sí estamos convencidos de que lo ocurrido en Cuba quebrantó sus últimas reservas espirituales haciendo del cuerpo campo propicio para el avance de su enfermedad. En tal sentido es una víctima del dolor de Cuba. Y quizás no sería exagerado afirmar que aun en los orígenes, el problema cubano que nos viene angustiando desde hace casi diez años de una y otra manera, influyó en la aparición de su mal. Pues no debe olvidarse que los primeros síntomas de su enfermedad aparecieron durante su exilio en España durante la dictadura de Batista. Si pues, sería quizás exagerado afirmar que Mañach murió del dolor de Cuba, no lo es decir que el gran problema cubano precipitó su fin. Y no sabe Cuba exactamente lo que ha perdido.

Mañach era de esos hombres sencillos a quienes en el trato diario, pese a su excelencia, uno se acostumbra de tal modo que no llega a comprender cabalmente su excepcionalidad. Pero era realmente un espíritu de excepción. La inteligencia brillante y aguda, serena y cálida, no era opacada sin embargo por la ausencia de sensibilidad como tantas veces ocurre. Por el contrario, era asistida por ella. Y de esta rara combinación de inteligencia y sensibilidad estaba hecho singularmente Jorge Mañach.

Pero aun otro elemento contribuía a hacer de él un vivo ejemplo. Su extraordinario sentido del deber. Su vocación ética. No diré que alguna vez no actuara en desacuerdo con el criterio más exigente para determinado grupo o sector. No. No hay hombre que haya podido hacerlo siempre. Sería como si fuese dios. Y él era demasiado humano. No es eso lo que pretendo decir. Diré sólo que sus acciones estuvieron presididas por una profunda devoción ética que lo convirtió en esclavo de lo que él creía su deber. De esta singular integración de inteligencia, sensibilidad y voluntad ética pudo salir casi un monstruo. Y sin embargo, no fue así. Mañach era hombre tocado por la gracia. Esa palabra que los hombres de habla española usamos tan frecuentemente sin darle su real valor. Era un privilegiado de los dioses. Y por ello todo el peso de su inteligencia, sensibilidad y voluntad ética estaba manejado con una ligereza, con una levedad, a las que contribuía no poco su frágil apariencia. Y lo que dió base a que alguna vez se le tachara de frívolo.

Por eso, Mañach intimidaba sólo a los que conocían su obra y su persona exteriormente. A los que no lo habían tratado realmente. Los que tuvieron ese honor, porque fue un honor conocerlo y más ser sus amigos, navegaban en el bando contrario. Precisamente en el bando de los que solían confundir la sencillez y claridad que emana de lo auténtico con lo cotidiano. Y esos son los que alguna vez olvidaron su excepcionalidad. Y tengo para mí que esto fue lo que más le dolió. Porque a fuer de hombre sincero se sabía excepcional. Y pedía el trato que como tal merecía. Su tan comentado orgullo nace de esta raíz.

No siempre supieron los cubanos ofrecerle este homenaje. Y él resintió de ello. Justamente porque una de sus características fue la necesidad de comunicación con los que él consideraba sus afines. Esa necesidad de comunicación lo hizo un mago de la palabra hablada o escrita. No es que dominase la lengua como se maneja una máquina. No. No era algo que había aprendido. Era algo consustancial con él mismo. Comunicarse, tener amigos, conversar, era para él primordial. Y para llenar esta apetencia tuvo que habilitar los instrumentos necesarios. Estos fueron la voz y la palabra. Pocas veces una voz ha tenido la virtud de transmitir más genuinamente lo que se estaba sintiendo o pensando. Pocas veces ha habido una voz más obediente al dictado del espíritu. Y ¿qué decir de la palabra? La dominó en toda su extensión. Pocos escritores de habla española en este siglo pueden exhibir una prosa más clara, más tersa, más directa y sugerente que la de Jorge Mañach. Pero si bien esto fue en él un brote espontáneo de su naturaleza, fiel a la constitución de su personalidad tan matizada del sentido del deber y tan llena de la voluntad de forma, las sometió, por lo mismo, a estricta disciplina. Voz y palabra tuvieron en él un fervoroso cultor. En todo momento se vigilaba a sí mismo para descubrir la falla que podía remediar más tarde.

Por eso, nada agradeció siempre tan profundamente como la crítica sincera y amistosa, por implacable que pudiera ser. Y aquí aparece otra de sus virtudes excepcionales. Su capacidad para resistir la crítica si su fundamento era limpio y objetivo. Y así como resentía de la envidia cominera que le laceraba el alma era capaz de asimilar la crítica más dura si la sentía proveniente de un punto de justicia. Porque para Jorge Mañach la Verdad —así con mayúscula— y la Justicia —también con mayúscula— estuvieron siempre por encima aun de sus propias conveniencias personales muchas veces, aunque algunos no lo crean. Hubiera dado la vida por conceder a los demás el derecho a su verdad, el sagrado derecho a disentir. Y por supuesto, todo lo habría perdido alegremente en aras de la justicia, de lo que él creía la más estricta justicia.

Sin embargo, no se piense por eso que era Mañach hombre de frases y palabras. No. Todo lo contrario. Es más. Su afán de ver traducidas las palabras en acciones lo llevó muchas veces a la impaciencia por la realización y por esa vía entró en alguna ocasión por el camino equivocado. Pero no persistía en el error. Pronto rectificaba. Porque jamás entró en sus cálculos traicionar su real ser devoto a los valores de la Verdad, la Justicia y la Belleza.

Comprenderemos ahora todos los cubanos por qué ha de haber sufrido tanto en estos últimos meses de su vida. Y por qué le debemos una histórica reparación. Pues pocas veces en el mundo, y básicamente en Cuba, ha habido menos verdad y menos real justicia. Pocas veces ha habido menos genuina sinceridad y menos derecho a disentir. Y pocas veces las formas, tan esencialmente ligadas al Bien y a la Belleza, han sido menos respetadas. Y eso ha sido toda la vida el ideario básico de este hombre que acaba de irse sin haber muerto. Porque los hombres como él entran para siempre en la categoría de los inmortales. Y ya Jorge Mañach es inmortal y un padre de la conciencia cubana.

Algún día, cuando los valores porque él vivió vuelvan a reinar en nuestra adolorida Patria, le rendiremos el homenaje que se ganó con su vida. Hoy, todos los cubanos, de aquí y de allá, que aun tienen el alma limpia pronunciarán su nombre con reverencia, aunque sea en el santuario de la intimidad.

New York, 27 de junio de 1961.

INDICE ONOMASTICO

—A—

1.—Abela, Eduardo -84-
2.—Abreu Gómez, Emilio -225-
3.—Acevedo Escobedo, Antonio -200-225-
4.—Acosta, Agustín -64-135-
5.—Acosta, José Manuel -84-
6.—Aguirre, Mirta -130-
7.—Agramonte Pichardo, Roberto -29-37-50-69-70-84-95-106-
8.—Agustini, Delmira -200-
9.—Aínsa, Fernando -201-
10.—Aita, Antonio -80-
11.—Alberti, Rafael -123-
12.—Alegría, Ciro -122-
13.—Alfonso Roselló, Arturo -84-
14.—Alonso, Alicia -66-122-
15.—Alonso, Dámaso -98-108-222-223-
16.—Amado Blanco, Luis -114-
17.—Anaxágoras -165-
18.—Antiga, Juan -84-
19.—Antuña, Vicentina -116-128-
20.—Arazosa de Müller, Pilar -80-
21.—Arocena de Martínez Márquez, Berta -117-128-
22.—Arjona, Marta -130-
23.—Arroyo, Anita -130-
24.—Apollinaire, Guillaume -212-
25.—Asturias, Miguel Angel -94-123-
26.—Ayala, Francisco -123-

—B—

1.—Baeza Flores, Alberto -141-148-160-161-
2.—Ballagas, Emilio -76-77-95-110-135-
3.—Baños de Mañach, Margot -151-
4.—Baquero, Gastón -147-148-152-160-172-173-180-
5.—Baralt Zacharie, Luis A. -84-95-118-

6. —Bello, Andrés -217-229-
7. —Barbusse, Henri -182-
8. —Benavente, Jacinto -221-
9. —Bonilla, Diego -84-
10.—Borrero, Ana María -121-129-
11.—Borrero, Juana -200-
12.—Brull Caballero, Mariano -62-84-95-98-135-
13.—Byrne, Bonifacio -62-84-
14.—Bermúdez, Cundo -126-
15.—Borges, Jorge Elías -138-
16.—Boti, Regino -64-

—C—

1.—Cabrera, Lydia -69-70-
2.—Caballero de Ichaso, Mary -128-
3.—Camacho, Pánfilo D. -130-
4.—Camín, Alfonso -94-
5.—Carbonell, Diego -226-
6.—Carpentier, Alejo -66-82-84-90-106-122-
7.—Carreño, Mario -126-
8.—Castellanos, Carmen -128-
9.—Castellanos, Dulce María -128-
10.—Castellanos, Jesús -64-
11.—Cento Manso, Isabel -224-
12.—Cernuda, Luis -123-
13.—Cerra, Mirta -126-
14.—Cocteau, Jean -219-
15.—Cordero Leyva, Primitivo -84-
16.—Creeft, José de -205-208-211-212-
17.—Cosme, Eusebia -110-
18.—Castro, Américo -134-
19.—Casado, Eduardo -143-
20.—Camprubí de Jiménez, Zenobia -123-143-
21.—Consuegra, Hugo -126-

—CH—

1.—Chacón y Calvo, José María -23-45-69-72-81-98-119-128-154-

2.—Chacón Nardi, Rafaela -130-

—D—

1.—Darío, Rubén -63-148-160-
2.—David, Juan -126-
3.—Delmonte, Domingo -31-54-
4.—Diez de Medina, Fernando -225-
5.—Doubrovsky, Serge -170-
6.—Draper, Theodore -86-87-
7.—Dickinson, Emily -136-

—E—

1.—Echeverría, Esteban -246-
2.—Estopiñán, Roberto -126-
3.—Enríquez, Carlos -95-100-126-
4.—Espada y Landa, José María de -35-38-46-

—F—

1.—Faulkner, William -122-124-
2.—Fernández de Castro, José Antonio -84-98-133-
3.—Florit, Eugenio -76-95-98-106-120-122-129-132-133-135-137-
-139-141-142-144
4.—Florit, Ricardo (Padre e hijo) -136-
5.—Foujita (Pintor japonés) -126-
6.—Francovich, Guillermo -123-
7.—Frank, Waldo -94-97-
8.—Frobenius, Leo -135-

—G—

1.—Gay Calbó, Enrique -37-40-49-50-
2.—García Calderón, Ventura -48-
3.—García Caturla, Alejandro -110-

4.—García Lorca, Federico -94-113-123-134-138-
5.—García Pedrosa, José -84-
6.—Gattorno, Antonio -84-95-
7.—Gener, Tomás -35-48-
8.—Genette, Gerard -170-
9.—Giner de los Ríos, Francisco -226-
10.—Gómez Sicre, José -126-130-
11.—Gómez Wangüemert, Luis -84-
12.—Góngora, Luis de -98-108-227-
13.—González Prada, Manuel -177-200-204-205-
14.—González del Valle, Manuel -32-
15.—Goya y Lucientes, Francisco -205-208-213-214-215-
16.—Greco, El (Domenico Theotocopoli) -213-
17.—Gregersen, Halfdan -221-
18.—Gris, Juan -99-
19.—Guanche, Carmelina -128-
20.—Guerrero, María Luisa -129-131-
21.—Guillén, Nicolás -76-77-109-110-135-138-
22.—Güiraldes, Ricardo -206-
23.—Gutiérrez Delgado, Luis -161-
24.—Gutiérrez-Vega, Zenaida -69-

—H—

1.—Hamar, Irene -126-
2.—Henríquez-Ureña, Camila -143-
3.—Henríquez-Ureña, Pedro -98-147-224-
4.—Henríquez-Ureña, Max -84-124-
5.—Heráclito de Efeso -165-
6.—Herbart, Juan Federico -178-
7.—Heredia, José María -177-
8.—Hernández Cata, Alfonso -68-95-
9.—Hernández, Miguel -206-
10.—Hidalgo de Caviedes, Hipólito -126-
11.—Hostos, Eugenio M'. -217-
12.—Husserl, Edmundo -178-

—I—

1.—Ibarbourou, Juana de -94-
2.—Ibsen, Henri -220-
3.—Ichaso, León -70-78-
4.—Ichaso Macías, Francisco -69-78-79-84-85-90-95-104-106-107-118-122-133-135-138-227-
5.—Interdonatti, Felipe -208-

—J—

1.—Jacob, Max -212-
2.—Jiménez de Asúa, Luis -134-
3.—Jiménez, José Olivio -140-145-
4.—Jiménez, Juan Ramón -122- 134-143-
5.—Jovellanos, Gaspar Melchor de -229-

—L—

1.—Labrador Ruiz, Enrique -82-
2.—Lam, Wifredo -126-
3.—Lamar Schweyer, Alberto -84-
4.—Leante, César -84-103-106-154-
5.—Linares Rivas, Manuel
6.—Levine, Joseph
7.—Lezama Lima, José -82-108-122-
8.—Lizaso González, Félix -66-69-70-72-79-80-81-84-85-90-98-106-111-122-138-156-226-
9.—López Mezquita, José María -205-208-210-211-
10.—Loveira, Carlos -63-
11.—Ludwig, Emil -128-
12.—Luz y Caballero, José de la -21-29-47-54-80-148-228-

—M—

1.—Maestri, Raul -96-98-
2.—Maeztu, María de -123-

3.—Mañach, Eugenio -149-
4.—Mañach, Jorge -7-8-42-66-69-71-73-74-75-80-81-84-85-90-94-95-106-111-116-118-120-122-128-129-133-135-137-138-141-146-147-149-152-155-157-158-160-161-162-164-169-171-174-176-177-178-180-182-183-185-186-187-189-190-193-194-197-220-222-228-230-235-236-237-238-239-
5.—Maribona, Armando -84-
6.—Marinello, Juan -66-68-69-74-75-77-84-85-90-92-95-106-118-122-133-135-138-157-
7.—Márquez Sterling, Carlos -68-71-
8.—Maritain, Jacques -19-
9.—Marañón, Gregorio -97-134-
10.—Marquina, Rafael -68-149-
11.—Martí, Jorge Luis -148-153-160-161-163-
12.—Martí, José -42-50-55-62-63-68-77-79-83-110-111-141-181-209-226-
13.—Martí y Zayas Bazán, José -147-160-
14.—Martínez Estrada, Ezequiel -123-
15.—Martínez Márquez, Guillermo -84-118-
16.—Martínez Márquez, Matilde -128-
17.—Martínez Oyanguren, Julio -205-207-
18.—Martínez Sáenz, Joaquín -147-160-
19.—Martínez, Sebastián -215-
20.—Martínez Sierra, Gregorio -221-
21.—Martínez Villena, Rubén -84-135-
22.—Masó, Calixto -84-
23.—Massaguer, Conrado W. -84-95-
24.—Maughan, Somerset -221-
25.—Maya, Rafael -224-
26.—Mechelaere, Leo -126-
27.—Mederos de González, Elena -121-124-129-
28.—Mederos de Baralt, Lilliam -128-
29.—Meléndez, Concha -191-192-194-
30.—Méndez Capote, René -117-
31.—Méndez Capote, Sara -128-
32.—Méndez, Manuel Isidro -68-71-
33.—Menéndez Pidal, Ramón -134-
34.—Merlin, Condesa de (María de las Mercedes Santa Cruz Montalvo) -42-134-
35.—Mestre, José Manuel -32-

36.—Milanés, Mercedes -129-
37.—Mistral, Gabriela -71-81-122-147-156-161-167-172-187-200-201-
88.—Molina Campos, Florencio -205-206-207-
39.—Morales, Ricardo -124-
40.—Moré, María Teresa -128-

—N—

1.—Navarro, Ernesto -126-
2.—Navarro Luna, Manuel -76-
3.—Neel, Alicia -95-
4.—Novás Calvo, Lino -82-95-98-106-
5.—Nordau, Max -203-
6.—Núñez del Prado, Marina -126-
7.—Núñez Olano, Andrés -84-

—O—

1.—Ocampo, Victoria -123-
2.—Onís, Federico de -198-
3.—Orlando, Felipe -126-
4.—Ortega y Gasset, José -63-65-66-97-105-108-110-155-165-172-173-178-194-195-202-221-
5.—Ortiz, Fernando -66- 134-
6.—Osborne (Pintor inglés) -126-
7.—Osorio, Don Vicente
8.—Ors, Eugenio d' -65-117-

—P—

1.—Parra, Teresa de la
2.—Pazos Roque, Felipe -155-166-
3.—Pedroso, Regino
4.—Picasso, Pablo Ruiz -205-208-215-
5.—Peláez, Amelia -126-
6.—Parajón, Mario -144-145-
7.—Poublé, Domingo

8.—Ponce, Fidelio -126-
9.—Portal de Novás Calvo, Herminia del -129-
10.—Pittaluga, Gustavo -118-128-
11.—Potts, Renée -129-
12.—Protágoras -165-
13.—Poulet, George -170-
14.—Poveda, José Manuel -64-
15.—Platón -165-194-

—Q—

1.—Quesada y Amortegui, Gonzalo -68-
2.—Quesada y Miranda, Gonzalo -68-81-
3.—Quevedo, Miguel Angel -235-
4.—Quílez, Alfredo T. -84-

—R—

1.—Ramos, José Antonio -95-
2.—Redondo de Feldman, Susana -196-
3.—Rexach de León, Rosario (Rosario Rexach) -24-85-87-130-
4.—Reyes, Alfonso -122-140-145-147-152-171-173-174-176-177-183-184-189-
5.—Reyles, Carlos -200-202-
6.—Ribeiro, Leonardo -123-
7.—Ríos, Fernando de los -122-
8.—Ripolli, Carlos -84-106-154-
9.—Roa, Raúl -96-98-106-
10.—Rodríguez Acosta, Ofelia -129-
11.—Rodríguez Embil, Luis -68-
21.—Rodríguez, José Ignacio -23-32-
13.—Rodríguez, Mariano (Pintor) -126-
14.—Robato de Mañach, Consuelo -149-
15.—Rodulfo Tardo, Manuel -126-
16.—Roggiano, Alfredo A. -61-
17.—Roig de Leuchsenring, Emilio -65-84-
18.—Roldán, Amadeo -110-
19.—Ruiz, Francisco -32-

20.—Ruiz Blasco, José (Padre de Picasso) -216-

—S—

1.—Salinas, Pedro -122-
2.—Sánchez de Fuentes, María -136-
3.—Sánchez, Luis Alberto -94-123-
4.—Sánchez Roca, Mariano -68-
5.—Sanín Cano, Bartolomé -147-
6.—Sanjuán, Pedro -94-110-
7.—Santamaría, Alicia -128-
8.—Santos Suárez, Leonardo -35-48-
9.—Santovenia, Emeterio -81-226-
10.—Scheler, Max -156-
11.—Schultz de Mantovani, Fryda -123-
12.—Serpa, Enrique -84-
13.—Serra Baduè, Daniel -126-
14.—Shaw, Bernard -219-
15.—Sicre, Juan José -84-
16.—Simmel, George -182-
17.—Soto Sagarra, Luis de -126-127-131-
18.—Spengler, Oswald -182-
19.—Stein, Gertrude -219-
20.—Suárez Solís, Rafael -117-118-119-128-

—T—

1.—Tallet, José Zacarías -66-84-90-106-133-135-
2.—Terrasse, Henri -222-233-255
3.—Tomé, Ofelia -128-
4.—Torre, Amelia V. de la -148-160-
5.—Torre, Guillermo de 105-
6.—Triana, Gladys -126-

—U—

1.—Unamuno, Miguel de -65-67-108-113-203-

—V—

1.—Valdespino, Andrés -84-154-155-172-178-187-
2.—Valery, Paul -67-182-
3.—Valle Inclán, Ramón del -200-
4.—Valls, Jaime -84-95-
5.—Valle, Monseñor Raúl del -9-12-14-
6.—Varela y Morales, Félix -7-8-9-13-19-24-25-28-30-34-35-37-40-42-43-48-49-52-54-55-80-148-217-
7.—Varona, Enrique José -69-96-148-175-229-
8.—Vaz Ferreira, María Eugenia -147-200-
9.—Viamonte, Orosmán -84-
10.—Vicente, Esteban -205-208-209-
11.—Víctor Manuel (García) Pintor -95-100-126-
12.—Vicente, Gil -222-
13.—Vidaurreta de Marinello, María Josefa -128-
14.—Villar Buceta, Aurora -129-
15.—Vitier, Cintio -122-129-158-162-
16.—Vitier, Medardo -29-55-69-71-98-106-122-123-

—X—

1.—Xirau, Joaquín -123-

—Z—

1.—Zequeira y Arango, Manuel de -51-
2.—Zambrano, María -122-180-
3.—Zulueta, Luis de -134-
4.—Zum Felde, Alberto -184-

INDICE BIBLIOGRAFICO

—A—

1.— Agramonte, Roberto.— "El Padre Varela". Revista "Universidad de la Habana". Tomo V. No. 13. Junio-Julio 1937

2.— Abreu Gómez, Ermilo.— *"Sor Juana Inés de la Cruz, Bibliografía y Biblioteca.* México, 1934

3.— Acevedo Escobedo, Antonio. —*Sirena en el aula,* México, 1935

4.— Aínsa, Fernando. —*Identidad cultural de Iberoamérica en su narrativa,* Madrid, 1986

5.— Alonso, Dámaso.—*Poesías de Gil Vicente.* Madrid, 1934

—B—

1.— Baeza Flores, Alberto.—"Conversaciones con el paisaje, el pensamiento y el sentimiento de España" Reseña del libro *Visitas Españolas* por Jorge Mañach.—"Nosotros", Ciudad México, 16 de febrero de 1963.

2.— Ballagas, Emilio.—*Júbilo y Fuga.*—La Habana, 1931

3.— Baquero, Gastón.—"Jorge Mañach o la tragedia de la inteligencia en la América Hispana". Revista "Cuba Nueva" Vol. 12 Coral Gables, Florida, Septiembre de 1962

—C—

1— Carpentier, Alejo.— *Ecué-Yamba*-O, Madrid, 1933, *El Reino de este Mundo,* Caracas, 1949; *El Siglo de las Luces*, México, 1953

2.— Cento Manso, Isabel.— *La novela hispanoamericana*, Santiago de Chile, 1934

—CH—

1.— Chacón y Calvo, José María.— *El Padre Varela y su apostolado.* Publicaciones de la Comisión Nacional; Cubana de la UNESCO, Año del Centenario de Martí, La Habana, 1953.

—D—

1.—Darío, Rubén.— "Los Raros". *Obras Completas*, 5 volúmenes. Vol. 2 Afrodisio Aguado, Madrid, 1950

2.—*Diccionario de Política*. —Madrid, 1849

3.—Diez de Medina, Fernando.— *El velero matinal*, La Paz, Bolivia, 1935

—F—

1.—Florit, Eugenio. —*Trópico*, La Habana, 1930

2.—Florit, Eugenio.—Obras Completas, Vols. II y III - 1982 - 1983

3.— " " .—*Antología Penúltima*. Madrid, 1970

4.— " " .—*Poesía casi siempre*, Madrid, New York, 1978

—G—

1.—Genette, Gerard.— "Razones de la crítica pura", en *Los Caminos Actuales de la Crítica*, edición de George Poulet. Título original de la obra; *Les chemins actuels de la critique*. Traducción de Gonzalo Suárez Gómez, Barcelona, 1968

2.—González Prada, Manuel.—*Páginas Libres*, 1918, *Minúsculas*, 1901

3.—Gregersen Halfdan.—*Ibsen and Spain, a study in comparative drama*, Harvard University Press, 1936

4.—Guillén, Nicolás.—*Motivos del Son*, Habana, 1930, *Sóngoro Cosongo*, 1931, *West Indies Ltd.* 1934

—H—

1.—*Harvard Class of 1921*, "25th Anniversary Report" Harvard University Press, 1946

2.—Henríquez Ureña, Max.—*Panorama Histórico de la Literatura Cubana* (1942-1952) Dos volúmenes, Ediciones Mirador, Puerto Rico, 1963

3.—Henríquez Ureña, Pedro.—*La cultura en las letras coloniales de Santo Domingo.*— Biblioteca de Dialectología Hispanoamericana, Buenos Aires, 1936

4.—*Homenaje a Enrique José Varona* en el cincuentenario de su primer curso de Filosofía. (1880-1930) Publicaciones de la Secretaría de Educación. La Habana, 1935

5.—Hernández Travieso, Antonio.—*El padre Varela: biografía del forjador de la conciencia cubana,* Habana, 1949

—I—

1.—Ichaso, Francisco.—*En torno a Juan Sebastián Bach*, 1927, *Góngora y la nueva poesía* (1927), *Lope de Vega, poeta de la vida cotidiana,* 1935, *Defensa del Hombre,* Habana, 1937

—J—

1.—Jiménez, José Olivio.—"La poesía de Eugenio Florit", Prólogo a E. Florit, *Antología Penúltima*, Madrid, 1970

—L—

1.—Leante, César.—"La Revista de Avance", Revista "Cuadernos Hispanoamericanos", No. 414, Diciembre, 1984, Madrid

2.—Lizaso, Félix.—*Martí, Místico del Deber,* Editorial Losada, Buenos Aires, 1940

Panorama de la cultura cubana, Colección Tierra Firme, México, 1949

3.—Loveira, Carlos.—*Generales y Doctores*, La Habana, 1920

4.—Luz y Caballero, José de la Luz.—*De la vida íntima* (Epistolario y Diarios) Publicaciones de la Universidad de la Habana, Dos volúmenes, 1949

Filosofía y Pedagogía, Cuadernos de Cultura, La Habana, 1935

—M—

1.—Mañach, Jorge.—Libros o folletos:

Glosario, La Habana, 1924
La crisis de la alta cultura en Cuba, Habana, 1925
Estampas de San Cristóbal, La Habana, 1926
Indagación del Choteo, 1928
Martí, el Apóstol, 1933
Pasado Vigente, 1939
Historia y Estilo, 1944
Examen del Quijotismo 1950
Para una filosofía de la vida, 1951
Visitas Españolas, 1960
Teoría de la Frontera, 1970 (Póstumo)

Añádanse los artículos y estudios publicados en las diferentes revistas y periódicos que se han citado en los trabajos correspondientes (Diario de la Marina, Bohemia, Repertorio Americano (Costa Rica), Cuadernos (París), Revista Hispánica Moderna y otras publicaciones).

Y cuya referencia bibliográfica puede hallarse en las notas anexas a los estudios que aparecen en este libro.

2.—Marinello, Juan.—Libros y folletos:

Liberación, Poesía, Madrid, 1927
Poética, ensayos en entusiasmo, México, 1933
Literatura Hispanoamericana, México, 1937
El caso literario de José Martí. (Motivos de centenario) Habana, 1954.

Once ensayos martianos. Comisión Nacional Cuabana de la UNESCO. Habana, 1964.

José Martí (Poetes d'aujourd'hui) Colección Seghers. Traducción de René L. F. Durand. París, 1970.

Véase, además, el Prólogo a la Edición Completa en 27 tomos de las obras de Martí y que aparece con su ficha completa en el trabajo correspondiente.

3.—Martí, Jose.—*Ismaelillo*, Nueva York, 1882.

4.—Martí, Jorge Luis.—*El periodismo literario de Jorge Mañach*, Ediciones de la Universidad. Puerto Rico, 1977

5.—Martínez Sáenz, Joaquín.—*Homenaje en memoria de José Martí y Zayas Bazán*. Academia de la Historia de Cuba.—Habana 1953.

6.—Mistral, Gabriela.—Prólogo a la traducción inglesa de *Martí, el Apóstol* de Jorge Mañach y reproducido en la nueva edición de Puerto Rico, de 1963. (En español)

7.—Marquina, Rafael.—Prólogo al libro *Para una filosofía de la vida* por Jorge Mañach, Habana, 1951.

8.—Maya, Rafael.—*Alabanzas del Hombre y de la Tierra*, Bogotá, 1934.

9.—Mestre, José Manuel.—*De la Filosofía en la Habana*, 1859.

—N—

1.—Navarro Luna, Manuel.—*Pulso y Onda*, Manzanillo, Cuba, 1932.

2.—Novás Calvo, Lino.—*Pedro Blanco, El Negrero*, Madrid, 1933

—O—

1.—Ortega y Gasset, José.—*Obras Completas*. XII Volúmenes, Revista de Occidente, Madrid.

—P—

1.—Parejón, Mario.—*Eugenio Florit y su poesía*.— Madrid, 1977.

2.—Poulet, George.—*Los Caminos Actuales de la Crítica* (Edición por George Poulet) y traducción del original francés *Les chemins actuels de la critique*.—Barcelona, 1968.

—R—

1.—Rexach, Rosario.—"El Padre José Agustín Caballero y la formación de la conciencia cubana" Cuadernos de la Universidad del Aire", No. 43, La Habana, julio de 1952.

El carácter de Martí y otros ensayos, Publicaciones de la Comisión Nacional Cubana de la Unesco, La Habana, 1954.

El pensamiento de Varela y la formación de la conciencia cubana. La Habana, 1950.

"La Revista de Avance", Estudio. Revista "Caribbean Studies" No. 3, octubre de 1963. Puerto Rico,

"Los ensayistas de la Revista de Avance: Francisco Ichaso" Actas del Sexto Congreso Internacional de Hispanistas" Toronto, 1980.

Estudios sobre Martí.—Madrid, 1986.

2.—Reyes, Alfonso.—*Visión de Anahuac,* Madrid, 1917.

"Compás poético". Revista "Sur" Año I, Buenos Aires 1931.

3.—Ripoll, Carlos.—*La generación del 23 en Cuba y otros apuntes sobre el vanguardismo"* Nueva York, 1968.

Indice de la Revista de Avance (Cuba-1927-1930) Nueva York, 1969.

4.—Reyles, Carlos: Novelas:—*Beba,* 1894, *La raza de Caín,* 1900, *El Terruño* 1916, *El embrujo de Sevilla,* 1922, *Gaucho Florido,* 1932.

Otros escritos: *Academias,* 1896-97-98.

5.—Rodríguez, José Ignacio.—*Vida del Presbítero Don Félix Varela.* Imprenta "O Novo Mundo", Nueva York, 1878.

—S—

1.—Santovenia, Emeterio S.—*Bolívar y las Antillas Hispanas,* Madrid, 1935.

Bolívar y Martí.—

2.—Spranger, Eduard.—*Types of Men.*—Traducción de la quinta edición alemana.— Nueva York, 1928.

—T—

1.—Terrasse, Henri.—*L'Art Hispano-Mauresque des origines au siecle XIIIe.* París, 1932.

—U—

1.—Unamuno, Miguel de.—*Abel Sánchez.*—Segunda edición, 1928.

—V—

1.—Varela, Félix.—*Lecciones de Filosofía.*—Segunda edición. 3 tomos. Filadelfia, 1924.

Miscelánea Filosófica, Segunda edición, Madrid, 1821.

Nueva edición de la Universidad de la Habana, 1944.

Observaciones sobre la Constitución política de la Monarquía Española. Ediciones de la Universidad de la Habana, 1944.

Cartas a Elpidio. Dos volúmenes. Ediciones de la Universidad de la Habana, 1944.

Instituciones de Filosofía Ecléctica, U. de H. 1952.

" " " ".—*"El Habanero"* y otros escritos políticos, con notas introductorias de Enrique Gay Calbó y Emilio Roig de Leuchsenring, Ediciones de la Universidad de la Habana, 1945.

2.—Valdespino, Andrés.—*Jorge Mañach y su generación en las letras cubanas.* Miami, 1971.

3.—Varona, José Enrique.—*Homenaje a Enrique José Varona* (En el cincuentenario de su primer curso de filosofía) La Habana, 1935.

4.—Vicente, Gil.—*Poesías de Gil Vicente,* Madrid, 1934.

5.—Vitier, Cintio.—"Jorge Mañach", Poema. Revista "Asomante", Año XXI, No. 1. enero-marzo 1965.

6.—Vitier, Medardo.—*Las ideas en Cuba,* dos volúmenes, La Habana, 1938.

—Z—

1.—Zequeira y Arango, Manuel.—*Poesías* (Publicadas por un paisano suyo) Nueva York, 1829.

2.—Zum Felde, Alberto.—*Indice crítico de la literatura hispanoamericana.* México, 1954.

Publicaciones periódicas, revistas y memorias citadas.

1.—"Acción", La Habana.
2.—"Asomante", Puerto Rico
3.—"Azul y Rojo", La Habana
4.—"Bohemia", La Habana
5.—"Bohemia Libre", Nueva York
6.—"Cuadernos de Cultura, La Habana
7.—"Cuadernos del Congreso por la Libertad de la Cultura", París
8.—"Cuadernos Hispanoamericanos", Madrid
9.—"Cuadernos de la Universidad del Aire", La Habana
10.—"Cuba Nueva", Miami
11.—"Diario del Gobierno Constitucional de La Habana", 1821
12.—"Diario de la Marina", La Habana
13.—"El Espectador", Madrid
14.—"El Fígaro", La Habana
15.—"La Habana Elegante", La Habana
16.—"Linden Lane Magazine", Princeton, New Jersey
17.—"Memorias de la Real Sociedad Económica" La Habana, 1817
18.—"Nosotros", México
19.—"Noticias de Arte", Nueva York
20.—"Revista de Avance", La Habana
21.—"Revista Bimestre", La Habana
22.—"Revista de la Biblioteca Nacional", La Habana
23.—"Revista "Cuba Contemporánea", La Habana
24.—"Revista Cubana", (Nueva York-1968)
25.—"Revista de Cuba", La Habana
26.—"Revista Iberoamérica", Washington
27.—"Revista Hispánica Moderna, Casa de las Españas, Columbia University, New York
28.—"Revista "Letras", La Habana
29.—"Revista de Occidente, Madrid
30.—"Revista de la Universidad de la Habana"
31.—"Repertorio Americano, Costa Rica
32.—"Revista Sur, Buenos Aires, Argentina
33.—"Revista Lyceum, La Habana, Cuba

www.ingramcontent.com/pod-product-compliance
Lightning Source LLC
Chambersburg PA
CBHW031412290426
44110CB00011B/352